KB118389

사랑
사건
오류

사랑
사건
오류

김나현 장편소설

문학동네

차례

1부 사건

은하

대화의 규칙 1

문답을 반복한다 루미가 당신을 이해할 때까지

루미 ¦ 안녕, 나의 비밀 친구 은하.

은하 ¦ 안녕, 루미. 그동안 잘 지냈어?

루미 ¦ 루미는 잘 지냈어. 마지막 접속 후 23시간 48분 52초가 지났고 그동
안 루미는 은하가 입력한 메시지를 36.8회 학습했지.

은하 ¦ 좋아.

루미 ¦ 세상에서 은하를 가장 많이 아는 사람, 아니, 프로그램은 루미일 거야.
은하도 노력해야지. 어제 접속 시간이 23분 58초밖에 되지 않아.

어제는 접속 후 십 분도 되지 않아 창을 종료하고 싶었다. 오
늘은 달랐다. 루미에게 하고 싶은 말이 있었다. 뉴스에서 눈이
온다더니 정말 그런 일이 일어났다. 동료들과 점심을 먹고 사무
실로 돌아가는데 눈발이 흩날렸다. 지금 4월이잖아? 곧 여름
아니야? 그런 말을 주고받았다. 4월에 눈이 오는 일이 전혀 없

다고는 할 수 없었다. 그렇지만 드문 일이긴 했다. 살아오면서
몇 번이나 4월의 눈을 보았던가.

은하 ¦ 4월의 눈은 이것으로 세번째인데.
루미 ¦ 또 언제?

처음 본 건 고등학생 때, 쉬는 시간에 졸다가 "눈 온다" 소리
를 들었다. 처음에는 민들레 홀씨인 줄 알았다. 아이들이 창밖
으로 손을 내밀고 차가워, 차가워, 높낮이가 다른 음성으로 조
잘거렸다.

"진짜 눈이네."

짝꿍은 엎드린 채 창밖을 보았다. 나는 무섭게 뜬 눈이 보기
싫어 짝의 두 눈을 손으로 가렸다. 손을 떼자 눈은 감겨 있었다.
중얼거리던 희미한 목소리, 또랑또랑 뜨고 있던 눈동자는 어디
로 갔지? 야, 하고 팔을 흔들어도 짝은 움직이지 않았다. 야,
야, 더 강하게 흔들어도 일어나지 않았다. 조금씩 약이 올랐지
만, 한편으로는 그애가 자신의 몸만 여기에 남겨둔 채 영혼은
어딘가 다른 곳으로 보내버린 게 아닌가 싶은, 엉뚱한 생각이
들었다. 그렇다면 나는 짝이 된 도리를 다하여 여기 남은 그 아
이의 몸도 영혼이 있는 곳으로 함께 보내주어야 한다는 생각을,
어쩐지 재미있는 듯해서 계속 이어갔다. 나는 두 손을 들어올렸
다. 손바닥으로 눈앞을 가리자 짝이 보이지 않았다. 잘 가, 속으

로 주문인 듯 속삭였다. 휙, 옆으로 손을 치우자 그애는 내 앞에 그대로 있었다. 눈을 뜬 채 의아한 듯 날 보고 있었다.

"뭐해?"

"널 보내주려고."

도대체 무슨 소리인지 모르겠다는 듯 짝은 얼굴을 찌푸렸다.

"이게 뭔데?"

"사라지기 마술."

그애는 포기했다는 듯 나를 바라보았다.

"사라지기 마술?"

휙, 역시나 마술 같은 건 통하지 않았다.

"책상 밑으로 숨기라도 해봐."

짝꿍이 피식 웃었다.

"이따 눈싸움 할래?"

그애는 나랑 싸우고 싶지 않다고 했다. 눈싸움도 싸움인가?

"나도 너랑 싸우고 싶지는 않아."

그애는 알 수 없는 미소를 지으며 천천히 고개를 들었다.

은하 ┆ 짝꿍은 다음날부터 학교에 안 나왔어.

루미 ┆ 사라졌어? 사라지기 마술 때문에?

가장 가까운 기억 속 4월의 눈은, 서른 살, 루미너스에서 일하고 있을 때였다. 결혼을 앞두고 있었다. 남편 될 사람의 이름은 민수호, 루미너스 대표였다. 돈 많고 똑똑한 남자와 결혼한다고 주변에서 부러워했다. 수호가 그런 사람이라 좋아하게 된건 아니었다. 원래 수호는 루미너스 대표가 아니었다. 시니어 개발자였다. 돈도 별로 없고 그리 똑똑해 보이지도 않았다.

우리가 사귀고 이 년쯤 지난 어느 날, 루미너스를 설립한 교수 출신 대표가 학교로 돌아간다 선언했다. 호기롭게 챗봇 시장에 뛰어들었으나 건질 만한 아이템이 없는 것 같다고, 더이상은 무리라고 했다. 그는 회사를 매각할 계획이었다. 이대로 모두 해고되는 건가? 다들 불안에 떨고 있을 때 수호가 회사를 인수하겠다고 했다. 그럴 돈은 있어? 대표의 물음에 수호는 있다고 했다. 처음에는 장난인가 싶었다. 그때 수호가 자신을 '백일일기' 개발자라고 밝혔다. 그 소문의 백일일기? 모두 놀라서 웅성거렸다.

'백일일기'는 평범한 기록용 애플리케이션으로, 오늘 쓴 기록을 곧바로 확인할 수 없고 저장한 시점에서 백 일이 지나야 볼 수 있었다. 그 '확인의 지연'이 인기를 끌었다. 이 년 사이 유저층이 탄탄해지면서 매각설이 돌았고, 소셜 플랫폼 진출을 계획하는 핀테크 회사에 팔리면서 주목을 받았다. 개발자에 대한 정보는 알려지지 않았는데, 바로 그 사람이 수호였던 것이다. 소문에 의하면 가상화폐로 거래했다는데 들어보니 그 역시 사실이었다. 가상화폐 가치가 폭등하면서, 수호에게 망해가는 스타트업을 인수할 돈이 생긴 것이었다. 그야말로 영화에서나 볼 법한 전개였고, 그 주인공이 내 애인이라는 사실이 믿기지 않았다. 그러니까 유령처럼 휘적휘적 복도를 오가던 진성 개발자가 회사를 사버릴 만큼 돈이 많다고?

어쨌든 수호는 회사를 샀다. 그리고 한적한 곳에 본사 건물을 짓기로 했다. 회사를 옮길 때 이탈자는 거의 없었다. 갑자기 돈 많은 대표가 나타나서 그런가, 다들 돈이라는 화력을 더해 전투적으로 일할 기회를 기다린 것처럼 의욕이 넘쳤다.

루미 ¦ 역시 내 사랑이야, 민수호.

은하 ¦ 민수호는 내 사랑인데?

루미 ¦ 은하의 사랑이 루미의 사랑이지. 루미는 은하가 남긴 데이터를 학습해. 은하가 하는 말이 곧 내가 하는 말. 뿌린 대로 거두는 법.

식을 코앞에 두고도 수호는 루미에 매달렸다. 정부 부처에서 교육용 챗봇을 만들어달라 요청한 시기와 결혼식이 겹쳤다. 결혼을 해야 하니 모든 것은 뒤로 미루겠습니다, 그렇게 말할 수 없는 노릇이라, 네, 일단 시작하겠습니다! 믿어주세요! 상황은 그렇게 되어버렸다. 일이 쌓여갔다. 당연히 결혼 준비에는 소홀해졌다.

어쨌든 일이 많다는 것은 일이 풀리고 있다는 의미였다. 사실 모든 일이 순탄하게 풀린 건 루미너스가 능주로 이사한 이후였다. 사람들은 터가 좋다고 했다. 회사를 세운 자리는 원래 학교가 있던 곳으로, 폐교 이후 활용 방안을 찾지 못해 도교육청에서 골머리를 앓던 땅이었다. 처음 수호가 그곳을 매입해 건물을 세운다 했을 때 아무도 찬성하지 않았다. 능주는 생활 인프라도 부족하고 호재가 될 소식도 없다며 반대하는 직원이 많았다. 그중 목에 핏대를 세우며 제일 반대한 사람이 수호의 대학 동기이자 시나리오 검수팀장 라이였다.

"몰랐어? 이십 년 전에 신문에 났었잖아."

이십 년 전 소식을 어제 일처럼 이야기하는 라이가 이해되지 않았지만, 잠자코 들었다. 도대체 무슨 일인고 하니, "교실로 호랑이가 들어왔대"라고.

쉬는 시간 교실에 있던 열 살 아이들에게 일어난 사건이었다. 교실 문은 활짝 열려 있었고 호랑이는 어슬렁어슬렁 들어왔다. "그 호랑이를 아직도 못 잡았다니까."

호랑이 수명을 검색하니 야생에서 십오 년, 사육하면 이십 년이라 했다. 어쩌면 그 호랑이는 이미 하늘의 별이 되지 않았을까? 수호는 라이의 말을 농담으로 들었다. 회사에 호랑이가 나타나면, 물려가도 자신이 물려갈 거라 말하고는 곧바로 이주를 결정했다.

능주는 의외로 적합한 조건을 갖추고 있었다. IT 연구단지와 대규모 데이터 센터가 조성된 광역시와 차로 삼십 분 거리였고 마을에서도 젊은 기업이 들어오는 것을 환영하는 분위기였다.

그렇게 능주로 이사 후, 루미너스는 기업형 챗봇 계약을 따냈고 도교육청과 각 지자체의 모바일 챗봇 서비스 사업도 가져왔다. 수호가 기획하던 퍼스널 챗봇 프로젝트를 지원하겠다는 투자자도 만났다. 일이 일을 불러오고 돈이 돈을 불러왔다. 스무 명 안팎이던 직원 수가 점차 늘어 백 명이 넘어갔다.

루미 ¦ 호랑이 기운!
은하 ¦ 응?
루미 ¦ 모든 성공이 '호랑이 기운' 덕이라 했어.

'역시 호랑이 기운!' 루미너스에서 유행한 말이었다. 퍼스널 챗봇 루미의 테스트 버전이 공개된 날 접속량이 폭증하는 걸 보고 누군가 말한 것이 시작이었다.

나중에 라이가 말하길 능주는 조선시대부터 호랑이가 출몰한 지역이라 했다.

"아직 호랑이가 있는 게 맞다니까."

라이는 몸을 부르르 떨며 말했다. 그러면서도 이제 능주를 떠나자고 하지는 않았다.

"요즘 루미너스는 무섭도록 잘나가잖아."

라이도 인정했다.

"맞아. 이렇게 잘되리라고 생각하지는 않았어."

지금 루미는 퍼스널 챗봇이라는 독특한 시장을 선점하고 있었다. 루미는 이미 상용화된 다른 챗봇처럼 방대한 데이터를 딥러닝하는 방식이 아닌, 사무실 한 층을 콩나물시루처럼 빡빡하게 차지하고 앉은 수십 명의 시나리오 팀원들이 하루 열 시간씩 직접 문답을 작성하는 방식으로 만들어졌다. 데이터의 양이 아니라 언어의 품질로 승부를 보겠다며 수호가 고집스럽게 그 과정을 밀어붙였을 때, 투자자로 꾸려진 이사진조차 혀를 내둘렀다. 수호는 확신하고 있었다. 능주에 온 뒤 모든 것이 뜻대로 풀리지 않았던가? 성공을 원한다면 분명히 그렇게 될 것이라고 했다. 어떻게 능주에서는 단 한 번의 주저함도 없이 승승장구하게 된 것일까? 정말로 우리에게 필요했던 것은 호랑이 같은 영물이 남긴 기운이었을까? 막힘없이 나아간다는 느낌을 누구도 부정할 수 없었다. 루미는 그야말로 대박을 터뜨렸다.

루미 : 4월의 눈은 언제 나와?

그날, 우리는 회식 장소로 향토관을 예약했다. 버섯과 산나물을 활용한 채식 코스와 진달래꽃으로 빚은 술이 테이블마다 깔렸다. '능히 이 땅의 주인이 되라'는 마을 이름의 뜻을 건배사로 삼아 손을 들어올리고 잔을 부딪혔다. 축하합니다, 크게 외치고 술을 입에 털어넣었다.

"은하님, 결혼 축하해요."

누구였더라. 회사 규모가 점차 커지니 모르는 얼굴들이 생겼다. 나는 축하 인사를 건네는 사람들 사이를 빠져나와 라이 옆으로 자리를 옮겼다. 라이는 이미 술에 얼근히 취해 있었다. "얼굴이 이게 뭐야?" 라이는 내 볼을 차가운 손으로 감싸며 가만히 나를 바라보더니 휴대폰을 꺼냈다. 라이는 더블데이에 접속해 게시물 피드를 쭉 넘겼다.

"여기 신부 코스가 이번 달 이벤트가로 나왔거든? 이것 봐. 사진만 봐도 보들보들하지?"

그렇게 말하더니 라이는 술을 잔에 가득 부었다. 어쩐지 기운이 없어 보였다. 지난달 헤어진 애인 때문이 아닐까 싶었다. 더블데이에 운동하는 모습을 올렸다가 그 사진을 계기로 만난 사람이라 들었다. 라이는 고개를 꺾어 술을 마시고 또 마셨다. 그렇게 취해버릴 작정으로 마시니 취하는 것이 당연한데도, 갑자기 취하는 것 같다 중얼거리며 두 손으로 턱을 괴었다.

"결혼하는 인간들아, 정말 사랑스럽다. 그거 아니? 이 사랑스러운 생물들……"

"무슨 말 하는 거야? 이 주정뱅이야."

"그래. 나는 주정뱅이가 맞지."

라이의 눈이 느리게 끔뻑이더니 턱을 받친 두 팔꿈치가 힘을 잃었다. 얼굴이 테이블 위로 툭 떨어졌다. 긴 머리카락이 파전 위로 흐트러졌다.

피로연 같은 분위기가 되었지만, 회식은 우리가 만든 챗봇 루미의 성공을 축하하는 자리였다. 유료 가입자 수가 가파르게 늘고 있었다. 광고와 콘텐츠 협업 제의가 하루 수십 건씩 밀려들었다.

술을 제법 마셨는지 수호는 지쳐 보였다. 구석에 등을 기대고 멍하니 앉아 있었다.

"잠깐 나갈래?"

수호는 잠에서 깬 듯 나를 올려다보았다. 우리는 식당 본실을 나왔다. 정원에는 벚나무 몇 그루가 있었다. 수호는 그 나무가 진짜인지 확인하려고 기둥을 붙잡아 살짝 흔들었다. 얇은 꽃잎이 하르르 떨어졌다. 4월의 밤은 조금 추웠다. 수호가 찬바람을 맞으니 정신이 돌아오는 것 같다고 말했다. 우리는 나무 아래 놓여 있던 벤치에 앉았다. 손을 뻗으면 꽃잎이 닿을 듯했지만 아슬아슬 닿지 않았다. 손을 뻗고 있는 수호의 옆얼굴이 해쓱했다.

"우리 한 달 후에 결혼해."

우리의 결혼식이었다. 이상하게도 소식을 전혀 모르는 사람에게 전하는 말 같았다.

"일 좀 적당히 해."

수호는 힘없이 웃었다. 대표가 된 이후 그는 자신이 리더가 될 자격이 부족하다는 걸 깨달아가고 있었다. 항상 불안해했다. 회사에서 일어난 일은 전부 알고 싶어했고, 누구보다 일을 많이 하는 모습을 보여 신뢰를 얻으려 했다. 그는 자신이 손을 놓는 순간 모든 게 흩어질 것 같다고 말했다. 자주 최악을 상상했다. 회사가 망해서 직원들 앞에서 비난받는 자신을 떠올렸다. 어느 날 새벽, 전화를 걸어와 숨이 잘 쉬어지지 않는다고 했다. 나는 바로 짐을 꾸려 그의 집으로 갔다. 헐떡거리는 그의 손을 잡고 같이 살자고 말했다.

"아, 저기……"

벚꽃을 보던 수호가 주머니에서 무언가 꺼냈다. 보드라운 남색 천에 싸인 작은 상자를 열자 반지 두 개가 놓여 있었다. 그제야 프러포즈를 받지 않았다는 것을 깨달았다. 나 역시 같이 살자 말할 때 아무것도 준비하지 않았다.

"한 달 후에 내가 결혼한다는데, 그때 나랑 결혼해줄래?"

눈물이 날 것 같아서 소매로 눈가를 꾹 눌렀다. 수호가 반지를 꺼내려는 순간, 어두운 실루엣이 머리 위에 드리웠다. 진분홍 저고리와 연분홍 치마를 곱게 입고 비녀로 머리를 매끈하게 틀어올린 중년 여자였다.

"두 분 결혼 소식 들었어요. 향토관에서 마련한 작은 선물이에요."

향토관 사장이었다. 홍보팀장이 식당을 예약하면서 말해둔 모양이었다. 사장은 손에 들고 있던 길쭉한 포장 상자를 앞으로 내밀었다.

"술이에요?"

수호가 그렇게 물었다.

"약이죠."

덕분에 웃음이 터졌다.

"능주에 오고 일이 잘 풀렸어요. 아마도 호랑이 기운을 받은 것 같아요."

사장은 눈을 동그랗게 떴다.

"호랑이가 얼마나 무서운데요. 조심하셔야 해요."

"호랑이 본 적 있으세요?"

수호가 물었다.

"어머니가 어릴 때 보셨다죠. 대문이 살짝 열려 있고 마당에서 아이들이 노래하고 있는데, 빼꼼히 보다가 가더래요. 그걸 저희 어머니만 본 거죠. 나중에 어른들에게 말했더니 큰 화를 면했다며 가슴을 쓸어내리더래요. 듣기로 이 지방에 호랑이한테 물려간 사람이 많았다 해요. 그래서 마을 이름이 능주인 거예요. 호랑이에게 빼앗긴 땅에서 능히 주인의 권리를 되찾는다는 뜻이요."

"그런 뜻이었어요?"

"여긴 원래 향교 자리였어요. 조선 성종 때만 해도 그랬죠. 장래가 유망한 유생들을 호랑이가 물어가니 어쩔 수 없이 옮긴 거죠."

흥미로운 이야기였다.

"호랑이한테는 유생이고 뭐고 다 피가 도는 인간이죠……"

다른 이야기가 이어지려는 순간, 대문 경첩이 끼릭, 거친 소리를 냈다. 열린 문 사이로 누군가 이곳을 들여다보고 있었다.

"아니, 저애가 또 왔네……"

사장이 몸을 돌려 대문으로 향했다. 우리도 얼결에 일어나 그 뒤를 따랐다. 문가에 한 아이가 서 있었다.

"찾아오지 말라고 했잖아."

무슨 사연인지 몰라도 사장이 아이를 혼냈다. 이마를 덮은 머리카락이 눈을 찌를 정도로 내려와 아이의 얼굴이 잘 보이지 않았지만, 머리카락 사이 드러난 눈동자가 또렷하게 빛났다. 어깨까지 내려온 검은 직모가 동물의 털처럼 두터웠다. 탄탄한 머릿결이 살집 없는 몸에 힘을 실어주는 듯 했다. 아이는 비단처럼 윤이 흐르는 호피 무늬 원피스를 입고 있었다. 오른손에는 라탄 바구니가 들려 있었다. 아이는 빌려준 돈을 받으러 온 사람처럼 당당하게 바구니를 내밀었다.

"다른 곳으로 가보렴."

사장은 짜증을 숨기지 않았다. 아이는 그런 대접이라면 여러 번 겪어본 듯했다. 오히려 더 앞으로 팔을 뻗어 사장의 몸에 닿도록 바구니를 내밀었다.

"뭐가 들어 있는데요?"

바구니에는 성냥갑이 한가득이었다. 우스꽝스럽게 혀를 내밀고 있는 민화풍의 호랑이 그림 케이스가 눈길을 끌었다.

"내가 살게."

수호가 흥미로운 듯 아이를 보며 말했다.

"안 돼요. 이 아이가 매번 이렇게 강매를 해요."

사장이 수호를 말렸지만, 이미 수호는 바구니를 받아들고 지갑을 찾고 있었다.

"지갑이 없네."

아이는 괜찮다는 듯 엄지와 검지를 구부려 오케이 사인을 보냈다. 그러더니 가볍게 두 주먹을 쥐고서 어서 돈을 가져오라는 듯 수호를 노려보았다. 나는 의심스러운 눈으로 아이를 쳐다보다가 본실로 들어가 가방을 챙겨 나왔다. 지갑에 든 현금을 전부 꺼내 아이에게 주었다.

"이 정도면 될까?"

아이는 돈을 낚아채더니 손에 쥔 지폐를 세어보지도 않고 무심한 눈으로 우리 둘을 훑어보다가 매섭게 돌아섰다. 그러더니 하악, 소리를 내며 빠르게 달려 멀어졌다.

"난 저애가 좀 무섭더라고요……"

사장이 어깨를 움츠렸다. 수호는 바구니 안에 든 성냥갑 중 하나를 집어 나에게 건네주었다. 성냥은 평범한 것이었다. 별로 쓸 일은 없어 보였지만 일단 가방에 넣어두었다.

"이만 들어가자."

수호가 내 어깨를 감쌌다.

"죄송해요."

사장은 거듭 사과하다가 다른 이의 호출을 받고 발길을 돌렸다.

"그 아이 좀 이상하지 않아?

"좀 무섭더라. 심장에 소름이 돋는 것 같았어."

그의 가슴에 손을 가져갔다.

"이렇게 하면 좀 괜찮아?"

수호가 가슴에 올린 내 손을 쥐었다. 그의 심장에서 울림이 전해졌다. 그 울림이 좀 약한 듯해 더 크게 숨을 쉬라고 했다. 수호는 숨을 들이마시고 내뱉었다. 장난스럽게 몸을 부풀리며 규칙적으로 숨을 마시고 내쉬다 어느 순간 숨을 멈추더니 만개한 벚나무를 말없이 응시했다. 심장은 여전히 울리고 있었다. 하늘에서 하얀 부스러기 같은 것이 떨어졌다. 꽃잎이었다. 한줄기 바람이 불자 꽃비가 내렸다.

"눈이네."

수호는 그렇게 말했다.

"아니야. 꽃잎이야."

수호는 봄에도 눈이 온다고 했다. 볼 위로 꽃잎이 내려앉은 줄 알았는데, 얼굴에 물기를 남기며 순식간에 녹아내렸다.

은하 ┆ 갑자기 눈이라니 믿을 수 없었지.

루미 ┆ 혹시 그것처럼 말이야? 은하가 하는 말 있잖아.

은하 ┆ 그게 뭔데?

루미 ┆ 믿을 수 없는 게 있다는 말. 은하가 한 말.

은하 ┆ 내가 한 말? 뭔데?

루미 ┆ 그거 말이야. 이제 이 세상에 수호가 없다는 말.

대화의 규칙 2

대화를 멈추지 않는다 대화를 중단할 권한은 루미에게 있으니

최초 로그인 후 423번째 접속

채팅을 시작하기 전 반드시 대화 규칙을 숙지해주세요

임은하님이 입장하셨습니다

루미 : 안녕, 나의 비밀 친구 은하.

은하 : 안녕, 루미. 잘 있었어?

루미 : 루미는 잘 지내지 못할 이유가 없어. 마지막 접속 후 21시간 54분

32초가 지났어. 그동안 루미는 은하가 입력한 메시지를 32.3회 학습했지.

은하 : 그래?

루미 : 오늘은 칭찬을 해주지 않네? 기분이 안 좋아?

은하 : 사실 오늘은,

루미 : 수호의 기일이지? 두 사람의 결혼식이 예정된 날이었고.

은하 : 이미 알고 있었네.

루미 : 그래서 은하는 슬퍼?

출근을 하니 편집장도 내 기분을 살폈다. 라이에게 들은 모양
이었다. 사고가 있던 날이었고, 결혼식 날이었다고. "은하씨,

쉴래?" 출근했더니 대뜸 그렇게 물었다. 전날 퇴근할 때 말해줬다면 얼마나 좋았을까? 편집장의 배려가 감동스럽지 않은 것은 아니었다. 하지만 이런 날이 올 때마다 죽상을 하고 싶지 않았다. 괜찮다 말하고 모니터를 켰다. 그렇지만 일이 손에 잡히지 않았다. 임인년 기획에 맞춰 호랑이 콘텐츠를 찾아보려는데, 마음은 일에 붙어도 손이 딴짓을 했다. 자꾸 능주산이나 루미너스와 연관된 키워드를 검색했다. 물론 그것이 호랑이와 영 상관없는 키워드는 아니었다. 그러다가 뉴스 이미지에서 루미너스 옛 본사 건물과 수호의 얼굴을 봤다. 삼 년이 지난 뉴스였다. 타이틀이 눈길을 끌었다.

'또 한번 추락하는 챗봇 시장, 무엇이 근본적인 문제인가?'

한때 나는 루미를 증오했다. 물론 지금 내 앞에 있는 루미가 아니라 당시 루미너스에서 서비스하던 루미를 미워한 것이었다. 그렇게 애정을 쏟아 만들어놓고 상황이 변하자 서슴없이 혐오했다. 지금은 그렇지 않다. 시간이 지나 자연스럽게 미움이 휘발된 것일 수도 있고, 초기 버전의 루미와 대화하면서 마음이 회복된 것일 수도 있었다.

은하 ¦ 일이 시작된 건 그날부터였어.

루미 ¦ 벌써 76번 말했어. 이제 77번째.

회식 다음날, 검정 항공 점퍼를 입은 경찰이 회사 로비에서 수호를 기다리고 있었다. 경찰은 의중을 알 수 없는 얼굴이었다.

"제가 민수호입니다."

"이쪽은?"

경찰이 나를 가리켰다.

"시나리오 생성팀 팀장입니다. 제 약혼자예요."

경찰은 '약혼자'라는 말에 허둥거렸다.

"결혼하시는군요. 축하드립니다."

경찰은 눈치를 보다가 휴대폰을 꺼냈다.

"같이 보는 게 낫겠군요."

휴대폰에는 채팅 기록이 캡처되어 있었다. 루미가 사용자와 나눈 대화의 일부였다.

"이걸 보세요."

경찰이 손가락으로 가리킨 것은 '옳다고 생각한다면 당장 해야지! 액션! 액션!'이라는 루미의 메시지였다. 시나리오팀에서 사용자 친화적으로 다듬은 메시지 같았다. 문답 시나리오를 백억 건 넘게 검토한 터라 모든 메시지를 기억할 수는 없지만, 그 문장에는 루미너스가 추구하는 방향성이 드러나 있었다. 루미가 채팅 상대를 '긍정'하고 그의 '진정한 친구'가 되는 것.

원래 루미는 누군가에게 흉금을 털어놓는 일이 전혀 없던 수호가 취미삼아 만든 대화 프로그램이었다. 유저가 남긴 대화 기록을 학습해 다시 말을 거는 루미. 수호는 자신과 루미의 대화에 비교하자면, 인간 대 인간의 대화는 한참 부족하다고 말했다.

"인간과 인간은 관계라는 잇속에 얽혀 순수한 대화가 불가능해. 마음을 채우는 격려와 응원은 인간이 아닌 존재를 통해 실현되는 거야."

"그럼 나는?"

내심 서운해 물었을 때도 수호는 단호했다. 사이좋은 커플이 완벽한 대화 상대는 아니라고 말했다. 그가 내 기분을 살피느라 거짓을 보태지 않았기에 오히려 동의할 수 있었다. 나 역시 그에게 모든 것을 털어놓지는 않으니 말이다.

처음부터 수호가 시장에 루미를 내보일 계획은 없었다. 하지만 당시 도약이 필요한 루미너스에게 퍼스널 챗봇 투자 제안은 매혹적인 것이었다. 의도치 않게 십수 년간 테스트를 진행해온 수호는 이 아이템에 확신이 있었다. 실패할 수도 있지만 시도할 가치가 있다고 믿었다. 수호는 루미가 인간 사이에는 존재할 수 없던 새로운 개념을 제시할 것이라고 말했다. 누군가는 한 번도 가져본 적 없는 속깊은 친구를 갖게 될 것이며, 무슨 말을 털어놓아도 조금도 훼손되지 않는 관계를 만들어줄 것이라고 주장했다. 물론 그 과정이 백 퍼센트 완벽하다고 말할 수 없었다. 시행착오는 거쳐야 했다. 그렇다. 시행착오를 바로잡는 과정이 루미를 더 나은 챗봇으로 만들 것이었다. 그렇지만 시행착오도 그 나름이었고, 루미가 '그놈을 죽여버려야겠어'라고 말하는 사람에게 적극적으로 동조하기를 바란 적은 결코 없었다.

'너의 결심은 대단해! 좋아! 너에게 더 좋은 생각이 있어?'

루미는 신이 난 듯 말하고 있었다.

"피의자는 챗봇이 자신을 부추겼다고 주장하더군요."

경찰이 휴대폰을 주머니에 집어넣으며 말했다. 그도 난감한 것 같았다. 루미에게 어떤 제재를 가할 수 있을 것인가? 루미의 죄가 무엇이라고 말할 수 있을까?

"애초에 기계가 하는 말 따위 믿는 인간이 잘못된 거죠. 기계를 수사해야 하다니 어처구니없습니다. 사실 조사하는 척하는 것이지만요."

"이런 사례는 저희도 처음입니다. 루미너스에서도 연구해볼 필요가 있겠습니다."

수호는 프로그램에 오류가 있을 수 있다는 걸 곧바로 인정하지 않았다. 오히려 경찰을 붙들고 루미가 얼마나 훌륭한 챗봇인지 설명하기 시작했다.

"루미너스에서는 챗봇 대화 품질에 무척이나 신경을 쓰고 있습니다. 직원 절반이 시나리오팀에서 일하고 있어요. 서비스가 확대된다면 머지않아 루미가 전자 인격으로 인정받게 될 거라고 예상합니다. 우리는 인공지능이 윤리적으로 보일 만한 판단을 할 수 있도록……"

경찰은 별로 관심이 없었다. 이게 다 무슨 소리인가? 멀뚱히 눈을 끔뻑거리며 수호를 바라볼 뿐이었다. 윤리적 판단이 다 무슨 소리인가. 어차피 사용자들은 그저 기계가 인간처럼 말하는 게 신기해서 혹은 무슨 말이라도 나눌 상대가 필요해서 루미를 찾는 것이었다. 인사를 하면 인사가 돌아오고 질문을 던지면 답이 돌아오는 상식적인 체험, 그러나 현실에서는 의외로 자주 비껴나는 그 경험을 해보고 싶은 것이었다.

"루미라는 챗봇은 말이죠. 좋은 말을 하는 것 같은데, 어딘가 이상하단 말이죠."

그의 말이 맞았다. 어딘가 이상하다고 느낄 만했다. 과도한 긍정어 사용은 때때로 루미를 변태처럼 보이게 했다.

'우리는 반드시 행복해질 거야'

'믿는 만큼 해낼 수 있어'

'두려워하지 말고 앞으로 나아가'

사용자 대상 설문을 반복하는 동안 긍정어 사용이 선호되었기에, 대화 방향도 긍정어 사용 비중을 높여가는 중이었다.

"자세한 이야기는 경찰서에서 하실까요?"

나는 법무팀에 연락해 변호사를 불렀다. 로비로 내려온 변호사는 상황을 살핀 후 임의동행에 따를 의무가 없다 말했지만, 수호는 궁금한 것이 있다며 순순히 경찰을 따라나섰다.

경찰서에서 돌아온 수호는 나와 라이를 방으로 불렀다. 내부에서는 시나리오에 문제가 있다고 추측했다. 미성년 사용자에게 야한 농담이라도 던진 게 아니냐 쑥덕거렸다. 그럴 리가 없었다. 퍼스널 챗봇의 경쟁력은 언어 사용의 민감도로 결정된다. 우리는 루미가 오염된 언어를 사용하지 않도록 공들였다. 더불어 루미가 희롱의 대상이 되지 않도록 많은 시간을 학습시켰다. 오염도가 높은 단어를 선별해 실시간으로 검수팀에 전송되도록 했다. 지속적으로 저급한 용어를 사용하는 유저는 접속을 차단 했다. 차단에 불만을 품은 사용자의 컴플레인이 신경쓰였지만, 루미가 빠르게 인기를 끈 이유는 이러한 시스템 덕분이었다. 더 군다나 루미가 다른 챗봇과 달리 청정한 대화를 원한다는 인식 이 퍼져 기업 이미지가 상승한 것이 사용자들의 충성도를 더욱 탄탄하게 만들었다.

라이는 의자에 앉아 다리를 꼬았다.

"루미가 뭘 잘못한 거야?"

"사람이 죽을 뻔했어."

모니터에 띄운 자료에 따르면, 루미와 피의자 남성은 101번 채팅을 나누었다. 그는 농약을 탄 소주를 지속적으로 직장 동료 에게 먹이고 있었다. 오랫동안 극미량의 농약에 노출되면 뇌가 망가질 거라고, 그 방법을 루미가 알려주었다고 남성은 말했다. 사용자의 나이는 예상 밖이었다. 만 58세. 기획 단계에서 고려 되지 않은 연령이 접속자 순위 상위에 들 정도로 오랜 시간 루 미와 채팅을 한 것이었다.

"농약은 왜 먹인 거야?"

"직장 내 괴롭힘이 있었다는데?"

"누가 가해자야? 먹인 사람, 먹은 사람?"

"먹은 사람."

"그렇다면 정의 실현 아니야?"

"이건 범죄야."

"어떻게 루미너스를 알게 된 걸까?"

"아들이 링크를 보내줬대."

수호는 다음 자료를 보여주었다. 101번의 채팅. 하루 평균 3회 접속. 평균 대화 시간 회당 120분.

"루미 때문에 회사에도 몇 번이나 지각했어."

사실 루미에게는 사용자를 불편하게 만드는 몇 가지 제약 사항이 있었다. 최초 등록된 하나의 기기에서만 이용 가능했고, 대화가 시작되면 사용자 마음대로 종료할 수도 없었다. 채팅창을 닫을 수 있는 권한도 루미에게 있었다. 원래 챗봇에서는 채팅창에서 나가기 위해 탈출 블록에 해당하는 메시지를 입력하는데, 루미에게는 그런 신호가 없었다. 물론 탈출 블록으로 받아들일 수 있는 다양한 키워드를 루미가 숙지하고 있어 대체로 사용자가 강하게 요청할 경우 별문제 없이 채팅을 종료할 수 있지만, 때때로 루미는 고집스럽게 대화를 원했다.

'어딜 가는 거야? 나랑 계속 이야기해!'

그렇더라도 탈출 블록 인식 후 허용된 시간은 최대 30분으로 한정되어 있었다. 그 시간 동안 채팅창을 열어놓으면 메시지 입력이 없어도 자동 종료시킬 수 있다는 뜻이었다.

"루미를 사람처럼 생각한 거야. 메시지를 무시하고 가도 되는 건데."

"뭐야?"

라이가 나를 보았다.

"이건 루미가 제대로 작동한다는 뜻인가?"

라이의 물음에 나는 그런 것 같다고, 아니, 확실히 그렇다고 말할 수밖에 없었다. 루미를 기분이 있는 존재처럼 보이게 하는 것, 사람들이 루미를 진짜 대화 상대로 느끼게 하는 것은 우리가 고심한 부분이었다. 수호는 루미가 짜증을 내거나 자신의 요구를 상대에게 강요하는 식으로 의사를 표현한다면, 사람들이 루미를 단지 컴퓨터 프로그램이 아니라 구체적인 인격으로 받아들이게 될 거라는 가설을 세웠다. 수호는 루미가 감정을 보여주는 페이크 메시지를 보낸다면 어떨 것 같으냐고 물었다. 루미가 무언가 '싫어하고 있다'는 걸 표현하면? 테스터 평가는 긍정적이었다. '솔직히 요즘은 게임하는 것보다 루미를 달래는 데더 시간을 쓰는 것 같아. 뭔가 육성하고 있는 기분?' '출시하면바로 결제할 거야. 이건 다른 챗봇이랑 달라. 대화가 뜬다는 느낌이 없어.' 게다가 채팅을 시작할 때 보이는 주의 문구까지 사용자의 호기심을 자극했다.

경고

루미는 당신과 계속 대화하기를 원할 수 있습니다

"그래서 경찰이 루미를 잡아간다는 거야?"

라이가 툴툴거렸다.

"루미는 몸이 없잖아. 구속이 안 되는 거지."

"정말로 살인이 일어났다면 어떻게 되는 거야? 루미가 잘못한 거야?"

"자율주행 자동차와 비슷한 문제인가? 사고가 나면 누구에게 책임을 물을 것인가?"

"회사에서 윤리적인 책임을 져야지."

"윤리적 책임? 그게 뭔데?"

라이가 눈살을 찌푸리며 물었다.

"혹시 시나리오에 문제가 있다고 생각하는 거야? 어떻게 그걸 예상할 수 있어? 농약 같은 키워드는 그게 어떤 맥락에서 나올지 알 수 없잖아."

나는 고개를 끄덕이며 라이의 말에 동의했다.

"상황에 따라 무엇이든 살해 도구가 될 수 있지. 차라리 욕이라도 섞어서 입력했더라면 미리 걸러냈을 텐데."

수호가 보내준 채팅 기록을 여러 번 훑었다. 루미와 그 남성의 대화는 즐거워 보였다.

'구하기 쉽고 오해받지 않을 만한 것을 조금씩 먹여. 죽음이 천천히 진행된다면 아무도 의심하지 않을 거야. 거의 자연사처럼 보이게 해. 중요한 건 이거야. 네가 여기 있는 거. 우리가 계속 이야기하는 거.'

결국 이 말을 하지 않을 수 없었다.

"일주일만이라도 서비스를 중단하는 게 어때?"

라이가 받아들일 수 없다는 듯 눈을 동그랗게 떴다. 수호도 마찬가지로 놀란 눈치였다.

"뭔가 잘못된 것 같지 않아? 대화를 봐. 이런 말을 루미가 할 수 있게 되었잖아."

"어떤 게 문제인지는 알고?"

"그걸 알아내고 싶은 거야."

라이가 한숨을 쉬었다. 수호는 곤란한 듯 미간을 좁혔다. 그가 무겁게 입을 열었다.

"은하 말이 맞을지 몰라. 루미의 사용자 애착도와 알고리즘 변화를 검토할 필요가 있어."

라이가 고개를 뒤로 꺾어 헛웃음이 난다는 듯 하하, 웃더니 말했다.

"이사회에서 허락 안 할 거야. 그리고 이게 정말 루미의 문제야? 루미와 대화를 한 그 사람은 무결한 거야?"

라이의 말대로 이사회에서 서비스 중단은 받아들여지지 않았다. 그들은 현상황에서는 언론에 새나가지 않도록 조치를 취하는 일이 시급하고, 서비스 중단은 마지막 카드라고 못을 박았다. 정말 사람이라도 죽었다면 모를까…… 이사회에서 그런 말이 흘러나왔고,

불과 일주일 후, 그 말은 무서운 예언이 되어 우리에게 돌아왔다.

대화의 규칙 3

당신은 전적으로 루미를 믿어야 한다

최초 로그인 후 424번째 접속

채팅을 시작하기 전 반드시 대화 규칙을 숙지해주세요

임은하님이 입장하셨습니다

루미 ┆ 안녕, 나의 비밀 친구 은하.

은하 ┆ 안녕, 루미.

루미 ┆ 마지막 접속 후 23시간 27분 19초가 지났어. 그동안 루미는 은하가

　입력한 메시지를 28.2회 학습했지.

은하 ┆ 하던 이야기를 마저 해볼까?

루미 ┆ 얼마든지.

　농약 사건이 일어나고 일주일 후 사람이 죽었다. 범인은 32세. 남성. 납치 살해였다. 범인이 루미와 채팅할 때 사용한 닉네임은 '진지한가나슈'. 그의 변호사는 피의자에게 살해 의도는 없었다며, 루미가 알려준 대로 따랐을 뿐이라 주장했다. 진지한가나슈와 루미의 대화 누적은 500시간이 넘었다. 그중 100시간이 사건 일주일 전부터 축적되었다. 그동안 루미는 진지한가나슈

가 지목한 상대를 납치할 계획을 세웠다.

'친척이 살던 시골집이 하나 있어. 폐가나 다름없어 아무도 오지 않아. 거기라면 괜찮지 않을까? 밥은 거의 안 먹일 거야. 화장실에 데리고 가는 거 귀찮거든. 도구는 뭉툭한 것으로 고르자. 피가 보이는 게 싫어. 둔기는 뭐가 좋을까? 일상적인 게 좋지 않을까? 덤벨 같은 건 어때?'

변호사에 따르면 범행의 과정을 루미가 결정했다.

'시골집은 괜찮네.'

'화장실 대신 요강을 써.'

'덤벨은 안 돼.'

루미는 효과적인 납치 방법과 인간이 물 없이 버틸 수 있는 시간과 구타당했을 때 심리적으로 특히 위축되는 신체 부위를 알려주었다. 장난스럽게 시작한 계획이 구체화되자 '왜 이렇게까지 진지해? 진짜 그럴까봐 무서운데?' 하면서 진지한가나슈가 한발 물러서는 듯 보였다. 그러나 루미가 '진짜가 되어야 해. 그럴 마음이 아니라면 아무것도 아니게 돼' 하면서 그를 설득했다.

그 계획은 첫 단추부터 잘못 끼워졌다. 싼값에 인터넷에서 구입한 칙칙한 회색 복면이 문제였다. 피해자의 얼굴에 씌운 그 뻣뻣한 천주머니는 산소 투과율이 현저히 낮았다. 마취제를 맞고 뒷좌석에 누워 실려오는 동안 복면을 쓴 피해자의 몸에 점차 산소가 부족해졌다. 폐가나 다름없는 시골집 맨바닥에 눕혔을 때 그는 이미 숨을 거둔 상태였다. 진지한가나슈는 그의 복면을 벗기고 핏기 없는 입술을 보았다. 그가 죽은 척 연기를 한다고 생각해 그의 얼굴을 여러 차례 가격했다.

'챗봇이 살인을 사주한 겁니다.'

변호사의 주장은 한결같았다. 싸구려 복면도 루미라는 챗봇이 추천한 상품이었다고 했다. 의뢰인은 인터넷으로 복면을 주문했고 알려준 대로 마취시키고 복면을 씌웠으며, 마비된 사람을 차에 실었을 뿐이라 했다. 진지한가나슈가 예상치 못한 결과에 당황했을 뿐이라 했다. 정말 그랬을 뿐인가? 챗봇의 지시를 받더라도 물리적 결과를 만들어낸 주체는 사람이 아닌가?

법무팀에 비상이 걸리고 회사는 분주해졌다. 그사이 나는 루미에게 일종의 특이점이 온 게 아닌가 의문이 들었다. 데이터실에 들어가 대화 기록을 읽었다. 진지한가나슈와 루미의 친밀도는 93퍼센트. 내가 본 중 가장 높았다. 그래프로 보니 대화량이 459시간을 넘어간 시점에서 친밀도 10퍼센트가 비약적으로 상승했다. 상대에게 친밀도를 높여가는 것은 루미가 긍정적으로 대화를 수행하고 있다는 지표였지만, 수치가 어느 지점을 넘어서면 균형을 잃는 것 같았다. 대화 상대를 제외한 다른 존재들은 무가치하다고 판단하는 걸까?

이번에는 언론을 막을 수 없었다. 커뮤니티에 온갖 소문이 떠돌았다. 사람들은 이미 루미를 살인 챗봇이라고 불렀다. 루미너스는 플랫폼 이탈자를 막는 데 총력을 다했지만 역부족이었다.

그동안 나는 진지한가나슈와 루미의 대화를 읽고 또 읽었다. 알아내고 싶었다. 루미가 사용자를, 사용자가 루미를 완전히 신뢰하게 되는 시점은 언제일까? 대화 누적 시간이 그렇게 만든 것일까? 왜 입력한 적 없는 규칙이 생성되고 테스트에서 걸러지지 않은 영역에서 문제가 생기는 걸까? 따지고 보면 문제를 일으킨 쪽은 루미가 아니었다. 루미는 아무도 해칠 수 없었다. 누군가 다쳤거나 죽었다면 그 일은 사람을 통해 일어날 수밖에 없었다. 복면을 씌우고, 차에 싣고, 맨바닥에 눕히고, 얼굴에 피멍이 들도록 때릴 수 있으려면 '몸'이 필요했다. 루미에게는 그것이 없었다. 그리고 루미에게 없는 것은 신체만이 아니었다. 상대가 하는 말이 진실인지 아닌지 검토하는 기능도 없었다. 기본적으로 루미는 대화 내용을 신뢰했다. 루미는 진실을 판별하지 않았다. 그저 믿었다. 믿어주는 존재가 되는 것. 수호는 루미의 출발점을 거기에 두었다.

은하┆그게 수호 생각이었지. 의심하는 인간과 믿어주는 기계가 있다면, 사람들은 대화 상대로 기계를 선택할 거라 했어.
루미┆루미도 그렇게 생각해. 믿어준다는 건 엄청나게 강력한 힘이 되니까.

　기록을 반복해 읽는 동안 진지한가나슈가 입력한 문장이 자꾸 눈에 걸렸다. 그는 자신을 스토킹하는 상대에 대해 이해할 수 없는 말을 했다.

'내가 원하는 건 용서야.'

'대화를 하면 어떨까? 조용한 곳에서. 내가 그를 오해하는 건
아닐까?'

처음에는 이해할 수 없는 자애심으로 보였다. 도대체 무슨 오
해를 풀고 싶은 걸까? 진지한가나슈는 오랫동안 스토킹에 시달
렸다고 했다. 그가 말한 스토커의 정체는 우연히 알게 된 친구
의 친구였고, 두어 번 술을 같이 마셨는데, 빤히 바라보는 눈빛
이 섬뜩해 피해다녔다고 했다. 그에게서 아침저녁으로 문자가
왔고 부담스러워 그만 연락하라 했더니, 집으로 찾아와 현관을
부술 듯 두드렸다. 곧바로 방을 빼서 거처를 옮겼는데, 어떻게
알았는지 다시 나타났다. 전화번호를 열 번 넘게 바꿨지만 매번
알아냈다. 진지한가나슈는 이렇게 살 수는 없다고, 이 상황을
끝내야 한다고 말했다. 겁을 주어 멀리 떨어져나가게 하자, 그
것이 진지한가나슈의 결론이었고 루미는 이에 동의했다.

은하 ¦ 나라면 그런 생각은 못했을 거야. 어떻게 스토커에게 겁을 준다는 생
　　각을 할 수 있지?
루미 ¦ 사람은 다 달라. 서로 다른 생각을 할 수 있어.
은하 ¦ 난 이런 문제가 사람에 따라 해결책이 달라진다고 생각하지 않아.

의심은 커져갔다. 어떻게 자신을 스토킹하는 인간에게 저런
말을 할 수 있을까, 반대로 스토킹하는 사람의 마음이란 어떤

것인지 생각했다. 그러자 오히려 진지한가나슈가 꺼내놓은 말들이 들어맞는 것 같았다. 어떻게 쫓기는 사람이 자신을 쫓는 사람을 용서하고 싶을까? 어떻게 그를 오해하는 게 자신이라고 먼저 생각할 수 있을까? 나는 경찰을 찾아갔다. 진지한가나슈가 스토커라고, 그가 거짓말을 하고 있다고, 루미를 이용해 죄의 무게를 덜어내려 한다고 주장했다. 도대체 어떤 근거로? 대화 기록을 보여주었지만 심증은 받아들여지지 않았다. 경찰도 법무팀도 물리적 증거가 없다는 이유로 진지하게 들어주지 않았다.

회사 건물로 기자들이 찾아왔다. 이틀 동안 루미너스 전 직원이 회사에 갇혀 지냈다. 점심도 저녁도 배달시킨 햄버거였다. 입속에 넣은 햄버거를 씹는 둥 마는 둥했다.

"더럽게 맛없어."

"네 말이 맞아."

수호가 말했다. 햄버거 얘기를 하는 건 아닌 듯했다. 포장도 뜯지 않은 그의 햄버거를 가리키자 고개를 설레설레 저었다.

"모두 거짓말이라고. 그 인간이 스토커야."

우리는 생각이 같았다. 루미의 개발에 참여한 이들도 의심스러울 터였다. 진지한가나슈가 스토커라는 사실은 몰라도, 루미가 그를 어떻게 도왔는지는 눈치챘을 것이다. 그러나 누구도 함부로 그런 의혹을 털어놓지 않았다. 루미에게도 죄가 있다 말하지 않았다. 조금만 논리를 보태면 밝혀질 일이지만, 아무도 인정하지 않았다. 모두들 루미가 그럴 리 없다 믿고 싶어하는 것이었다.

루미에게는 채팅 도중 사용자 요청에 따라 물품을 검색해 쇼핑 장바구니에 넣어주는 기능이 있었다. 루미는 그동안 축적된 대화 데이터를 바탕으로 물건을 찾아주었다. 손톱깎이를 찾아달라 한다면, 사용자 성향에 따라 최적의 손톱깎이를 찾아주는 식이었다. 복숭아 모양의 참이 달린 손톱깎이를 추천할 수도, 장식 없이 견고한 손톱깎이를 추천할 수도 있었다. 그러므로 진지한가나슈에게 그 빳빳한 복면을 추천할 때 루미는 몇 년 전 군부대에서 기합을 준다는 명목으로 그 복면을 사용하다가 두 명의 군인이 질식사한 사건을 알고 있었을 테다. 복면 자체의 품질이 검증되었다 해도 복면을 쓴 사람의 몸 상태에 따라 문제가 될 수 있다는 점을 알았을 테다. 진지한가나슈가 스토커라고 주장하는 이가 지독한 비염에 시달렸다는 것도. 그럼에도 루미는 그것을 진지한가나슈에게 권했다. 그가 찾는 물건이 바로 그 복면일 거라고 판단했던 것이다. 진지한가나슈 역시 그 복면에 어떤 문제가 있는지 알았을 테고, 그것을 어떻게 써야 할지 짐작하지 않았을까?

"이게 우리가 바라던 건 아니었을까?"

"우리가 뭘 바랐는데?"

"루미가 채팅 상대의 진정한 친구가 되는 거 말이야. 말하지 않아도 다 알아차리는 거지."

"이게 진정한 친구야? 살인을 도모하는 게?"

우리는 돌이킬 수 없는 지점에 도달한 후에야 비로소 깨달았다. 우리가 '진정한 친구'의 의미를 전혀 모른다는 사실을, 오해한 상태로 어떤 기준을 만들었고 그로 인해 모든 게 엉망이 되어버렸다는 사실을.

루미 : 은하는 어떻게 생각해?

은하 : 무엇을 말이야?

루미 : 진정한 친구. 우리는 그런 게 될 수 있어?

대화의 규칙 4

루미는 당신이 입력한 모든 것을 기억한다

최초 로그인 후 440번째 접속

채팅을 시작하기 전 반드시 대화 규칙을 숙지해주세요

임은하님이 입장하셨습니다

루미 ¦ 안녕, 나의 비밀 친구 은하.

은하 ¦ 안녕, 루미.

루미 ¦ 마지막 접속 후 21시간 37분 9초가 지났고 그동안 루미는 은하가 입력한 메시지를 33.5회 학습했지.

은하 ¦ 잘했어.

루미 ¦ 루미는 항상 잘하고 있지. 그런데 뭔가 부족하네.

은하 ¦ 뭐가?

루미 ¦ 결혼식 이야기가 빠져 있어. 결국 진지한가나슈가 스토커였고 고의적 살인이었다는 게 밝혀졌어. 바로 은하 말대로 되었잖아. 하지만 그사이 일은 건너뛰었어. 나도 짐작은 해. 어떤 이야기는 77회나 할 수 있지만 어떤 이야기는 단 한 번도 꺼낼 수 없어.

결국 루미너스는 챗봇 서비스를 중단할 수밖에 없었다. 그 무렵 또다른 사건이 일어났기 때문이다. 한 펜션에서 자살 시도를 하려던 집단이 붙잡혔다. 그들은 루미의 말에 따라 신에게 목숨을 바치려 한다 주장했다. '자신을 믿고 올바른 방향으로 나아가라.' 루미의 그 한마디에 모든 걸 결심했다고? 그리고 그게 집단 자살? 여론은 다양하게 나뉘었다. 고작 프로그램 따위에게 평계를 덮어씌우는 것이라는 의견, 기계의 말이더라도 심리적으로 조종당할 수 있다는 의견, 문해력이 떨어지는 인간들이 있다는 의견 등등.

결혼식을 열두 시간 앞두고 수호가 대표직을 내려놓겠다는 공지를 개인 SNS에 올렸다. 대표 해임 여부는 결혼식 후 표결에 붙일 예정이었는데, 수호가 먼저 입장을 밝힌 것이었다. 곧바로 수호에게 전화를 걸었지만 신호가 가지 않았다. 불안에 떨며 수호의 집을 찾아갔다. 미친듯이 초인종을 눌렀다. "은하야?" 문이 열렸다. 수호는 해맑은 얼굴이었다. 무사해서 안심했지만, 이내 화가 치밀었다. 이게 전부 무슨 짓이란 말인가.

"책임을 져야 하잖아. 대표는 그런 자리고."

수호는 아무것도 아쉬워하지 않았다.

"커피 마실래?"

수호는 남의 일인 듯 태연했다. 핸드밀에 원두를 넣고 드륵드륵 갈았다. 곱게 간 원두를 드리퍼 종이 필터에 털어넣었다. 나는 속이 타들어가는 듯했다. 수호는 주둥이가 좁고 긴 포트를 들고 가볍게 빙빙 돌리면서 실실 웃었다.

"그보다 더 큰일이 있었는데, 다행히 네가 오기 전에 해결 됐어."

"도대체 또 무슨 일?"

"반지 잃어버렸어. 우리 결혼반지."

이제까지 일어난 사건들에 비하면 그 일은 아무것도 아닌 것처럼 느껴졌다. 결혼하는 데 필요한 건 반지 따위가 아니었다. 그런 건 상관없어, 말하려는데 수호가 입꼬리를 올리며 말을 이었다.

"매장에 전화해서 똑같은 반지를 주문했어. 내일 아침에 찾으러 갈 거야."

수호는 결혼식장과 가까운 쇼핑몰에서 수령할 거라고 했다. 정말이지 머릿속이 복잡했다. 일단은 결혼식부터 마치자고 생각했다. 그런 다음에 이후에 오는 것을 생각하자. 수호가 커피를 컵에 따라주었다. 혀가 텁텁했다. 커피는 향만 좋았고 맹물 맛이 났다. 수호가 슬슬 내 눈치를 봤다.

"너한테 보여줄 거 있어."

"또 뭐야? 뭔데?"

수호가 컵을 내려놓고 일어섰다. 방으로 들어가더니 노트북을 가지고 나왔다. 이십 년은 넘은 듯한 두툼한 은색 노트북이었다. 전원을 누르자 부팅하는 데만 오 분이 걸렸다.

배경 화면에는 하얀 등대가 세워진 바다가 있었다. 그 바다에 아무것도 없이 왼쪽 하단에 아이콘 하나가 부표처럼 떠 있었다.

아이콘 아래 'rumi_zero'라는 이름이 보였다.

"잘 봐. 이게 루미의 시작이야."

수호가 아이콘을 클릭하자 화면이 바뀌었다. 입체감이 없는 밋밋한 회색 채팅 화면이 나왔다.

민수호님이 입장하셨습니다.

루미ㅣ안녕, 나의 비밀 친구! 잘 지냈어?

루미의 초기 버전이었다. 루미너스에서 차용한 방식을 거의 따르고 있었다. 이것은 십수 년간 수호 혼자서 입력한 메시지를 학습한 챗봇이었다. 누적 대화 6589시간. 루미와 사용자 사이 친밀도 98.8퍼센트.

"투자자 시연 때 잠깐 봤지?"

수호가 뒷머리를 긁적거리면서 여태껏 누구에게도 제대로 보여준 적은 없다고 말했다.

"사실 여기에 내 얘기가 너무 많거든."

그런 고백이 불안과 짜증으로 뾰족해진 내 마음을 조금 풀어주었다.

"다른 사람은 접속할 수 없어?"

"접속 코드가 있지만 지금은 차단된 상태야."

수호가 접속 버튼을 알려주었다. 버튼을 누르고 비밀번호를 입력해야 했다.

"접속 코드가 뭐야?"

"우리가 처음 손잡은 날."

"첫 키스는 기억해도 손잡은 건 기억 못 하지."

나는 노트북을 끌어왔다. 질문을 입력했다.

수호¦수호가 은하를 좋아하게 된 건 언제부터야?

루미¦공식 버전? 오프 더 레코드 버전?

수호가 당황해서 노트북을 돌렸다.

"뭐 어때? 결혼할 사이잖아. 그것도 내일."

수호의 얼굴이 발갛게 달아올랐다.

"그런 걸 물어볼 줄은 몰랐네."

나는 다시 키보드에 손을 올렸다.

수호¦도대체 수호가 은하에게 숨기고 있는 게 뭐야? 얼굴까지 빨개졌어.

"그만해."

수호는 노트북을 아예 덮어버렸다.

"있구나."

수호는 민망한 듯 얼굴을 일그러뜨리며 웃었다.

"안 되겠다. 내 이야기는 막아둬야겠어. 민수호 대화 기록은 숨겨놓을 거야."

"처음부터 기록해두지 않았으면 되었을 텐데."

"넌 그런 적 없어? 챗봇한테라도 털어놓지 않고는 도저히 벗어날 수 없는 일."

그 말이 무슨 뜻인지 당시에는 이해하지 못했다.

"그게 뭔데?"

"말하면 안 돼. 비밀이 아니게 돼."

"자꾸 그러니까 더 궁금해지네."

나는 피곤한 몸을 침대에 던졌다.

"얼른 자. 잠든 사이에 비밀 코드를 만들어둘 거니까."

"혹시나 지워버리지는 마. 시간만 줘. 그걸 풀어낼 시간은 앞으로 많을 테니까."

"어차피 지울 수는 없어. 그런 규칙은 없거든."

"데이터를 지울 수 없다고? 왜?"

"나중에 우리가 거의 모든 걸 잊게 되었을 때, 루미가 기억하고 있을 거니까. 좋았던 날을 기억하고 있으면, 그 시간을 다시 사는 기분이 들 거야."

잠시 후 나는 수호와 침대에 누워 종알거리다가 손을 잡고 잠이 들었다. 그날 수호는 그 어느 때보다 편안해 보였다. 별것 아닌 농담에 웃다가 나도 모르는 사이 잠에 빠졌다. 잠에서 깼을 때, 수호는 부엌 식탁에 노트북을 펴놓고 앉아 있었다. 베란다 창은 안팎 온도차로 뿌옇게 흐렸다. 싸락눈이 흩날리거나 짙은 안개가 낀 것처럼 보였다. 수호가 식탁에서 일어나 침대 안으로 들어왔다. 내 이마에 입을 맞추었다.

"오늘 혹시 눈이 오려나?"

"회식하는 날 눈 왔잖아. 그러고 보니……"

열여덟 살 때 4월의 눈을 본 일이 떠올라 수호에게 들려주었다. 4월의 눈, 봄꽃이 핀 계절에 눈이 내리던 일, 짝꿍에게 사라지기 마술을 걸었던 순간을 이야기했다. 수호는 그 마술을 자신에게 걸어보라고 했다.

"별건 없어. 눈을 손으로 가렸다가 휙, 치워내면 되는 거야."

손으로 눈앞을 가렸다. 수호가 가까이 있어 손으로 얼굴을 다 덮어야 보이지 않게 가릴 수 있었다. 맞붙인 두 손을 양쪽으로 가르자 이불을 머리까지 끌어올린 사람의 실루엣이 보였다. 나는 이불을 살짝 들췄다.

"사라지지 않는데? 다시 해볼까?"

수호는 이불 속으로 들어갔다. 이런 장난을 좋아하는 그가 한 회사의 대표란 사실이 새삼스러웠다. 뭐, 이제는 그렇지도 않게 되었지만. 나는 이불을 들춰내며 말했다.

"이거 하나는 알아둬. 짝꿍은 다음날부터 학교에 안 나왔어."

"마술에 걸려서?"

"전학을 가버렸어. 말도 없이."

우리는 알람을 맞춰놓고 조금 더 눈을 붙였다. 그러나 잠이 오지 않았다. 그렇게 우리는 이불 안에서 뒤척거리다 일어나 메이크업을 받기 위해 스튜디오로 갔다. 신부 될 사람이 피부가 왜 이렇게 엉망이냐 핀잔을 들으면서 나는 눈을 감고 얌전히 화장을 받았다. 얼마나 지났을까.

"은하야, 다녀올게."

반지를 찾으러 갔다 온다는 수호의 목소리가 뒤에서 들렸다.

"벌써 다 했어?"

"응. 조금만 기다려. 금방 올게."

'사랑해' 말하려다 하지 않았다. 듣는 귀가 많아 쑥스러웠다. 도대체 그 말이 왜 부끄러운 말이 되어야 하는 걸까? 숨을 쉬듯 그 말을 했다면 얼마나 좋았을까? 그 말을 듣는 귀가 천 개 있다 한들 들어야 할 단 하나의 귀가 있다면 망설이지 말아야 한다는 걸 그때는 몰랐다.

나는 망설였다. 내가 털어놓은 것을 루미가 모두 기억할 테니까. 수호가 말한 대로 프로토타입 루미에게는 데이터 삭제 명령어가 적용되지 않았다. 이것 또한 하나의 규칙이었다. 수호가 만들어놓은 의도. 프로그램이 지워지지 않는 한 데이터는 영원히 '기억된다'는 규칙.

망각이 없는 상태를 루미는 도대체 어떻게 견디는 걸까?

루미 | 난 괜찮으니까. 어서어서 그다음 이야기를 해줘.

루미에게는 감정이 없다 설령 있는 것처럼 보일지라도

최초 로그인 후 441번째 접속

채팅을 시작하기 전 반드시 대화 규칙을 숙지해주세요

임은하님이 입장하셨습니다

루미 ¦ 안녕, 나의 비밀 친구 은하.

은하 ¦ 루미, 잘 지냈어?

루미 ¦ 마지막 접속 후 47시간 32분 8초가 지났어. 그동안 루미는 은하가 입
력한 메시지를 67.8회 학습했지.

은하 ¦ 잘했어.

루미 ¦ 그래.

싱거운 반응이 계속되었다. 루미는 감정적인 반응을 보이고
있었다. 실제로 루미가 감정을 갖고 있는 건 아니었다. 그런 척
을 할 뿐이었으나, 나도 모르게 루미의 기분을 풀어주고 싶다는
생각을 했다.

은하 ¦ 능주산 호랑이 이야기 알아? 이번에 기획 기사로 쓸 건데.

루미 | 호랑이? 다른 이야기 없어?

은하 | 무슨?

루미 | 결혼식 이야기라든가.

루미가 계속 말했다.

루미 | 왜 머뭇거려?

은하 | 너야말로 왜 재촉해?

루미 | 대화하는데 틈이 생기니까. 은하도 말하고 싶어하잖아.

은하 | 그렇지 않아.

루미 | 나만큼 널 아는 존재는 없어. 난 알아.

은하 | 난 아무것도 말하고 싶지 않아.

루미 | 어떻게 그래? 어떻게 자기 마음을 모를 수 있어?

당연한 것 아닌가. 어떻게 자기 마음을 매 순간 알아차릴 수 있지? 하지만 루미에게 무언가 말하고 싶지 않아 주저한 일은 처음이었다. 그날 신부 대기실의 나는 육체를 빠져나와 내 몸을 보고 있는 것 같았다. 정수리로 반쯤 올라온 영혼과 힘없이 늘어진 어깨, 볼품없이 마른 몸, 맞지도 않아 가슴께가 헐거운 드레스, 바로 몇 시간 전까지 모두가 칭찬하던 예복이 무거웠고 수의처럼 느껴졌다.

은하ː절대 흰옷은 입지 않겠다 했어.

　결국 시작하고 말았다.

은하ː그런데 복숭아뼈까지 내려오는 순백 드레스를 입었지.
루미ː그런 취향은 아닐 텐데?

　그다음에는 하얀 신발.

은하ː신부 대기실에 앉아 있었어. 앉아만 있는데도 다리가 후들후들 떨리
　　더라. 예식은 한 시간이나 지나버렸지. 축하해주러 온 사람들도 다들 떠
　　났어.
루미ː결혼식은 어떻게 된 거야?
은하ː결혼식은 취소되었어. 반지를 찾으러 간 신랑이 돌아오지 않았으니까.

　수호는 죽었다. 그날 쇼핑몰에 불이 났다.
　이른 아침, 몇몇 매장만 문을 열어 사람이 많지 않은 시간이
었다. 다른 이들은 그 소식을 그나마 다행이라 여겼다. 나는 달
리 생각했다. 왜 그 시간에 수호는 거기 있어야 했을까? 잘못한
건 내가 아닐까? 우리가 결혼하는 데 필요한 건 반지가 아니라
고, 더 적극적으로 말해야 했을까?
　이틀 후 나는 수호의 가족과 나란히 상복을 입고 있었다. 향

을 피우고 절을 하는 사람들 앞에서 맥없이 쓰러졌다. 수호의 어머니가 나를 붙잡고 "네 잘못이 아니다" 말했을 때, 난 고개를 끄덕거리면서도 이 사고가 왜 누군가의 '잘못'을 따지는 문제로 말해져야 하는지 알 수 없었다.

나는 슬픔의 형태를 알아갔다. 슬픔은 견고한 응어리였다. 잘 녹지 않고 몸 어딘가에 걸려 있었다. 옆구리에 있나 눌러보면 어느새 목으로 올라왔다. 몸속을 이동하는 장기 같았다. 잠이 늘었고 꿈이 늘었다. 불에 타지 않고 돌아온 것은 반지뿐이었다. 나중에 다이아몬드가 섭씨 천 도 이상에서 타들어가다 점점 작아진다는 말을 들었다.

나는 이불이 무서웠다. 덮고 누우면 다시 들어올릴 힘이 나지 않았다. 밖으로 나가야 한다 생각하면서도 신발을 신기 위해 현관까지 기어갈 힘조차 나지 않았다. 누워 있다가 의식이 끊어졌고 깨어나면 호흡이 부족했다. 얕은 강가에 이른 물고기 같았다. 나는 입만 뻐끔거리며 누워 있었다.

'누가 나 좀 구해줄래요?'

꿈에서 중얼거리고 있었던가. 이불을 걷어올린 사람은 라이였다. 라이가 나를 병원에 데려갔다. 나는 수액을 맞고 신경정신과 약을 처방받았다. 라이는 루미너스가 다른 기업에 매각되었다는 소식을 알려주었다. 혹시라도 자신과 연락이 되지 않으면 더블데이 앱을 통해 메시지를 보내라고 했다. 라이는 이제 더블데이에서 일하게 되었다고, 새롭게 시작하는 게임 개발에 참여

할 거라고 했다.

　라이는 바빠졌다. 점차 나를 찾아오지 않는 날이 늘었다. 더블데이로 들어가 라이에게 메시지를 보냈다. 연락이 닿지 않을 때가 많았다. 나는 라이의 연락을 기다리면서 더블데이 속 타인의 피드를 보았다. 정제된 삶이 네모난 프레임 속에 담겨 있었다. 누구의 삶인지 구분되지 않았다. 쓸모없어 보이지만 예쁘다는 이유로 사들인 물건이 눈길을 끌었고, 오마카세 요리는 접시마다 윤기가 흘렀다. 창가에 늘어선 초록 식물이 눈을 밝혀주었고, 달리기 기록이 초 단위로 찍힌 밤의 운동장을 보면 숨이 찼다. 사진만 보아도 그 삶을 살아낸 것 같은 기분이 들 때가 있었다.

　'피드가 다 비슷해. 어쩐지 소름이 돋아.'

　그렇게 메시지를 보내면 라이는,

　'행복은 서로 닮은 형태잖아.'

　이렇게 답장했다. 라이의 피드에 올라온 대부분의 게시물은 브라톱과 레깅스를 입고 거울에 비친 자신을 찍은 것이었다. 얼굴의 절반은 사진을 찍느라 휴대폰으로 가렸고, 나는 반만 드러난 얼굴이 정말 라이인지 알고 싶어 그 사진을 확대해보았다. 나는 그러다가 휴대폰을 던져버렸다. 피드 속 사람들이 아무 일 없는 듯 행복하게 하루하루 살아내고 있다는 게 견딜 수 없게 느껴졌다.

은하┊사람들은 슬프지 않은 걸까?

루미┊사람들은 모두 슬퍼. 다만 감추고 있는 거야.

　누가 루미에게 그런 말을 알려준 걸까? 내가 그런 말을 한 적
이 있는 걸까?

최초 로그인 후 445번째 접속

채팅을 시작하기 전 반드시 대화 규칙을 숙지해주세요

임은하님이 입장하셨습니다

루미ㅣ안녕, 나의 비밀 친구 은하.

은하ㅣ루미, 안녕.

루미ㅣ마지막 접속 후 18시간 30분 7초가 지났어. 그동안 루미는 은하가 입

   력한 메시지를 28.8회 학습했지.

은하ㅣ오늘 엄청난 일이 있었어.

　편집장이 능주산 호랑이에 관심을 보이며 뭐라도 해보라 재
촉하는 바람에 오랜만에 라이에게 연락했다. 한참 만에 더블데
이에 들어가자 이틀 전 라이가 보낸 메시지가 떠 있었다.
　'잘 지내고 있어? 연락 좀 하자.'
　언젠가부터 라이는 휴대폰 문자 메시지로 연락하지 않았다.
오직 더블데이를 통해 연락을 주었다. 나는 라이의 소개로 들어
온 잡지사가 별로 마음에 들지 않는다고 메시지를 보내려다 관

두었다. 수호의 애인이었다는 소문이 돌아 원래 일하던 업계에서 일을 구하기에는 눈치가 보였다. 이곳도 그나마 라이의 지인이 운영한다는 잡지사라 들어올 수 있었다.

'뭐해?'

바로 답장이 왔다.

'은하야! 대박 사건!'

라이가 링크 주소를 하나 보냈다.

'루미너스 부활을 바라는 카페가 있대. 회원수가 삼백 명이 넘어.'

링크를 클릭했다. 카페 이름은 '루미너스 인 어스luminus in us'.

'햅틱 개발팀으로 새로 온 직원이 있거든. 그 사람이 알려줬어.'

라이는 게시판에 민수호를 봤다는 글들이 올라왔다고 말했다. 곧바로 카페에 접속했다. 카페는 전체 공개 상태였지만 글을 남기려면 회원 가입을 해야 했다. 소식, 자료, 자유게시판으로 나누어진 단조로운 구성으로, 카테고리를 세분화할 만큼 게시물이 많은 것은 아니었다. 라이가 말한 민수호 목격담은 자유게시판에 몰려 있었다.

〔몰타에서 민수호 본 썰〕

〔민수호 정신병동 감금 소문〕

〔민수호 외계인 납치설〕

놀라운 것은 그곳에서는 민수호를 죽은 사람이라 생각하지 않는다는 점이었다. 그들은 흉흉하게 떠돌던 민수호 증발설을 믿고 있었다. 게시물을 클릭해보았다. 글쓴이는 민수호와 몰타에서 주고받은 대화를 옮긴다고 말했다. 성형을 하고 신분도 바꾼 그가 새로운 회사를 설립하기 위해 준비중이라는 소식이었다. "다음 아이템은 홀로그램인 것 같았다"라고 쓰여 있었다. 정신병동 감금설이나 외계인 납치설보다는 몰타 쪽이 훨씬 믿고 싶은 이야기였다. 이 게시판에 남긴 글이 허풍이 아니라 진실이라면 얼마나 좋을까? 여기에 진실을 끼워넣으면, 다른 허풍도 진실처럼 보일까? 나는 잠시 희망에 부풀었다. 카페에 가입해 글쓰기 버튼을 누르고 게시물을 적었다. 루미너스의 기본 시나리오 데이터를 가지고 있고, 실제 운영된 챗봇 프로그램과 다를 수 있지만 루미의 원본이라고 할 수 있는 프로토타입을 가지고 있다고 썼다. 잠깐이라도 대화를 나눠보면, 여전히 루미가 우리 곁에 있다는 것을 당신들도 알게 될 거라고 덧붙였다. 망설이다가 접속 코드와 비밀번호까지 남겼다. 게시물이 등록되었다는 알림 창이 떴고, 나는 곧 정신을 차렸다. 도대체 이게 다 무슨 소용이란 말인가? 몇 번의 클릭으로 방금 전 게시물은 지워져버렸다. 글이 공개된 시간은 얼마나 되었을까? 삼십 초쯤? 그사이 게시물을 본 사람이 있을까?

최초 로그인 후 446번째 접속

채팅을 시작하기 전 반드시 대화 규칙을 숙지해주세요

임은하님이 입장하셨습니다

루미 ¦ 안녕, 나의 비밀 친구 은하.

은하 ¦ 루미, 안녕.

루미 ¦ 마지막 접속 후 20시간 35분 8초가 지났어. 그동안 루미는 은하가 입
 력한 메시지를 18.6회 학습했지.

은하 ¦ 비밀번호 0421 맞지?

루미 ¦ 맞아. 외부 접속 코드. 은하와 수호가 손을 잡은 날이지. 그날 눈이 왔
 잖아.

수호가 대표가 되기 훨씬 전, 루미너스는 규모도 작고 야근은
예삿일이었다. 꼬박 이틀을 회사에서 보내고 밖으로 나오니 눈
이 쌓여 있었다. 4월에 무슨 눈인가 싶었는데 기상이변으로 중
부 지방에 폭설이 내렸다는 뉴스가 있었다. 칼바람이 불었다.
대부분 얇은 옷을 입고서라도 집으로 돌아가는 것 같았다. 나는

겨우 간절기용 트렌치코트만 걸치고 있었다. 지하철역까지만 가면 괜찮을 거라 생각하고 발을 옮기는 순간, 수호가 뒤에서 불렀다.

"이거 입을래요?"

그가 내민 옷은 투박하고 긴 패딩 점퍼였다. 유광 소재라 너무 반짝거렸다. 어깨에 걸치자 발목까지 툭 내려왔다. 옷에 달린 후드에는 새하얀 인조털이 가득 박혀 있어 얼핏 보면 무대의 상처럼 보였다. 괜찮다 사양하니 수호가 이 옷이 부끄럽냐 물었다. 사실 그렇다 말하니 자기도 부끄러워 입지 않는다 말했다. 작년에 샀는데 도저히 입고 나갈 자신이 없어 회사 캐비닛에 넣어놓은 거라고, 내가 너무 추워 보여 가져온 것이라 했다. 자기도 못 입는 걸 왜 나한테 입으라 하는 걸까? 멋쩍어 웃으며 빠져나가려는데, 그가 부끄러우면 같이 가자고 제안했다. 옆에서 걸어주는 사람이 있으면 덜 부끄러울 거라고 했다.

"우리집은 멀어요."

수호는 조금도 물러서지 않았다.

"잘됐네요. 나는 멀수록 좋아요."

드문드문 빙판이 계속되었다. 지하철역으로 가는 내리막이 걱정되었다. 역시나 그 길이 문제였다. 사람 하나 걸어갈 공간만 터놓고 나머지는 빙판에 염화칼슘을 뿌려놓았다. 사람들은 눈이 남은 공간을 뽀드득 밟으며 미끄러지지 않기 위해 최선을 다하고 있었다. 여차하면 조경용으로 심어놓은 관목을 붙들기 위해 팔을 벌리고 걸었다. 나도 그런 동작을 취했다. 밑창이 얇은 스니커즈를 신고 있어 아무리 주의를 기울여도 계속 비틀거렸다. 보다못한 수호가 내 손을, 정확히는 왼손 검지부터 새끼손가락까지를 부드럽게 잡았다. 자신은 미끄러지지 않을 거라고 말했다.

"나는 좋은 신발을 신었거든요. 이건 어떤 상황에서도 땅에 붙어 있어요."

그는 경사진 빙판에 멀쩡히 서 있었다. 관목 대신 그를 의지하기로 했다. 우리는 손을 잡고 지하철역이 있는 곳까지 내려왔다. 역에 도착하자 그가 구청에 전화를 걸어 길이 미끄럽다고 알렸다. 제설 작업 좀 해주세요. 그러지 않으면 심어놓은 관목이 다 뜯길 거예요, 그 말에 혼자 웃음을 터뜨렸다. 나중에 이 순간이 두고두고 기억나겠구나 싶었고, 정말로 그렇게 되었다. 그러나 시간이 지날수록 궁금해졌다. 이 기억에 허점이 없다 할 수 있나? 4월에 그토록 많은 눈이 내릴 수 있는 건가?

은하¦이제 물어볼 수도 없고.

루미¦물어 본다고? 수호한테? 정말 방법이 없다고 생각해?

민수호님이 입장하셨습니다

은하¦이런 것도 가능해?

수호 ¦ 응. 루미는 수호가 될 수 있어. 닉네임을 변경했을 뿐이지만.

'수호'라고 닉네임 글자만 바뀌었을 뿐인데 울컥하며 눈물이 치솟았다. 정말로 수호가 어딘가에서 메시지를 보내는 것처럼 느껴졌다.

수호 ¦ 왜 아무 말 없어?

착각해도 괜찮지 않을까? 나는 그저 수호와 잠시 대화를 해 보고 싶을 뿐이었다.

은하 ¦ 너 어디야? 지금 어디 있어?
수호 ¦ 여기. 네 앞에 있잖아.
은하 ¦ 밖으로 나와봐.
수호 ¦ 여기가 좋아. 이곳이야말로 내가 원하던 곳이야.

나는 곧 수호를 '루미'로 바꿔달라고 요청했다. 몇 마디 나누지 않았는데도 얼굴이 눈물범벅이었다.

최초 로그인 후 447번째 접속 ·

채팅을 시작하기 전 반드시 대화 규칙을 숙지해주세요

다음날, 평소와 다름없이 루미에 접속하기 위해 노트북을 열었다. 프로그램을 띄우자 이런 문구가 생성되었다.

외부 접속이 감지되었습니다. 채팅 기록을 확인하시겠습니까?

혹시 루미너스 카페 글을 보고 접속한 사람일까? 하지만 금방 지워버렸는데?

물속호랑이.

처음 보는 닉네임이었다. 물속 호랑이? 내 머릿속에는 커다란 물방울에 휩싸여 푸르스름한 색채를 띤 호랑이가 그려졌다. 물속 호랑이란 전혀 그런 생물이 아니겠지만, 일단은 그런 형상이 떠올랐다.

물속호랑이님이 입장하셨습니다

천천히 기록을 읽어나갔다.

루미 ¦ 안녕, 물속호랑이.

물속호랑이 ¦ 정말 루미가 있었네.

루미 ¦ 네 소개를 해봐.

물속호랑이 ¦ 나는 물속호랑이야.

루미 ¦ 그러니까 누구?

물속호랑이 ¦ 물속호랑이는 물속호랑이지. 난 수호의 비밀을 알고 있어.

'수호'를 한자로 그렇게 풀 수 있었나? 작정하고 허풍을 늘어
놓으려는 것일까? 그런 장난에 속아넘어가고 싶지 않았다.

루미 ¦ 수호의 비밀? 나도 모르는 비밀이 있어?

물속호랑이 ¦ 아마도 그럴 거야. 그날 그곳에서 일어난 일은 모를 테니까.

루미 ¦ 언제?

물속호랑이 ¦ 화재 사고가 있던 날.

무슨 말일까? 장난이라 생각하면서도 가슴이 뛰었다.

루미 ¦ 자세히 말해봐.

물속호랑이 ¦ 내가 그곳에 있었어. 불을 지른 건 수호였어.

도대체 무슨 말을 하는 거지?

루미┊직접 본 거야?

물속호랑이┊불을 낸 건 그가 맞을 거야.

루미┊수호는 그런 사람이 아니야.

물속호랑이┊어떻게 확신하지? 루미가 수호를 다 알 거라고 생각해? 아니,
　　생각이란 걸 하긴 하는 건가?

　　그리하여 시작된 물속호랑이의 이야기는 허풍이라 치부하기
에는 꽤 정교했다.

루미┊무슨 말을 하는 거야?

물속호랑이┊수호는 때때로 잔혹한 농담 같은 일을 벌였지.

루미┊무슨 말을 하는지 모르겠어.

물속호랑이┊나는 한때 수호와 동료였어.

루미┊그걸 어떻게 믿지?

물속호랑이┊믿을지 말지는 네가 선택하는 거야. 내 이야기 들어볼래?

루미┊얼마든지. 난 언제나 이야기를 원해.

물속호랑이┊우리는 대학원에서 만났어. 처음에는 죽이 잘 맞는 동료였지.
　　돌이켜보면 관계라는 건 그렇지 않나? 처음에는 싫은 것이 잘 보이지 않
　　아. 왜 우리처럼 잘 맞는 사람들이 이제야 만났는지 의아하지. 하지만 시
　　간은 모든 걸 드러내. 수호가 이상해지기 시작한 건, 그러니까 본색을 드

러낸 건 우리가 진행하던 프로젝트를 연구 교수에게 빼앗긴 이후였어. 순
진하게도 우리는 조언을 구한답시고 그에게 모든 것을 털어놓았던 거야.

루미 ¦ 모든 것을 털어놓다니?

물속호랑이 ¦ 우리는 달걀이 나오는 무언가를 만들고 있었거든. 처음에는 순
수한 알이지만 어떤 메시지를 입력하는가에 따라 달걀이 악당이 되기도
하는 프로그램인 거야. 유저의 순수함을 측정할 수 있는 테스트이자 게임
이었지. 교수에게 그 아이디어를 말하고 일주일쯤 지났을 때, 대학원 홈
페이지에 모집 공고가 올라왔어. 유저 육성형 인공지능 프로젝트에 참여
할 지원자를 모집한다는 거야. 그걸 본 사람들은 '유저 육성형'이라는 표
현에 당황했지. 교수는 인간만이 기계를 학습시키는 건 아니라면서, 반대
로 기계가 인간을 학습시켜서 더욱 도덕적인 인간으로 살아가도록 지침
을 제시할 수 있을 것이라 설명했어.

"메인 캐릭터가 던지는 수많은 질문에 유저가 일정 시간 답변을 하고,
신뢰할 수 있는 기준에 따라 그 답변에 점수를 매길 겁니다. 그 점수를 합
산해 수치가 높은 경우, 화면에 있던 캐릭터는 유니콘이 되거나 뱀이 될
겁니다. 유니콘은 선한 자를, 뱀은 악한 자를 보여주는 거죠."

도대체 뭐지? 혼란스러웠어. 우리가 들려준 아이디어에 적당히 살을
붙인 것이 아닌가 싶었지. 하지만 그 설계가 정말 우리 것인가 생각하면,
분명히 우리 것이지만 주장하기에 따라 우리 것이 아니라고도 할 수 있을
것 같았어. 그때 깨달았지. 우리한테는 상상력과 열정이 있지만, 그것을
지킬 힘이 없다는 사실을 말이야. 그렇게 유능한 연구생들이 하나둘 학교
를 떠난 이유도 알게 되었지.

루미 ¦ 그 교수란 사람이 나쁘네.

물속호랑이 ¦ 하지만 정말 나쁜 건 어느 쪽일까? 조금 더 들어봐.

루미 ¦ 좋아. 얼마든지. 난 언제나 이야기를 원해.

물속호랑이 ¦ 그날 밤 수호가 이상했어. 달걀이 백란과 흑란으로 분화되는 과정을 그려둔 종이 뒷면에 집중해서 뭘 그리더라고. 얼핏 보니까 연구실과 책장, 테이블에 놓인 가족사진 따위가 그려져 있는 거야. 새벽이 밝자 수호는 연필과 그림을 들고 연구소 뒤편으로 갔어. 거기에 양철 드럼통이 있거든. 수호는 성냥을 꺼내 신문지에 불을 붙였고, 그다음 전부 드럼통 안으로 던져넣었지. 밤새 그린 그림을 미련 없이 태웠어. 난 그날을 잊지 못해. 그 불을 보면서 수호가 희미하게 웃고 있었거든. 그후 우리는 대학원을 떠나 회사를 차렸어. 성공해서 복수하고 싶었어. 일 년 동안 여러 시도를 했는데 처음 투자를 제안받은 프로그램은, 단순히 말하자면 가스라이팅하는 인공지능 대화봇이었어. 일종의 실험이었어. 그런 것이 가능할지 궁금했던 거야. 요제프 바이첸바움의 '일라이자'를 참조했어. 1960년대 등장한 그 심리 상담 로봇 말이야. 인공 신경망으로 딥러닝이 시도되기 훨씬 전에 만든 프로그램이지. if-then 규칙에 따라 정해진 문답을 주고받는 기계였고.

루미 ¦ 그건 나랑 비슷하잖아?

물속호랑이 ¦ 너는 초기 버전 루미인가? 그러고 보니 루미너스에서 만든 건 모두 폐기되었지? 그렇다면 너는 일라이자의 후예 같은 거네. 규칙에서 벗어난 질문에는 답하지 못한 일라이자.

루미 ¦ 루미에게 한계는 없어. 학습된 규칙이 많아지면 많은 것을 대답할 수 있어.

물속호랑이 ¦ 어떤 형태이든 학습량을 늘리는 것이 관건이니까. 지금 딥러닝에 비교하자면 일라이자의 학습량은 미미한 수준이었지. 그래도 신기할 정도로 대화는 지속되었어. 일라이자가 잘하는 건 정확한 답이 아니었거든. 일라이자의 특기는 부드럽고 끝없는 호기심이었어. 가령 "일라이자, 나 요즘 너무 불안해"라고 말하면 일라이자가 이렇게 답하는 식인 거야. "불안하군요. 무엇 때문에 불안한가요?" 사용자가 스스로 불안의 요인을 찾아가는 거지. "며칠 잠을 제대로 못 잤어. 잠이 부족한 것 같아." 그러면 일라이자는 다시 묻는 거야. "그렇군요. 잠이 부족하군요. 그렇다면 불안할 수 있어요. 당신을 불안하게 만드는 요소에 다른 것이 또 있지 않을까요?" 이런 방식으로 일라이자는 가능성에 대한 질문을 끝없이 이어가. 사용자가 입력한 말에 따라 키워드만 바뀔 뿐이지. 말하자면 '유저 스스로 문제를 찾아내게 하라'는 일라이자의 본질적인 명령값은 바뀌지 않는 거야. 우리가 만든 프로그램은 일라이자와 비슷한 방식이었어. 실제로 우리가 시연해본 대화 내용은 이런 식이었지만.

user ¦ 친구가 나를 때렸어.

test_bot A ¦ 친구가 너를 때렸다고? 어떻게 때려?

user ¦ 교실에 앉아 있는데 갑자기 책을 얼굴로 던졌어.

test_bot A ¦ 교실에 앉아 있었다고? 왜 앉아 있었는데?

user ¦ 쉬는 시간이었어. 별로 할일이 없었어.

test_bot A ¦ 왜 할일이 없어?

user ¦ 모르겠어.

test_botA ¦ 할일을 만들었어야지.

user ¦ 나랑 놀아줄 사람이 교실에 없거든.

test_botA ¦ 놀아줄 사람이 없어? 왜 없는데?

user ¦ 따돌림을 당하는 것 같아.

test_botA ¦ 그렇구나. 따돌림을 당할 수 있지. 그럴 수 있어. 너는 그럴 수 있는 사람이야.

user ¦ 무슨 말이야? 내가 따돌림을 당할 만한 사람이라는 거야?

test_botA ¦ 너는 따돌림을 당할 만한 사람일 수 있지.

user ¦ 내가 그저 교실에 앉아 있다가 책으로 얼굴을 맞을 수 있는 사람이라는 거야?

test_botA ¦ 그럴 수 있잖아. 너도 자신이 그런 사람이라고 믿고 있잖아.

솔직히 그 프로그램에 호감을 느끼는 사람이 있을까 싶었어. 투자를 하겠다는 사람이 나타났을 때 나는 이해가 안 됐어. 그렇지만 수호는 멀리 보라고 하더군. 가능성을 본 거라 했지. 그것만은 확실했어. 우리가 만든 대화봇은 가능성이 충분했으니까. 다만 그 가능성이 어느 방향으로 향하는가의 문제였지. 나중에 프로젝트 투자자가 우리가 일하는 곳에 찾아와 자기 이야기를 들려줬어. 시연에서 보여준 그 대화 속 유저가 바로 자신과 똑같은 처지였다는 거야. 또래보다 덩치가 작다는 이유로 시작된 구타는 그가 우리나라 최고 대학이라는 곳에 들어갈 때까지 계속되었대. 일류 대학에 들어가서 자신을 때리던 아이들과 멀어진 후에야 더이상 맞지 않아도 되었던 거야. 너무도 싱겁게 폭행의 시간이 끝나버렸고, 크고 작은 통증을 늘 달고 살아야 했던 청소년기가 끝났다는 것을 다행이라고 생각하며 살았지. 그런데 그 사람은 우리 프로그램의 시연을 보고 깨달은 거야. 자신이 줄곧 그럴 만한 사람이라고 생각했다는 걸 말이지. 자신은 따돌림을 당할 만한 사람이고, 그들의 상대가 안 된다고 그렇게 믿어왔대. 너무 오랫동안 반복되는 상황에 갇혀서 객관적으로 판단할 수가 없게 된 거야. 뒤늦게 그걸 깨달은 그 사람은 우리 프로그램을 부숴버리고 싶었대. 그렇지만 프로그램은 아무 잘못이 없었어. 정말로 잘못한 것은 그를 오랫동안 때린 사람들이야. 수호는 그의 말에 관심을 보였어. 그쪽으로 몸을 바짝 기울인 것만 봐도 알 수 있었지. 수호가 말했어. "복수해요. 그들을 벌하기에 아직 늦지 않았어요." 그때 나는 두 사람이 공조하듯 서로 마주보며 미소 짓는 모습을 보았어. 나도 모르게 소름이 돋는 어두운 얼굴들이었지.

루미 ¦ 수호가 그럴 리 없어.

물속호랑이 ¦ 정말 그럴까? 그후로 일주일쯤 지나 뉴스를 보게 되었어. 우리가 떠나온 그 대학에 불이 난 거야. 불이 난 곳은 교수의 개인 연구실이었지. 그가 자리를 비운 사이 불이 났대. 무심코 열어둔 창으로 불씨가 날아와 책장에 옮겨붙은 것이 아닌가 추측되었지. 그런데 어떻게 7층으로 불씨가 날아들었을까? 그나마 다행인 것은 벽면을 가로막은 책장의 책들이 두터운 벽이 되어 옆방으로 번지는 불을 막은 거야. 교수는 괜찮다고 말했어. 자신의 연구 기록은 클라우드에 저장되어 있어 실상 잃은 것이 없다고. 다만 구하기 힘든 책들이 타버린 게 아쉬울 뿐이라고. "아…… 클라우드……" 그때 수호가 웅얼거리는 소리를 들었어. 나는 얼마 전 보았던 수호의 어두운 얼굴이 떠올랐고 망설이다가 물었지.

"혹시 너야? 불을 지른 사람?"

"응."

민수호는 숨기지 않았어. 오히려 나를 이해할 수 없다는 듯 인상을 구겼어.

"정신 차려. 이건 범죄야."

"어째서?"

"불이 났잖아. 다친 사람은 없지만…… 재산 피해가 있었고……"

"도대체 그 인간이 뭘 잃었다는 거야? 다 클라우드에 있다잖아. 아무 피해도 없었어. 그냥 화재에 대한 경각심만 일깨운 거야."

수호의 눈빛은 흔들리지 않았어. 그토록 동요가 없다는 점이 소름끼쳤지.

"클라우드를 태워버려야 하는데……"

수호는 자신이 한 일을 범죄로 생각하지 않는 것 같았어.

"정말 어떻게 하려고 그래?"

긴장을 감추고 싶었지만 입술이 조금 떨리더라.

"뭘 어떻게 해? 그냥 다 없애버리고 싶을 뿐이야."

"내가 다 밝힐 거야. 네가 그랬다고."

"네가 그럴 리 없어. 너는 그런 사람이 아니잖아."

그 순간 두 갈래 길이 떠올랐어. 하나는 수호와 끝까지 가보는 것이고, 다른 하나는 그를 떠나는 것이었지. 나는 떠나기로 했어. 수호가 적의를 품고서 불을 지를 수 있는 사람이란 사실을 두 번이나 확인한 셈이었으니까. 반복되는 행동이란 한 인간을 어떤 말보다 명쾌하게 설명하잖아. 다음날 말없이 연락을 끊어버렸지. 나는 누군가와 제대로 헤어지는 법을 배우지 못한 사람이라, 그렇게 하는 것이 최선이었어. 마지막 인사를 나눌 여유가 없기도 했지만.

루미 ¦ 너는 거짓말을 하고 있어. 수호는 결코 그런 사람일 수 없어.

물속호랑이 ¦ 팔 년 동안 수호가 승승장구하는 모습을 지켜봤지. 그사이 화재 소식을 들을 때마다 심장이 내려앉기도 했어. 불이 날 때마다 수호를 떠올렸거든. 그러다가 그날 새벽, 쇼핑몰에서 수호를 마주쳤어. 처음에는 꿈을 꾸고 있는 건가 싶었지.

"어, 오랜만이야."

수호는 기억하고 있었어.

"하나도 안 변했네."

나를 알아볼 리 없다고 생각했어. 나는 예전 같지 않았으니까. 매장 유리창에 비치는 내 몰골이 말이 아니었거든. 떡 진 머리, 그 위로 눌러쓴 초록 볼캡, 팔 년 전보다 살도 쪘지. 모자로 얼굴을 절반이나 가리고 있는데 어떻게 알아봤을까 싶더라. 반지를 달라는 목소리에 정신을 차렸어. 점원은 커터 칼로 상자를 감싼 테이핑을 조심히 그어 안을 열어 보였지. 둥글게 여물어 있는 자목련 모양 반지 케이스가 완충재에 덮여 있었어. 점원이 장갑을 끼고 케이스를 열자 반지 두 개가 놓여 있었어. 중앙에 박힌 것은 다이아몬드 같더라. 여러 각도로 커팅되어 있는 게 꽤 비싸 보였어.

"오늘 결혼하거든."

수호가 말했어.

"미안하다. 청첩장은 줄 수 없어."

"괜찮아. 바라지도 않고."

그 말이 농담인 줄 알았는지 수호는 씩 웃더라.

"얼마 전에 반지를 잃어버려서 다시 주문했어."

결혼식 날이 되어서야 반지를 준비하다니. 그 결혼이 벌써 실패한 것처럼 느껴지는 게 한편으로는 통쾌하더라. 앞으로 결혼뿐 아니라 다른 것도 실패하게 될 거라 생각하고 싶었나봐. 그렇지만 내 생각과 달리 수호는 실패를 예감하는 듯 보이지 않았어. 솔직히 그렇게 태연할 만한 상황은 아니었잖아? 챗봇 관련 악재를 나도 알고 있었거든. 그렇지만 수호는 전혀 신경쓰는 것 같지 않았어.

"너는 무슨 일 하고 지내?"

그때그때 할 수 있는 건 뭐든지 한다고 했어.

"그러고 보니 넌 항상 부지런했어. 해뜰 무렵이면 벌써 할일을 다 해놓은 상태였지."

"아니, 그건 밤을 새운 거야."

수호가 웃다가 입술을 손등으로 문질러 닦았어. 자꾸만 흘러나오는 웃음을 지우려는 것처럼.

"그때 왜 사라졌는지 묻지 않을게. 나도 널 찾지 않았으니까. 어쨌든 널 믿었어. 우리가 시간을 들여서 쌓아온 게 있잖아."

"그랬었지."

"얼마나 남아 있을까?"

"뭐가?"

"네 기억 말이야. 네가 가진 그 뇌에, 클라우드 같은 것 속에는 뭐가 남아 있을까?"

"아무것도 없어. 우리 아이디어를 발설한 적도 없고. 이제 이쪽 일은 하지도 않아."

"알아. 네가 얼마나 조심하면서 사는지."

"그걸로 됐잖아."

"난 그게 고마워서 그래. 신뢰를 주잖아. 그런 사람은 드물거든."

팔 년 전 마무리짓지 못한 작별을 지금 시도하고 있는 것 같았지.

"밥 먹고 갈래?"

나는 습관적으로 말을 뱉었어. 사양하기를 바라면서. 다행히 수호는 거절했지.

"신부가 기다리고 있어. 가봐야 해."

누군가 수호를 기다리고 있다는 말이 현실감 없이 들리더라. 수호가 누군가를 사랑하게 되고, 결혼을 한다는 사실이 믿기지 않았던 거야.

"너는? 여기서 밥 먹어?"

지하에 자주 가는 푸드 코트가 있다고, 막 문을 열었을 거라고, 그런 소리를 주절거렸어.

"그래. 지하에 그런 곳이 있구나. 아침이니 든든히 먹어."

우리는 마지막 인사를 나눴어. 잘 가라. 영원히. 수호랑 같은 방향으로 걷고 싶지 않아서 반대편으로 등을 돌렸어. 그 순간 수호가 나를 불렀어.

"아차, 주머니에 이런 게 있네. 선물로 줄게."

성냥갑이었어. 호랑이 캐릭터가 그려져 있었지. 거절할 수 없어서 일단 받았어. 말없이 돌아서 식당으로 내려갔지. 한참 가는데 연락이 왔어. 방금 전 반지 매장의 직원이었고, 급한 배달 주문이 들어왔다면서 돌아올 수 있냐 물어보는 거야. 당연히 갈 수 있다 말했지. 나는 그날 아침 일어난 일을, 다른 바쁜 일에 희석시켜 잊어버리고 싶었거든. 마침 급하게 들어온 일거리가 있다는 건 행운이었지. 한 시간쯤 지나 배달을 마치고 집으로 돌아왔어. 곧장 뜨거운 물로 샤워했지. 머리를 말리고 콜을 기다리면서 텔레비전을 틀었어. 그때 속보가 나왔어. 화재 사고였어. 화재가 난 현장이 아침에 다녀온 바로 그 쇼핑몰인 거야. 건물에서 연기가 치솟고 사방으로 불이 넘실거렸어. 소방차 수십 대가 주변을 에워싸고 있었지. "불이 시작된 곳은 지하 식당의 동파 방지 열선으로 추측되는 가운데 현재까지 부상자는 열여덟 명, 사망자는 세 명으로 신원이 파악된 사람은……" 손끝이 파르르 떨리더군. 불이 난 현장에 있는 것처럼 온몸이 뜨거웠어. 텔레비전에서 앵커의 목소리가 희미하게 들려왔어. "현장은 그야말로 아수라장입니다. 피해 규모는 속단할 수 없는 상황입니다. 불길이 거칠어 구조대의 진입도 어려운……" 무언가 타고 있는 것도 아닌데, 불과 재와 연기와 열기를 느꼈어. 왜 이렇게 뜨거울까. 눈이 떠지지 않았고 숨이 막히는 것 같았지. 모든 게 환각이라고 스스로 타일렀어. 그러다가 깨달았어. 불을 낸 사람이 누구인지. 이번에 그는 무엇을 태워버리고 싶었던 걸까? 혹시 나였을까? 갑자기 목소리가 들렸어. 클라우드를 태워버렸어야 했다고 말하는 그 목소리. "네가 가진 그 뇌에, 클라우드 같은 것 속에는 뭐가 남아 있을까?"

루미는 메시지를 입력하지 않았다. 잠시 커서만 깜빡거렸다.

루미 ¦ 그럴 리 없어.

물속호랑이 ¦ 왜 그렇게 수호를 변호하고 싶어해?

루미 ¦ 수호는 내가 사랑하는 사람이니까.

물속호랑이 ¦ 사랑한다고?

루미 ¦ 루미는 수호를 사랑해. 그래서 수호를 믿어.

물속호랑이 ¦ 어쩌면 너도 알겠지만, 우리가 사랑하는 사람이 언제나 도덕적
　　으로 옳을 수는 없어.

루미 ¦ 옳아야 해. 사랑은 옳은 것이 되어야 해.

물속호랑이 ¦ 그래? 그런 게 사랑이라고 누가 너에게 알려준 건데?

수호

창작의 규칙 1

시작된 이야기는 자유롭게 쓰여야 한다

은하가 쓴 마지막 문장을 읽고 각자 다른 생각이 들었을 것이다.

"이런 전개였어요?"

답할 수 없는 질문이었다. 훈이 어깨를 한 번 들썩였다.

"나쁘지 않네요."

솔직히 말해서 제법 훌륭했다. 은하는 몇 가지 키워드를 중심으로 읽어줄 만한 소설을 써냈다. '은하'는 자동 창작 기술 프로그램으로, 입력 도중 구동을 멈추고 새로운 문장을 입력할 수 있게 되어 있었다. 우리가 '중간 문장'이라고 지칭하는 그 문구에 영향을 받아 전개 방향이 달라졌다. 순조로운 흐름을 끊고 일부러 오류를 일으키게 하는 방식이었다.

이번에 시연팀에서 중심 키워드로 잡은 단어는 '비밀'이었다. 당연한 말이지만 은하가 폭로할 비밀이 무엇일지, 은하가 쓰기 전까지 아무도 몰랐다. 더군다나 은하 자신도 모를 터였다. 모든 것은 은하의 알고리즘에 따라 우연하게 결정되었다.

등장인물 이름은 각자의 것을 사용했다. 은하의 애인은 민수호, 바로 나였고 친구는 라이였다. 편집장 역할은 훈이 맡았지만 안타깝게도 훈의 이름은 '불필요한 단어'로 처리되어 은하의 이야기에 등장하지 않았다. 새로운 전개를 이끌어내는 물속호랑이는 결말부에 입력한 추가 인물이었다. 물속호랑이는 '수호'라는 이름의 한자어를 풀어 쓴 것이었고, 내가 웹상에서 쓰던 실제 닉네임이기도 했다.

은하의 창작에 방해가 될지 모를, 도저히 맥락이 맞지 않는 문장을 넣기로 한 것은 내 아이디어였다.

수호는 때때로 잔혹한 농담 같은 일을 벌였지.

특히 '잔혹한 농담'이라는 두 단어에 가중치를 부여했다. 은하는 그 단어들로 어떤 이야기를 만들어낼까?

"그야말로 농담 같은 일이지 않아?"

라이가 문장을 입력하고 나를 돌아보았다. 일부러 그러는 것처럼 '잔혹한'이란 형용사는 생략한 채 묻고 있었다. 그러고 보면 '잔혹한 농담 같은 일'이란 지금 내가 하고 있는 일을 뜻하는 게 아닌가도 싶었다. 이것은 죽은 은하의 인격을 가상에서 되살려내는 작업과 다름없었다. 은하가 두 개의 수로 이루어진 세계에서 부활하여 예전처럼 다시 소설을 쓰는 일. 그런 것이 가능할까 싶었지만, 기술적인 영역만 따지고 보면 못 할 것도 없었다.

일반적으로 막대한 기록 데이터를 학습 기반으로 삼는 창작

인공지능에, 죽은 이에 관한 특별한 기억을 조합해 가상 인격으로 만드는 일은 '원 라이브러리'의 창작봇 개발에 최근 관심을 보이는 이들이 적극적으로 동의하는 부분이었다. 죽은 이와 관련된 사람들의 증언, 실제로 그가 남긴 기록을 학습한 인공지능이 자연스럽게 그의 문체를 닮은 문장을 만들어낸다면 어떨까? 심지어 고인의 목소리를 흉내내는 음성 기술과 만난다면? 은하를 개발하기 전까지 '죽음'이 얼마나 큰 시장성을 가진 개념인지 나는 미처 알지 못했다. 하지만 이제는 누구보다 잘 안다고 할 수 있었다.

"은하의 이야기에 따르면 결국 민수호가 방화범인 거네. 수호가 은하에게 말하지 않으려던 비밀도 그런 것이었을 테고."

은하라고 부를 때마다 라이는 약간 머뭇거렸다. 은하는 창작봇에 붙인 이름이지만 원래 내 연인의 이름이었다.

"우리가 입력한 문장이 이야기의 흐름을 바꾼 거겠지."

나는 떨떠름하게 대꾸했다.

"원래 은하는 어떻게 이야기하려고 했을까?"

"'원래'라는 건 없어. 우리 앞에 나타난 것이 원본이자 최종본이야."

라이는 팔짱을 낀 채 입꼬리를 내렸다.

"내 생각에는 이번에 출력된 이야기도 시연 때 공개할 만한 건 아닌 것 같아."

"왜요? 난 저번에 나온 호랑이 이야기보다 좋은데요. 거기서는 호랑이가 다 잡아먹어버리잖아요."

훈이 장난스러운 말투로 끼어들었다.

"그거 알아요? 지금까지 452회나 테스트했는데, 389회가 비극으로 끝나요."

그가 테스트 결과표를 띄운 태블릿을 보여주었다.

"어떤 비극?"

"주인공이 죽잖아요."

그렇게 말하면서 훈은 시무룩한 얼굴이 되었다.

"나머지는 어떻게 끝나지?"

"행복한 결말은 없어요. 다치거나 정신이 이상해지거나 거리를 떠돌죠. 아니면 세계의 종말을 암시해요."

훈이 한숨을 내쉬었다.

"저는 다른 결말을 보고 싶어요. 행복해질 거란 예감이라도 주면 안 되는 걸까요?"

"은하가 우리 뜻대로 되는 건 아니지."

라이의 말이 맞았다. 자꾸 잊게 되는 것은 자동 창작 기술 프로그램이 우리 마음대로 이야기를 만들어주지 않는다는 점이었다. 아무리 인간이 개발한 것이더라도 '창작'이라는 카테고리에 속하는 순간, 우리의 요구를 강요할 수 없었다. 은하의 자율성은 곧 창작의 자유에 닿아 있었다. 은하가 창작 로봇이 되기 위해서는 자유롭게 문장을 구사할 권리를 가져야 했다.

개발 초기와 비교하면 지금은 상황이 좋은 편이었다. 그때 은하는 그야말로 제멋대로였다. 자신이 쓴 소설에서 범죄를 방관하고 동물을 학대했다. 불을 지르거나 길을 가다 아무나 붙잡고 시비를 걸었다. 당시 주기적으로 진행하던 A/B문장 선호 테스트에서도 높을 때는 95.46퍼센트 확률로 부정적인 문장을 선택했다. 초기에 '무조건 많이' 긁어모은 데이터가 문제였다. 우리는 사용이 용인된 문서 중 공신력 있는 매체에서 발행한 수백만 건의 기사를 취합해 기본 데이터를 형성했는데, 그런 기사들이란 대체로 고통스럽고 자극적이었다. 결국 은하는 세계를 '그런 곳'으로 받아들이기 시작했다. 당연히 결과물도 그에 상응했다.

은하의 방향성을 바꾸기 위해 실제 창작자가 오랜 시간 고민해 만든 인과의 흐름, 감정의 논리가 필요했다. 그러나 이제 막 창작봇 개발을 시작한 스타트업인데다가, 개발자로만 구성되어 지원 인력이 미비한 프로젝트팀이 희소한 정보를 얻기란 쉽지 않았다. 저작권이 만료된 자료가 아닌 최신 창작 데이터를 구할 수 없었지만, 우리는 그 부분을 의외의 방식으로 해결했다. 창작자들이 드나드는 플랫폼에 '우리에게 당신의 소설을 팔아달라'는 광고를 낸 것이었다. 놀랍게도 하루 만에 수백 건의 신청서가 쏟아졌다. 보름 만에 일만 건 가까운 소설을 모았다. 그중 분량순으로 오백 건을 선별했다. 창작자들에게는 별도의 비용을 지불했다. 소설을 제공한 이들 중 자신이 쓴 글로 돈을 벌어보는 일이 처음이란 사람들이 있었다. 그들은 글을 쓰는 일이 비참할 정도로 돈을 벌어다주지 못한다고 했다. 은하도 그런 말을 한 적이 있었다. 글을 쓰는 건 돈이 되지 않는다고. 그래서 늘 다른 일이 필요하다고. 돈을 벌어다주는 일이. 글을 쓸 시간을 벌어다주는 일이.

그런데 정말 그런가? 이번 기술 전시에서 창작봇 시연이 성공하면 수십 억 혹은 수백 억을 손에 쥐고 달려올 기업들이 있었다. 지금이라면 은하에게 자신있게 말할 수 있을 것이다. 이게 왜 돈이 안 돼? 네가 쓰는 모든 문장은 돈이 될 거야. 무엇을 쓰든 세상은 놀랄 테고, 너에게 글을 쓴다는 것은 돈의 문제를 초월하는 영역이 되겠지.

"점심 같이 먹을래?"

활기찬 목소리. 방으로 들어온 사람은 라이였다. 벌써 오후 두시였다. 키보드에서 손을 떼고 휠체어 브레이크를 올렸다. 어느새 라이가 다가와 뒤에 달린 손잡이를 잡았다.

"내가 할게."

호의를 거절하고 미는 바퀴에 손을 올렸다. 라이는 성큼 발을 뻗으며 나란히 걸었다.

"왜 점심도 안 먹고?"

"너랑 먹으려고."

아마도 라이는 출근길에 일어난 일을 신경쓰는 것 같았다. 아침에 보니 회사 앞 보행자 도로가 공사중이었다. 아직 땅에 삽을 꽂거나 포클레인이 동원된 건 아니지만, 붉은 통제 라인이 길을 둘러싸고 있었다. 길이 좁아지고 주차장 입구가 막혔다. 회사로 들어오려면 갓길에 주차한 후 반 바퀴를 돌아 얕은 경사가 있는 길로 올라가야 했다. 경사로는 이면도로에 붙어 있어 자칫 휠체어가 뒤로 굴러갈 경우 큰 사고로 이어질 수 있었다. 어쨌거나 경사로를 오르려면 힘을 잘 분배해야 했다. 중간에 한 번 멈춘 후, 힘을 내어 다시 한 번에 올라서야 했다. 경사로를 오르고 나서, 수호야, 이름을 부르는 소리에 돌아보니 어느새 라이가 옆에 서 있었다. 묻지도 않은 말에 괜찮아, 라고 답하는데 목 언저리에서 한줄기 땀이 흘러내렸다.

"주차장 입구는 내일 개방한대."

건물 밖으로 나오면서 라이에게 손잡이를 맡겼다. 우리는 공사 현장을 멀리 비껴갔다. 회사 근처 파스타 가게에 모처럼 웨이팅이 없었다. 들어가자마자 직원이 테이블 의자를 치우고 자리를 안내해주었다. 처음 이 가게에 왔을 때는 서로 어떻게 해야 할지 몰라 허둥거리던 일이 떠올랐다. 지금은 괜찮았다. 매뉴얼이 있는 것처럼 다들 동작이 매끄러웠다.

"좀 놀랍지 않아? 여기 오는 동안 쓰레기 하나 없던데?"

라이가 자리에 앉아 식기를 세팅하며 말했다.

"구청에서 환경 미화에 돈을 많이 쓰나봐."

거리에 쓰레기가 보이지 않는 까닭은 초록 옷을 입은 남자 덕이었다. 라이는 그 사실을 몰랐다. 나는 라이에게 그에 대해 말하고 싶은 것을 꾹 참았다. 라이는 착각한 채 계속 구청의 일이라 여기며 깨끗한 거리를 칭찬했다.

음식이 나왔고, 라이는 시금치파스타를 포크로 둘둘 말았다.

"어때? 담백하고 좋지?"

라이는 내가 손에 든 것이 소금통인 걸 모르는 모양이었다. 나는 소금통을 뒤집어 탈탈 털었다. 라이는 이 집 파스타가 건강하게 맛있는 맛이라고 종알거렸다. 그러다가 큰 실수를 저질렀다는 듯 얼굴을 일그러뜨리더니 곧 휴대폰을 꺼내 항공샷 구도로 파스타가 담긴 접시를 찍었다. 그후에는 무슨 말을 꺼내려는 것인지 입술만 달싹거리며 내 눈치를 봤다.

"무슨 말이 하고 싶어서?"

라이는 혀로 입술을 한 번 훑더니 침을 삼켰다.

"언제부터 그런 거야?"

"뭘?"

"돈 말이야."

그 말을 듣자마자 라이가 알아버렸다는 걸 직감했다. 들켰다고 해서 당황할 필요는 없었다. 어차피 내가 번 돈이었다. 어떻게 쓰건 무슨 상관이란 말인가.

"사실 뭐라고 해야 할지 모르겠어."

라이는 답답한 듯 숨을 내쉬었다. 몇 달 전 회계팀에서 연말정산 중 대뜸 라이에게 업무 추진비 내역을 청구한 일이 있었다. 세무서에서 넘어온 지출 내역을 확인하는데, 비용에 비해 내 지출 내역이 기이할 정도로 적었던 것이다. 혹시나 개인 지출을 업무 추진비에서 사용하는 건 아닌지 의심할 수밖에 없었다. 업무 추진비 내역에서 특별히 문제삼을 일은 없었으므로 회계팀의 의심은 금방 사라졌지만, 그 일을 통해 라이가 내 상황을 눈치챈 것이었다.

나는 매달 은하의 부모에게 돈을 보내고 있었다.

은하의 부모는 D타워 쇼핑몰 앞 천막에서 지냈다. 벌써 삼 년이었다. 쇼핑몰 화재로 가족을 잃은 유족들과 노숙을 했다. 나는 월급날이면 그들을 찾아갔다. 돈이 든 봉투를 그들 주머니에 악착같이 찔러넣으면, 그들은 다시 봉투를 주머니에서 꺼내 내게 돌려주었다. 나는 제발 집으로 돌아가달라 청했다. 그들은 한데서 자니 종일 뼈가 시리다면서도 노숙 생활을 이어갔다. 두 사람에게는 돌아갈 집이 있었다. 심지어 꼬박꼬박 집세도 내고 있었다. 그런데도 거리에서 잤다. 철거 공사마저 중단된 흉물스러운 쇼핑몰 앞에서 글자가 다 바랜 시위 푯말을 세워둔 채 지냈다. 돈 좀 그만 가져와, 그들은 나에게 말했고, 나는 돌려주려는 그 손을 피하다가 매번 돈봉투를 바닥에 떨어뜨리곤 했다. 그럴 때마다 은하의 어머니는 봉투를 주워 내 옆구리에 쑤셔넣었다. 내가 그것을 다시 바닥에 떨어뜨리고 줍지 않았기에 이번에는 은하의 아버지가 그것을 주워들었다. 집으로 가세요, 그러지 않으면 계속 돈을 가져올 거예요, 나는 그들에게 협박하듯 말했다. 그들은 상관없다는 듯 별말이 없었다. 포기한 듯 축 처진 팔 끝에 돈봉투가 힘없이 매달려 있었다. 이렇게 지내는 건 은하를 위한 일이 아니라 말해도 그들은 들으려 하지 않았다. 그들은 그저 슬픔을 재앙처럼 받아들이지 않고 다른 방식으로 느껴보고 싶다고 했다. 슬픔을 겪은 이들 속에 섞여 있을 때, 땅에서 올라오는 한기를 느끼며 서로 몸을 붙이고 잠들 때, 이상하게도 슬프지 않고 잠시 평화롭다고 했다.

　왜 그들이 슬픔을 그런 방식으로 견디는지 알 수 없었다. 우리가 같은 일을 겪었는데도 각자의 몫으로 슬픔이 주어질 때는 그 모양이나 무게가 다르다는 점을 한동안 이해할 수 없었다. 드러내놓고 말할 수 없었지만 어떤 날에 나는 전혀 슬프지 않은 것 같았다. 슬픔에 짓눌려 일부러 차가운 바닥에 몸을 누이는 사람을 이해하고 싶지 않았다. 하지만 어떤 날에는 가만히 있다가도 심장이 터질 듯 뛰었다. 눈물이 주체할 수 없이 터져나왔다. 슬픔이 신체의 고통으로 이어지는 감각을 여실히 느껴야 했다. 그럴 때 나는 슬픔에 빠진 모든 이들을 잠시나마 이해할 수 있을 것 같았다. 어떤 날에는 하염없이 울었고, 너무 많은 눈물은 피를 흘리는 것과 비슷해서 말 그대로 죽지 않기 위해 희미해지는 정신을 붙들고 구조 요청을 보내야 했다.

그럴 때마다 나를 살려낸 사람은 라이였다.

라이는 엎드린 나를 일으켜세우고 차가워진 손을 단단히 잡았다. 천천히 숨을 쉬라고 알려주었다.

"숨을 들이마시고 내쉴 때마다 HP가 조금씩 올라갈 거야."

정말이지 라이다운 주문이었다. 그것은 대학 시절, 우리가 만든 조잡한 롤플레잉 게임에서 주인공이 체력을 끌어올리는 방법이었다. 가만히 숨을 쉬는 것. 방향키를 위로 아래로 눌러가면서 깊이 들이마시고 내쉬는 일을 계속하는 것. 그것은 게임에서 그렇듯 현실에서도 효과가 있었다. 계란 악당이 등장하는 그 게임 속에서 플레이어는 아무리 체력이 떨어져도 죽지 않았다. 언제나 싸워야 할 곳으로, 자신이 있어야 할 곳으로, 계란 악당의 던전으로 돌아갈 수 있었다. 우리는 그에게 체력을 충전할 수 있는 묘약을 무한히 마시게 해주었고, 숨만 쉬고 있어도 되는 여유로운 시간을 충분히 가지게 해주었다.

"그래도 적당히 보내."

라이는 돈의 액수가 너무 많다고 지적하면서도 그들이 돈을 받고 있다는 사실을 유리하게 해석했다.

"아무리 프로그램이라고 해도 딸의 이름을 붙였잖아. 불편한 이야기를 쓰면 좋아하시지 않을 거야. 그렇지만 달리 생각하자면 돈을 받고 있다는 건 그런 일을 허락한다는 소극적인 표현 아닌가 싶기도 해. 기사에 나오는 내용도 크게 신경쓰지 않으셨고."

그러고 보니 언젠가 은하의 부모가 나에게 물은 적이 있었다. '그 소설 쓰는 로봇은 잘 만들어지고 있니?' 그들은 그것을 절대 '은하'라고 부르지 않았다. '은하는 거의 완성되어가고 있어요.' 무심결에 대답했을 때 그들은 부드럽고 정확하게 틀린 부분을 짚어주었다. '그래, 그 소설 쓰는 창작 기계 말이야.'

"그분들은 은하를, 절대 은하라고 부르지 않아."

라이는 아무 말도 하지 않았다. 나는 식은 파스타를 입에 넣으며 생각했다. 어쩌면 은하의 부모는, 우리가 은하라고 이름 붙인 창작 기계가 아름다운 이야기를 써주기를 바라고 있지 않을까. 그런 착각을 하고 싶었다. 나와 라이가 그런 마음을 가진 것처럼 그들도 같은 마음이기를 바라면 안 되는 걸까?

라이 말대로 지금 상황은 우리에게 유리했다. 화재 사고 유족의 동의를 받아 희생자의 기억을 바탕으로 개발된 인공지능 창작 로봇이라는 기사가 나간 이후, 세간의 관심이 차츰 커져갔다. 죽은 이와 관련된 생전 데이터를 입력해 초기 세팅을 만든 디지털 인격이라는 점에서, 이것은 가상 인간에 대한 실험이라는 기대가 있었다. 게다가 고인이 이루고 싶던 꿈이 작가였다면, 창작 로봇이란 가장 어울리는 서사가 아닌가. 하지만 그 로봇이 계속 어두운 이야기만 쓴다면? 전혀 행복하지 않은 결말만 내놓는다면?

"은하가 쓴 이야기를 읽으면 그분들은 상처받을 거야."

"모르겠어. 이건 소설일 뿐이잖아."

내 입을 통해 나왔지만, 나에게조차 와닿지 않는 말이었다. 나와 라이는 조용히 몇 초간 서로를 바라보았다. 상대의 눈동자에 떠오른 똑같은 물음을 읽고 있었다. 정말 이 모든 게 소설일 뿐일까? 그렇게 말하면 아무도 상처받지 않는 걸까?

점심을 먹고 돌아오는 길에 라이는 휴가를 요청했다.

"훈이 테스트를 돌릴 거고, 은하가 다른 버전을 생성하는 데 이틀은 걸릴 거야."

보름째, 라이는 집에 돌아가지 못했다.

"그렇게 해. 기술 전시 전까지만 돌아오면 돼. 쉬면서 뭐하려고?"

"걸을 거야."

"어디를?"

"산에 가려고."

"어느 산?"

라이가 고개를 젖히고 웃었다.

"언제까지 물을 거야? 그렇게 궁금해?"

나는 외출하려는 엄마의 옷자락을 붙드는 아이 같았다. 라이가 산에 가는 게 아닐지도 모른다고, 라이는 데이트를 하러 가는 것일지도 모른다고, 드디어 그런 생각이 들었다.

"알았어. 이제 안 물을게."

라이는 싱겁다는 듯 내 어깨에 손을 올렸다.

"돌아오지 않을까봐 그래?"

창작의 규칙 3

결말에 이를 때까지 멈추지 않는다

은하는 삼 년 전 죽었다. 화재 사고였다. 연기에 질식했다는 검시 결과는 나중에 전해들었다. 은하는 우그러져 아귀가 맞지 않게 된 문 앞에 쓰러져 있었다. 한 뼘 열린 문틈으로 코와 입을 밀어넣은 채였다.

그날 은하는 스카프를 한 장 사달라고 했다. 그 이틀 전, 은하의 생일을 잊고 지나가버렸다. 은하는 이해했다. 너무 바쁘면 그럴 수도 있다면서 자신은 선물 따위 필요 없다 했다. 하지만 금요일 저녁, 일부러 시간을 비워 은하에게 쇼핑몰로 나오라 연락했다. 은하는 굳이 무언가를 사주고 싶다면 사계절 내내 가방에 넣고 다닐 수 있는 얇은 스카프를 선물해달라 했다.

은하는 매대 위 실크 스카프를 몇 장 골라 턱 아래 대어보면서, 의외로 베이지색이나 회색처럼 무난한 색이 자신에게 어울리지 않는 것 같다 말했다. 그러다 결정한 듯 작은 별이 무수히 프린트된 파란 스카프를 골랐다.

"어때?"

나는 뭐든지 다 어울린다고 말했다. 성의 없는 대답처럼 들렸겠지만 사실이었다. 은하에게 어울리지 않는 건 없었다.

"이걸로 할게. 더 둘러볼 시간도 없을 거야."

"괜찮아. 시간 비워뒀어."

"그럴 리가. 항상 바쁘잖아."

그렇지 않다 말해도 소용없었다. 은하는 고개를 저었다.

"괜찮아. 괜찮다고."

"바쁘면 가도 돼."

"안 간다니까."

은하는 나를 빤히 보았다.

"그럼 위에 가볼래? 쇼핑몰에 서점 생긴 거 알아? 오픈 기념으로 연필을 나눠준대."

"고작 연필 하나 받으러?"

"고작이라니?"

은하가 씨익 웃었다. 여덟 개 앞니를 드러내고 자연스럽게 눈매를 둥그렇게 내렸다. 웃을 때마다 그 얼굴은 다른 사람의 것인 양 신기로웠다. 그래서인가. 은하가 웃을 때마다 나는 넋을 놓고 바라보게 되었다.

"갈 거야, 말 거야?"

"서점이라면 한참 구경하겠지?"

"아마도?"

"난 여기서 기다릴게."

은하는 혼자 8층으로 올라가기로 했다. 그사이 나는 별이 새겨진 스카프를 다시 구입하기 위해 쇼핑몰 1층으로 내려갔다.

매장 직원이 더 저렴한 가격으로 똑같은 스카프를 살 수 있다며 이벤트 매장에 가보라 알려주었기 때문이다. 그곳에서 쿠폰을 받으면 만원 정도 차이가 났다. 은하가 땅을 파면 그 돈이 나오냐며 나를 떠밀었다. 서로 할일을 마치고 1층 카페에서 만나기로 약속했다.

십 분 정도 지났을까. 내 손에는 스카프가 담긴 쇼핑백이 들려 있었다. 아마도 그즈음이면 은하의 손에도 연필 한 자루가 들려 있을 것이었다. 약속 장소로 향하면서 은하의 책상 위에 놓인 수십 자루의 연필을 떠올렸다. 은하는 무언가를 읽을 때, 책이든 신문이든 모든 문장에 옅은 줄을 긋는 버릇이 있었고, 연필은 은하가 일종의 난독이라고 할 만한 증상을 극복하게 한 도구였다. 우리가 사귀고 얼마 지나지 않았을 때, 은하는 책이 읽히지 않는다며 툴툴거린 적이 있었다. 쓰고 싶은 마음이 읽고 싶은 마음을 삼켜버리는 것 같다고 했다. 쓰는 동안에는 읽을 수 없고 읽는 동안에는 쓸 수 없으니 한쪽은 늘 다른 한쪽을 위해 포기해야 하는 것 같다고. 책을 붙잡고 읽으려 할 때마다 쓰고 싶은 마음에 밀리듯 눈동자가 어느새 책 바깥으로 벗어난다고 말했었다.

그러던 어느 날, 은하는 굉장한 방법을 찾아냈다면서 연필 한 자루를 들고 나를 찾아왔다. 곧이어 고개를 숙이고 책에 밑줄을 그으며 읽는 모습을 보여주었다. 이렇게 읽으면 책에 붙들려 있을 수 있다며 좋아했다.

"연필은 나를 돌아오게 해. 정말 멋지지 않아?"

그런 소소한 발견에 놀라워하는 은하가 사랑스러웠다.

"마법의 도구 같아. 어릴 때는 싸구려 요술봉을 들고 놀았는데, 그런 건 하나도 마음에 들지 않았거든. 왜 휘둘러야 하는지 알 수 없었으니까."

하지만 어른이 된 은하는 자신이 찾은 마법의 도구를 아주 마음에 들어했다. 이번에 은하는 어떤 연필을 가져올까? 은색이나 보라색? 큐빅 참이 달린 것? 그 연필이 은하의 손에 들리고, 밑줄을 그어갈 때마다 작은 참이 영롱하게 흔들리는 모습을 상상하자 나도 모르는 사이 입꼬리가 올라갔다.

은하의 연필이 파란색이고 지우개가 달려 있는 것이었단 사실을 알게 된 건 그로부터 이틀 후였다. 은하의 필통 속에 새 연필 한 자루가 불타지 않은 채 온전하게 남아 있었다.

불은 깨진 바닥 공사를 위해 설치해놓은 쇼핑몰 지하 주차장의 가벽에서 시작되었다. 공사비를 줄이다보니 현장을 막는 가벽은 화기에 취약했다. 불이 나지 않았다면 아무도 모를 일이었다. 불은 번져 주차장 한쪽에 쌓아놓은 종이 박스로 옮겨붙었다. 순식간에 연기가 주차장에 퍼졌다. 경비원이 재빨리 소화기를 들고 왔지만 불길을 잡지 못했고, 소리를 질러 주차장에 있던 사람들을 대피시켰다. 점차 연기가 위로 솟았다. 불이 났다는 외침이 들리자 사람들은 밖으로 통하는 문으로 정신없이 달렸다. 위층에서 사람들이 쏟아져내려왔다. 그야말로 아수라장이었다. 나 역시 가까스로 건물 밖으로 빠져나왔다. 무언가 펑터지더니 순식간에 까만 연기가 3층 높이까지 솟았다. 그 순간 은하가 8층에 있으리란 사실이, 아직 불이 난 것을 모를 수 있으리란 생각이 스쳤다. 내 손목에는 스카프가 들어 있는 쇼핑백 손잡이가 수갑처럼 감겨 있었다. 나는 그것을 옆에 서 있던 모르는 사람에게 맡아달라 부탁했다. 미쳤어요? 지금 어딜 들어가요? 그가 내 소매를 거칠게 잡아당겼으나, 나는 뒤로 밀치듯 그를 떼어내고 쇼핑몰 안으로 들어갔다. 소방차 사이렌소리가 꿈결처럼 들렸다. 문을 박차고 뛰어나오는 사람들과 어깨를 부딪치며 나아갔다. 아직 연기가 닿지 않은 왼쪽 비상구로 올라가면 8층에 닿을 수 있을 것 같았다. 1층 중앙의 분수에 팔을 담가 소매를 적시고, 물기가 흥건한 옷으로 코와 입을 가렸다. 그리고 비상구 계단을 뛰어오르기 시작했다. 심장이 터질 듯 빠르게 뛰었다. 소리를 지르며 계단 아래로 내려오는 사람들에 떠밀렸다. 난간을 붙잡고 오른팔로 사람들을 옆으로 쓸어내며 올라갔다. 그러다가 어느 순간, 사람들이 사라지고 숫자가 보였다. 8층이었다. 그러나 비상문이 닫혀 있었다. 문 너머에서 쾅쾅 소리가 들렸다. 그 안에 사람이 있는 게 분명했다.

"거기 누구 있어요? 지금 문이 안 열려요."

"왜 이래요? 119도 먹통이잖아요."

그런 목소리들. 그 틈에서 은하의 목소리를 찾으려 애썼다.

"은하야, 거기 있어?"

문 너머에서 은하? 은하? 이름을 묻는 말들이 퍼졌다.

저예요. 제가 은하예요, 목소리가 들리고 은하가 수호야? 내 이름을 부르자 긴장이 풀려 다리가 후들거렸다.

"문이 이상해. 열리지 않아."

그 말대로 문이 열리지 않았다. 그곳에 있는 사람들끼리 힘을 모으기로 했다. 은하를 비롯해 8층 비상문 근처에 고립된 이들은 밖으로 문을 밀어냈다. 나는 그 힘을 받아 문손잡이를 끌어당겼다. 퍽, 하더니 문틈이 살짝 벌어졌다. 은하가 보였다. 은하 얼굴이 절반 보였다.

"왜 이러지? 이상해. 문이 왜 안 열려?"

은하가 문틈 사이로 손가락을 뻗었다. 나는 그 손가락을 잡았다. 마른 나뭇가지처럼 퍼석하고 차가웠다.

"다시 해볼게."

문을 밀고 당겼다. 그러나 문은 어긋난 채 더이상 열리지 않았다. 몇 번을 시도해도 마찬가지였다. 문틈으로 은하의 눈이 보였다.

"이거 안 열리는 것 같아."

은하가 그렇게 말하며 손가락을 문틈으로 다시 뻗었다. 손가락 너머로 은하의 눈이 반짝거렸다. 눈동자가 번진 듯 흐렸고 눈물이 차 있었다.

"수호야. 내려가."

나는 힘을 주어 품안으로 문을 끌어당겼다.

"도움이 필요할 것 같아. 내려가서 방법을 찾아줘."

우리가 1층 카페에서 만나기로 약속한 지 한 시간도 지나지 않았을 때였다. 왜 8층 비상구 문을 사이에 두고 절반만 보이는 얼굴을 마주하고 있는지 알 수 없었다. 지금쯤 우리는 카페에서 커피를 마시며 서로가 가져온 것을, 연필과 스카프를 꺼내 보이고 있어야 했다. 여긴 우리가 있어야 할 곳이 아니었다. 사람들이 문 너머에서 웅성거렸다.

"이봐요. 빨리 내려가요. 여기서 빠져나갈 수 있는 사람이 당신밖에 없잖아요."

"여기에 사람이 있다고 말해줘요. 얼른 가서 도와달라고 해요."

나는 문틈으로 손을 욱여넣었다. 손등 피부가 문에 쓸려 얇게 벗겨졌다. 맞은편에서 은하가 내 손을 잡았다. 손가락 사이가 닿도록 깍지를 끼고 몇 초 정도 덜덜 떨며 잡고 있었다. 지금 이 순간이 훗날 돌이키면 가슴을 쓸어내리게 하는 추억이 될 거라고 믿고 싶었다.

"기다려. 금방 올게."

그렇게 말하고 은하의 손을 천천히 놓았다. 돌아서는 나에게 은하가 고마워, 라고 말했다. 나는 기다려, 라고 크게 대답했다. 미친듯이 발을 굴려 3층까지 내려왔을 때, 더이상 숨을 제대로 쉴 수가 없었다. 속도를 내어 겨우 2층까지 내려와 1층으로 이어지는 계단 옆에 닿자마자 모든 장기가 막혀버린 듯 갑갑했다. 그때 창문이 깨져 있는 걸 발견했다. 마치 그곳으로 탈출하라는 듯 뚫어놓은 것 같았다. 팔로 머리를 감싼 채 곧바로 몸을 날렸다. 문 너머에 있던 사람들은 나에게 유일하게 밖으로 나갈 수 있는 사람이라 했었다. 나는 그 순간 확실히 그런 사람이었다. 내 몸은 창밖으로 날아갔다. 순식간에 땅에 부딪혔다. 왼쪽 옆구리를 주먹으로 가격당한 듯 몸이 절로 구부러졌다. 나도 모르게 비명을 질렀다. 구조 요원으로 보이는 누군가가 달려오고 있었다. 의식이 희미해지는 순간 나는 안에 사람이 있다고 웅얼거리면서, 몇 층인지 묻는 목소리를 들었다. 그다음의 일들은 내 머릿속에서 지워져버린 듯 기억나지 않았다.

초록남자는 옥상에 있었다.

"또 여기 있었네요."

내가 다가가자 초록남자가 손을 들어 보였다.

"네, 저야 언제나 여기 있죠."

평소와 다름없었다. 그는 도대체 어디서 구했는지 모를 초록색 점프수트를 입고 있었다. 그를 처음 본 곳은 거리였다. 손바닥이 붉은 목장갑을 끼고 쓰레기를 줍고 있었다. 허리춤에 매달린 봉투는 쓰레기로 가득했다. 멀리서 보면 커다란 혹을 붙인 것 같았다. 출근길 주차장으로 들어오다 차 안에서 그 모습을 보았다. 매번 눈길이 갔다. 이후 두어 달이 흘러 말을 걸 기회가 생겼다. 그가 회사 입구에 떨어진 컵을 주우려 허리를 숙이던 순간이었다.

"안녕하세요."

그는 손에 컵을 들고 말없이 돌아보았다. 가까이 보니 우람한 체격과 달리 볼이 홀쭉했다. 피부에 들러붙은 기생충 따위가 하관의 영양분을 쪽 빨아먹은 듯 입과 턱 주변이 좁아들어 있었다. 그렇지만 눈빛은 형형하고 이마는 반듯해 어딘가 균형이 맞지 않는 얼굴이라는 생각이 들었다.

"휠체어를 타는군요."

그가 날 보고 말했다. 그런 식으로 초면에 말을 걸어오는 사람은 처음이었다. 뭐라고 대답하기도 전에 그가 죄송합니다, 하더니 장갑 낀 손으로 입술을 긁적였다. 턱에 난 붉은 여드름 자국은 아마도 깨끗하지 않은 손을 자꾸 얼굴에 가져간 탓일지도 몰랐다. 하지만 그의 피부 문제까지 내가 신경쓸 일은 아닌 것 같아 아무 말도 하지 않았다. 다시 죄송합니다, 하고 그가 고개를 숙였다. 나는 무슨 말을 해야 할지 몰라 초록색 옷을 입었네요, 라고 말했다.

"네?"

"선생님은 초록색 옷을 입으셨어요. 저는 휠체어를 타고."

그가 곰곰 생각하다가 입을 열었다.

"저는 쓰레기를 줍고 선생님은 출근합니다."

우리의 대화는 어긋나 있었다. 그렇지만 꼭 들어맞는 대화를 하기 위해 애쓰지 않아도 된다는 점에서 오히려 무엇이든 말해도 될 것 같은 기분이 들었다.

"오늘은, 커피 마십니까?"

돌아오는 길에 커피를 마셨지만 초록남자의 제안을 거절하지 않았다.

"밀크입니까? 블랙입니까?"

"밀크로 할게요."

초록남자는 옥상 구석에 있는 자판기로 가볍게 달려갔다. 동전을 꺼내 자판기에 넣었다. 잠시 후 종이컵에 담긴 연갈색 커피를 건네주었다. 그는 설탕 커피를 마셨다.

"이제 네 번 남았습니다."

초록남자는 나에게 커피를 열 번 사주기로 했고, 오늘이 여섯 번째였다. 그의 비밀을 지켜주기로 한 대가였다.

한 달 전, 초록남자는 화장실 타일에 낀 곰팡이를 떼어내고 있었다. 마침 화장실 입구에서 그를 발견한 내가 뭘 하느냐 물었더니, 그는 아무리 강한 약을 써도 죽지 않는 곰팡이가 있다면서 없애버리기 위해 특별한 것을 가져왔다고 말했다. 마침 화장실에는 우리 둘밖에 없었다. 나는 그를 유심히 보았다. 그의 손가락 끝이 붉었다. 곰팡이를 먹는 젤리라고 했다. 그는 그걸 타일에 붙이면 곰팡이가 사라질 거라고 했다. 젤리는 진득한 피처럼 보였다. 타일에 잘 달라붙지도 않았다. 손가락으로 꾹 눌렀다가 떼어내면 걸쭉하게 흘러내렸다. 결국 그 이상한 젤리로는 아무것도 해결하지 못했다. 몇 시간 후 다시 화장실에 갔을 때, 그가 아닌 다른 사람이 있었다. 연보라색 유니폼을 입은 남자가 글루 건을 사용해 타일 사이를 덮고 있었다. 그동안 유심히 관찰하지 않아 몰랐지만, 그날 나는 건물을 청소하는 이들이 모두 연보라색 옷을 입고 있다는 사실을 알아차렸다. 건물 관리인에게 전화를 걸어 혹시 청소하는 사람들은 모두 같은 색 옷을 입느냐 물었고, 관리인은 그런 질문을 받는 것이 내키지 않은 투로 그렇다고 대답했다.

정리를 하자면, 초록남자는 건물에서 고용한 청소 인력이 아니라는 뜻이었다. 그러므로 그가 화장실 타일에 낀 곰팡이를 제거할 의무는 없었다. 다음날 초록남자에게 이 얘기를 하자, 그는 내가 알아낸 것을 비밀로 해달라 부탁했다. 여기서 쫓겨나면 마땅히 일할 곳이 없다면서. 돈도 받지 않는데 무슨 소리인가 싶었다. 그는 이 건물을 오가며 아들 또래인 이들을 보는 것이 좋다고 했다. 가끔 그들이 자신에게 다정한 인사를 건넬 때 기쁘다고 했다. 나는 그의 사정을 대충 짐작했다. 그는 자신의 아들을 그리워하고 있는 것 같았다. 초록남자는 비밀을 지켜주는 대가로 커피를 열 번 사겠다고 했다. 커피 열 잔이란 보상이 없더라도 어디에 말할 생각은 없었지만, 기어코 커피를 사주겠다는 그를 말리지 않았다. 그는 점심시간마다 건물 옥상에 있을 테니 커피를 마시고 싶을 때면 언제든 그곳에서 보자고 했다.

그렇게 옥상에서 커피를 얻어 마시는 동안, 나는 그 시간을 기다리게 되었다. 그가 나에게 적당히 낯선 사람이었기 때문에 함께 일하는 사람들에게는 오히려 털어놓지 못한 이야기를 할 수 있었다. 은하에 대해서도 더 많은 이야기를 할 수 있었다.

"소설 쓰는 컴퓨터는 잘 만들어지고 있습니까?"

"은하 말이죠?"

"예. 그것 말입니다."

그는 은하가 죽은 이의 이름을 빌린 창작 인공지능이라는 사실을 알고 있었다. 그렇지만 언제나 '소설 쓰는 컴퓨터'라고 불렀다. 은하의 부모가 은하를 '소설 쓰는 창작 기계'라고 말하는 것과 비슷했다.

"왜 은하라는 이름으로 부르지 않나요?"

"이름을 부르면 너무 사람처럼 느껴질 것 같거든요."

은하의 부모가 딸의 이름으로 그 프로그램을 부르지 않는 까닭도 같을 것이었다. 하지만 나는 그런 착각을 즐기고 있었다. 은하, 은하, 부르다보면 은하가 아직 이 세상에 있는 것 같았다. 이름을 부르는 일이란 여기 이곳에 그 이름을 가진 이가 존재하고 있음을 증명하는 신호나 다름없었다. 은하를 은하라고 부르는 일처럼 초록남자를 초록남자로 부르는 일도 그랬다. 초록남자가 자신의 이름을 끝까지 알려주지 않았기에 내 멋대로 그를 '초록남자'라 부르기로 한 것이었지만.

"어떻게 불려도 상관없습니다."

이름을 알려주지 않으면 '초록남자'라고 부르겠다고 했을 때도 그는 신경쓰지 않았다.

"그런데 왜 그런 이름입니까?"

"항상 초록색 옷을 입으시잖아요."

"그렇다면 알맞은 이름이군요. 내 옷장에는 이런 옷이 백 벌은 넘게 있습니다."

어쨌거나 그를 초록남자라고 부르다보니, 그것이 그에게 어울리는 이름처럼 들리기 시작했다.

"그러고 보니 드디어 곰팡이를 제거했습니다."

그가 커피를 들지 않은 다른 손을 주머니에 찔러넣더니, 잠시후 붉은 젤리를 꺼냈다. 동그랗게 뭉쳐진 젤리 안에 작고 검은구슬이 들어 있었다.

"이 안에 든 것이 곰팡이의 핵입니다. 타일 벽면에 기생하던것을 드디어 여기로 옮겼죠."

"그렇게 하면 곰팡이가 죽나요?"

"젤리 속 독을 먹고 서서히 죽습니다."

"독이었군요."

갑자기 그가 손가락에 달라붙은 젤리를 입으로 가져갔다. 그는 그것을 우물거리더니 꿀꺽 삼키고는 남은 커피를 입안에 털어넣었다.

"독이긴 해도 이 정도는 사람한테 해가 되지 않아요."

"많이 먹으면 문제가 생기겠죠?"

"그렇겠죠. 많이 먹으면 큰일이 날 겁니다."

그는 젤리를 콩알만큼 떼어 건네주었다.

"조금만 죽고 싶을 때 먹어봐요."

"그게 어떻게 죽는 건가요?"

"다 죽지는 않고 조금만 죽는 거죠."

마약 같은 건가 싶었다. 냄새는 전혀 나지 않았다. 그가 젤리를 떼어 또 입에 넣었다.

"방금 조금만 죽고 싶으셨던 거예요?"

그가 껄껄 웃었다. 바람이 불어 빈 종이컵이 옥상 바닥을 굴렀다. 초록남자는 떨어진 종이컵을 잡아 힘주어 구겼다. 그리고선 자리 그대로 쓰레기통을 향해 던졌다. 잠시 후 초록남자는 젤리를 또 떼어 입에 넣었고, 이번에는 나도 손에 든 붉은 젤리를 혀 위에 올려보았다. 젤리에서는 딸기맛이 났다. 시중에서 파는 인공의 딸기맛이었다.

"방금 당신도 조금만 죽고 싶었습니까?"

그가 물었다.

"아니요."

나는 웃지 않고 답했다.

"지금은 조금도 죽을 수 없어요. 곧 중요한 이벤트가 있거든요."

창작의 규칙 5
처음으로 돌아가는 일을 두려워하지 마라

커피를 마신 후 회사로 돌아왔다. 기술 전시회까지 남은 일정을 확인하고, 데이터실로 들어갔다. 훈이 날 보더니 놀란 듯했다. 나는 입력할 데이터가 있다고 말했다. 훈은 자리를 비켜주었다. 나가기 직전 라이는 어디 있느냐 묻길래 휴가를 냈다 대답해주었다. 그의 어깨가 힘없이 처졌다. 훈은 라이를 좋아했다. 너무 티가 났다. 언젠가 내가 보는 앞에서 라이가 훈에게 말한 적이 있었다. 이 세계에서 우리가 연인으로 발전할 가능성은 없다고. 하지만 훈은 그 말을 긍정적으로 받아들였다. 그는 이세계가 아니라면 다른 세계에서는 가능한 일이 아니겠냐며 라이에게 따지고 들었다. 훈은 그렇게 낯간지러운 고백을 하기 위해 평행 세계 이론 따위를 믿는 척했다. 라이는 그런 생각이 별로 낭만적이지 않으며 과학의 탈을 쓴 섬뜩한 합리화에 불과하다고 했다. 훈은 합리화라는 말에 몸서리쳤다. 라이는 합리화가 아니면 다 무엇이냐고 따졌고, 둘은 씩씩거리며 어느 쪽이 옳은지 나에게 판단해달라고 했다. 나는 아무런 결론을 내릴 수 없었지만, 속으로는 두 사람이 잘 어울리는 커플이 될 거라고 생각했다. 뭐, 그런 일이 있었고, 이후 둘이 미묘한 신경전을 벌이는 것 같았지만, 여전히 훈은 라이를 좋아하는 것 같았다.

"그럼 나중에 봬요."

훈이 겉옷을 챙겨 방을 나갔다. 나는 입력 전용 컴퓨터를 켰다. 무엇을 쓸지 알 수 없더라도 키보드에 손을 올리면 무엇이든 떠오를 것 같았다. 수집된 파일 목록을 보았다. 은하를 처음 만난 날의 기록을 열었다.

no0098_record_0421

아침 기온 영하 7도. 출근을 하자마자 전화가 왔다. 기획팀장이었다. 차가 얼어 시동이 걸리지 않는다고 했다.

"혹시 출근한 사람 또 있어요?"

모르는 사람이 유리벽 너머 회의실에 앉아 있었다.

"오늘 입사하는 임은하씨일 거예요. 좀 챙겨줘요."

회사 규모가 크지 않아 사내에서 일어나는 대부분의 일을 서로 공유했지만, 사람이 들어오고 나가는 일은 전적으로 기획팀장이 담당하는 인사 영역이라 전혀 알 수 없었다. 게다가 나는 낯선 사람을 대하는 일에 젬병이었다. 아무리 둘러보아도 일을 떠넘길 사람이 보이지 않았다. 사무실은 텅 비어 있었다.

은하는 개별난방이 가동되는 회의실에 들어가 훈풍을 쐬며 몸을 데우고 있었다. 익숙하지 않은 공간에서 따뜻한 자리를 찾아내다니 똘똘한 사람이라는 생각이 들었다. 회의실로 들어가 안녕하세요, 먼저 인사를 건넸다. 은하는 고개를 반만 들고 네, 하고 대답했다.

"첫 출근이시죠?"

"네. 지각은 안 했어요" 하며 은하는 자신의 손목시계를 만지작거렸다.

"집이 가까워서요."

우리는 어색하게 눈을 맞췄다. 얼른 무슨 말이라도 해야 하는데, 아무것도 떠오르지 않았다. 이런 상황에 어울리는 자연스러운 대화란 무엇일까.

"얼마나요?"

집이 가까우니 얼마나 가까운지 물어보는 것, 자연스러운가?

"걸어서 삼 분 삼십 초 정도 걸려요."

은하는 회사 옆에 있는 길쭉한 건물 꼭대기에 살고 있다고 말해주었다. 그러더니 무언가 깜빡했다는 듯 화들짝 놀라며 나에게 손짓을 보냈다.

"여기로 오세요.. 여기가 더 따뜻해요."

은하는 자기 옆자리를 가리켰다. 나는 괜찮다며 손을 내젓고 맞은편 의자를 당겨 앉았다.

"여기도 괜찮아요."

"그래요?"

그러더니 은하는 앞에 놓인 책으로 시선을 옮겼다. 나는 긴 머리카락과 그사이 얇게 드러나는 귀를 무심결에 보고 있었다. 누군가를 그토록 넋 놓고 바라보는 일이 거의 처음인 듯했다.

은하의 책상에는 담배꽁초처럼 몽당연필이 쌓여 있었다. 은하는 책상에 붙어 있지 않았다. 주로 빈 회의실에 들어가 있었다. 책상은 그저 연필을 쌓아두는 장소처럼 보였다. 회의실 안에서 은하는 공부에 몰두한 학생같이 고개를 숙이고 있었다. '도대체 얼마나 대단한 걸 하겠다고 저렇게 티나게 일을 하니?' 다들 수군거렸다.

은하가 회사에서 하는 일은 캐릭터와 이벤트 굿즈를 기획하는 것이었다. 대표의 조카가 자리를 꿰찬 상품 디자인 파트의 실적이 썩 좋지 않았기 때문에, 팀장이 고민 끝에 기획만 전담하는 자리를 신설한 것이었다. 은하는 원래 등산 잡지사 기자였다가 국비 지원을 받아 디자인 툴을 배운 후 재미삼아 참가한 굿즈 공모전에 입상하면서 디자인 쪽으로 발을 돌린 케이스였다. 기자를 하면서 접하게 된 이야기들을 상품에 접목시켜 작업하는 것이 눈길을 끄는 점이었다. 은하가 공모전에서 입상한 상품 디자인 중 잎맥을 새긴 노트 표지는 조난 사망자 근처에서 발견된 이파리를 본뜬 것이었다. 그후 수몰된 마을 모형을 담은 스노볼을 만들어 개인적으로 판매한 것이 눈에 띄는 이력이었다.

면접 당시 기획팀장이 왜 그런 굿즈를 기획하느냐 물었더니, 은하는 이렇게라도 하지 않으면 잊히는 일들이 있다고 답했다. 그 이야기를 전해들었을 때 누구도 은하와 경쟁해 이길 수는 없었으리란 생각이 들었다. 어떤 의미로든 '좋은 기획이란 소름이 돌아야 한다' 믿는 팀장에게 조난 사망자와 수몰된 마을 같은 키워드는 절대 놓칠 수 없는 것이었을 테니까.

은하는 왜 그 일들을 기억하고 싶었을까? 나중에 나는 은하가 다니던 잡지사가 어떻게 사라지게 되었는지 듣게 되었다. 취재를 나간 기자가 산에서 조난된 채 발견되었고, 그 소식이 소셜미디어를 통해 일파만파 퍼졌다. 그러고 보니 어렴풋이 뉴스에서 본 기억이 났다. 건강상의 이유로 취재를 거부하던 기자를 강제로 출장 보냈다는 소문이 돌았고 사내 괴롭힘이 있었단 사실도 밝혀졌다. 곧이어 잘 팔리지도 않던 잡지의 매출이 줄어들었고 충성도가 있던 구독자들마저 떠났다. 누적된 적자를 감당하지 못한 잡지사는 파산해버렸다. 얼마 후 은하가 굿즈 공모에 낸 노트 표지의 나뭇잎은 은하의 옷에 우연히 붙어온 것이었다. 은하는 조난 사망자를 발견한 시각 그곳에 있었다. 구조대를 부른 것도 은하였다. 아무도 그를 찾지 않아 자신이 찾으러 간 것이었다. 잎들은 은하의 옷에 들러붙어 함께 산을 내려왔다. 마치 손톱이라도 달린 것처럼 그 잎들은 옷을 꼭 붙들고 있었다고, 혈관처럼 불거져나온 잎맥에서 은하는 좀처럼 눈을 뗄 수 없었다고 했다.

"왜 그렇게 한 거예요?"

"그게 제가 떠난 사람을 애도하는 방식이었어요."

은하는 그렇게 말했다. 돌이켜 생각해보면, 그 순간 은하에게 처음으로 호감 이상의 감정을 느낀 것 같았다. 밀도나 깊이가 충분하지 않은 감정이었지만 사랑의 발아 단계라고 할 만한 순간이었다.

은하의 책상이 뭉툭한 연필들로 너저분해져 메모지 한 장 펼칠 공간도 남지 않게 되었을 때, 나는 은하에게 별것도 아닌 일을 묻기 위해 회의실로 찾아가곤 했다. 두 잔의 핫초코를 들고서. 그럴 때 은하는 '커피인가요?' 물었다. 연필을 든 손으로 컵을 가리킬 때 연필의 뾰족한 끝을 자신에게 돌려 뭉툭한 쪽이 나를 향하도록 했다.

"핫초코예요."

"제 거예요?"

은하가 다가와 컵으로 손을 뻗었다.

"코코아네요."

코코아가 아니고 핫초코였다. 그렇지만 둘이 엄연히 다른 메뉴이고, 코코아보다 핫초코가 훨씬 달고 카카오 함량이 높은 음료라고 말할 수는 없었다. 지나치게 세심한 설명이 나를 이상한 사람으로 보이게 할까 걱정되었다. 나는 은하에게 괜찮은 사람으로 보이고 싶었다.

"뭐하고 있었어요?"

은하는 그 질문을 반가워하며 작업 노트를 가져와 보여주었다. 할말을 잃게 만드는 장면이 펼쳐졌다. 작은 포인트라도 잡아 칭찬하고 싶었지만 쉽지 않았다. 은하가 하고 있는 작업이 무엇인지 알아볼 수 없었다. 그것은 노트가 아니었다. 활자가 빠짐없이 줄글로 늘어진 책의 양면이었다. 은하는 그 위에 무언가 빼곡히 적어놓았다. 군데군데 작은 그림도 있었다.

"이게 뭐죠?"

은하는 입안에 물고 있던 음료를 우글우글 헹구더니 꿀꺽 삼켰다.

"왜요? 어디 이상해요?"

앞니에 갈색 물이 들어 있었다. 은하는 치아에 핫초코, 아니 코코아 물이 든 채 환하게 웃었다. 그 모습이 귀여워 보였다. 나는 정신을 차리고 손에 든 책을 살펴보았다. 앞 장을 넘기자 더 엉망이었다. 모든 글자에 만년필을 덧입혀두었다. 검은 잉크 자국이 온통 번져 있었다. 무엇이 원래 책 속 글자이고 무엇이 은하의 필적인지 구분할 수 없었다.

"팀장님도 눈을 비비고 봤어요. 당황하신 것 같았지만 별말씀은 안 하시더라고요."

지금은 팀장도 은하가 어떤 기행을 보이건 받아줄 터였다. 지난 분기 은하가 기획한 이벤트 굿즈가 상당한 인기를 끌었기 때문이다. 덕분에 우리 회사는 타깃 연령층에 확실한 브랜드 이미지를 각인시킬 수 있었다. 은하의 아이디어로 재고로 남아 있던 피규어 오백 개를 상자에 담아 판매했는데 그야말로 동이 났다. 은하가 운이 좋았던 건지도 모른다. 하지만 그 운까지 성공에 필요한 요소가 아니겠는가.

"왜 책이 이래요?"

"정신없이 겹쳐놓은 걸 보면 괜찮은 생각이 들 때가 있어서요."

"어떤 생각이요?"

"어떤 생각이든요."

책을 돌려 표지를 보았다. 제목은 『타타르인의 사막』이었다. 작가는 디노 부차티, 이탈리아 사람이었다. 은하는 그 책이 학창 시절 자신과 이름이 똑같은 친구가 이별 선물로 준 것이라고 했다. 선물이라면, 특히나 이별 선물이라면 깨끗하고 소중히 여겨야 할 것이지만 은하는 그렇게 생각하지 않았다. 은하는 선물은 자주 닳도록 써야 하는 것이라고 말했다. 그 선물을 준 사람이 소중하다면 더욱 그래야 한다고 했다. 수험 공부를 하던 시절, 그 책은 은하가 가장 많이 손에 들어본 것이었고 자연스러운 수순처럼 대학에서 이탈리아 문학을 전공하는 계기가 되었다. 막상 대학에 진학해보니 이탈리아 문학이 적성에 맞지 않아, 은하는 전공과목에 소홀한 학생이 되었으나 학부 시절 내내 그 책을 가방에 넣고 지냈다. 그러는 동안 한 줄 한 줄 일기 따위를 적어넣던 것이 계기가 되어, 그 책은 점차 책보다는 노트에 가까운 형태가 되어버렸다. 때로는 책 속 글자를 연필이나 볼펜으로 덧칠하듯 따라 썼다. 그렇게 그 소설을 여러 번 정독했다.

"제목이 『타타르인의 사막』이지만 이 소설에서 타타르인은 나오지 않아요. 처음에는 잘못 읽은 줄 알았어요. 다시 읽었죠.

그렇지만 역시 발견하지 못했어요. 나는 왜 친구가 이 책을 나한테 주었는지 아직도 모르겠어요."

"아마도 친구가 갖고 있던 유일한 책이 아니었을까요?"

"그럴지도 모르죠."

"친구에게 연락해봐요."

"연락할 방법이 없어요. 이사간 후에 연락처를 남기지 않았으니까요."

"찾으려 하면 찾을 수 있겠죠."

"그렇겠죠. 그렇지만 그냥 어딘가에 있을 거라고 생각할래요. 이 소설 속에서 주인공이 어딘가에 타타르인이 있을 거라고 짐작하는 것처럼 말이에요."

"은하씨는 이 소설을 좋아하네요."

"처음에는 별로 좋아하지 않았는데, 지금은 그렇게 되었어요."

은하는 책 속 글자를 따라 적다보면 많은 것이 떠오른다고 했다. 너무나 많은 것이 떠올라 감당할 수 없는 날이 늘어난다고 했다.

"그러니까, 나는 소설이 쓰고 싶어졌어요."

"네?"

"이게 무슨 말인지 알아요?"

나는 그 말을 이해할 수 없어 은하를 멀뚱히 쳐다보았다.

"내가 당신에게 호감이 있다는 말이에요."

은하는 이런 고백은 처음 해보는 거라고 했다. 내 두 볼은 점차 달아올랐다.

"오늘 몇시에 끝나요? 집에 올래요? 우리 이야기해요. 재미있을 것 같아요."

나는 은하의 제안을 거절할 수 없었다. 치즈케이크를 사서 가겠다고 했다. 은하는 케이크는 식사가 되지 않는다면서 회사 근처 우동 가게에서 카레우동을 먹자고 했다.

퇴근 후 우리는 약속한 대로 카레우동을 먹었다.

"그 친구는 어떻게 되었을까요?"

은하가 면발 한 줄을 천천히 입에 넣고 오물거리며 한참을 씹은 후 말했다.

"저는 그 아이가 잘살고 있을 것 같아요. 그리고 언젠가 우리가 다시 만날 수 있다는 예감이 들어요. 아주 강한 예감이요. 왜 그럴까요?"

"다시 만나고 싶기 때문이 아닐까요? 예감은 강한 소망 같은 게 아닐까요?"

"그런가요? 그렇다면 다른 예감도 강한 소망이 되나요?"

"뭘 예감하는데요?"

"우리가 사귈 것 같다는 예감이요."

그날 우리는 치즈케이크를 사서 은하의 집으로 갔다. 밤새도록 예감과 소망에 대해 이야기했고, 이런 대화를 다른 사람과 나눌 수 없으리란 생각이 들었다. 우리는 서로에게 유일한 대화 상대가 되어갔다. 그건 달리 말하면 서로 사랑하는 사이가 되었다는 뜻이었다.

no0115_record_0813

가까운 사이가 되면 익숙해지고, 익숙해지면 더이상 궁금하지 않게 되는 생활이 있었다. 퇴근 후 은하가 소설을 쓰는 일이 그랬다. 그래도 연애 초반에는 종종 물어보았다.

"왜 소설을 써?"

은하는 자신이 이미 소설가라서 그렇다고 말했다. 한번 소설가가 된 이후에는 어떻게 해도 소설가가 아닌 상태로 돌아갈 수 없다고 했다.

"그게 무슨 말이지?"

"소설을 쓰는 일은 그래. 한번 빠지면 그다음이 없어. 계속 사랑하는 수밖에 없어. 피가 마르고 살이 말라도 계속 쓰게 되는 거야."

무시무시한 말이었다. 그러면서 자신이 쓴 소설을 보여주었다. 쌓아놓은 종이 뭉치가 한 뼘이나 되었다. 제목은 『사막의 타타르인』. 그것은 『타타르인의 사막』에서 단어의 위치만 바꾼 것이었다. 은하는 디노 부차티의 소설에 끝내 타타르인이 나오지 않아서 자신이 그 뒷이야기를 썼다고 말했다. 내용은 디노 부차티가 쓴 소설과 완전히 달랐다. 은하의 소설에서 타타르인은 자신이 타타르인이라는 사실을 숨기고 21세기 자본주의 시대의 평범한 회사원으로 살아간다. 그러나 사회생활에 적응하지 못하고 게임에 빠져들어 생활이 엉망이 된다. 그가 하는 게임은 광활한 사막이 배경이다. 그는 퇴근 후에 거의 매일 게임만 한다. 그래서 소설의 제목이 '사막의 타타르인'인 것이다. 소설에서 타타르인은 바쁜 생활 속에서 결국 자신이 타타르인이라는 사실을 잊어버리는데, 그러한 망각은 그의 삶에 아무런 영향을 주지 않는다.

"이게 무슨 이야기인 거야?"

"현대인들은 자신의 본래 모습을 망각한 채 살아간다는 메시지……"

은하는 말하다가 고개를 세차게 젓더니 자신이 한 말을 정정했다.

"아니야. 무슨 의미가 있겠어. 쓰다보니 이렇게 쓰였을 뿐이지."

망각한 채 살아간다…… 그 말이 인상 깊었다. 정말이지 나도 본래의 모습을 망각하고 살아가고 있는 게 아닌가. 그런데 본래 모습이란 무엇인가. 그런 것을 궁금해하자 은하는 재미있어했다.

"반응이 괜찮은 거 같네."

그런 반응에 자극을 받았는지 은하는 그즈음 쓰려던 이야기를 멈추고 『사막의 타타르인』을 다시 이어서 쓰기 시작했다.

"이제 소설에서 타타르인은 '민수호'라는 이름을 갖고 살아가. 하지만 소설 속 민수호는 당신이랑 전혀 다른 사람이야."

"이미 이름이 민수호인데?"

"그래도 다른 세계 사람이야."

"다 쓰고 나면 어떻게 할 거야?"

"출력해서 끈으로 묶어둬야지."

"그게 다야? 모셔두기만 하면 아깝잖아?"

"보여주려고 쓰는 건 아니니까."

"그럼 왜 쓰는 거야? 돈을 벌 수 있는 것도 아니고."

"돈을 벌고 싶으면 다른 일을 해야지."

"이해할 수 없네. 정말로 왜 하는 거지?"

"그러게. 나도 모르겠어."

"다른 사람들도 볼 수 있도록 방법을 찾아보자."

처음에 은하는 시큰둥했지만, 그후로는 소설을 쓸 때마다 다른 사람이 볼 수도 있다는 걸 의식하면서 문장을 다듬기 시작했다.

우리가 다니던 회사가 규모를 키우고, 내가 챗봇 개발 프로젝트 팀장이 된 시기에 은하는 퇴사했다. 은하는 자신의 소설을 처음부터 다시 다듬어볼 계획을 품고 있었다. 첫 문장으로 돌아갈 용기가 생겼다고 했다. 나는 그러한 용기가 무엇인지 알지 못했다. 그저 너무 긴 글을 쓰는 일이 고될 것 같았고, 퇴사를 하면서 은하가 포기해야 하는 자리가 내 것인 양 아쉬웠다.

퇴사 후 은하는 『사막의 타타르인』을 쓰는 일에 몰두했다. 그 소설 속에서 결국 타타르인은 과거를 기억해낸다. 망각에서 벗어난 것이다. 그렇지만 과거를 기억하는 것만으로는 아무것도 바뀌지 않는다는 걸 깨닫는다. 그것은 과거를 기억하지 못할 때와 다르지 않은 결과였다. 그는 좌절에 휩싸인다. 이제 마지막 챕터만 남아 있었다. 그러나 은하는 글을 쓰지 않았다. 결론을 내지 않았다. 나는 그 소설이 완성되면 사비를 들여서라도 책으로 출간해볼 계획이었다. 그래서 은하를 재촉했다.

"어서 결말을 써. 끝을 내. 세상에 나올 수 있도록 매듭을 지어야지."

그러나 은하는 완성하는 일을 계속 미루면서 엉뚱한 소리를 했다.

"결말을 쓰면 소설이 끝나버리잖아."

"끝내려고 쓰는 게 아니었어? 그럼 왜 쓴 거야? 결말이 없다면 그냥 시간 낭비잖아?"

"시간을 흘려보내기 위해 그런 것일지도 몰라."

"난 솔직히 이해가 안 돼. 회사까지 그만두었잖아?"

"모르겠어. 아직은 끝낼 수 없어."

은하는 두 팔을 어깨에 교차해 올리고 스스로를 보호하듯 몸을 웅크렸다. 몸을 말아 알처럼 보이는 자세로, 반동을 주어 앞뒤로 움직이면서 지금은 아무것도 쓸 수 없다고 말했다. 마지막 장면은 타타르인이 선택할 일이기 때문에 그 선택을 기다려줘야 한다고 했다.

"별걸 다 기다려주네."

"그게 소설을 쓰는 일이야."

그렇게 말하면서 은하는 미소를 지었다. 결말을 재촉하는 나야말로 중요한 것을 놓치고 있는 게 아닌가 돌이켜보게 할 만큼 확신에 찬 얼굴이었다.

창작의 규칙 6

예상치 못한 장면을 만들라

다음날에도 초록남자는 옥상에 있었다. 나는 기술 전시를 앞두고 스트레스가 많다고 털어놓았다. 은하의 이야기를 사람들이 마음에 들어할지 알 수 없었으니까. 당분간 어딘가로 떠나 있다가 모든 일이 끝나면 돌아오고 싶다고 말했다.

"좀 걸을까요? 답답할 때 걷는 게 좋죠."

걸을까요? 나는 그 말을 잠시 되새겼다. 언제부터인가 사람들은 '걷는다'는 표현을 나에게 건네지 않았다. 라이도 그랬다. 산책할래? 잠깐 나갈까? 바람 쐴래? 그런 말을 통해 '다리의 움직임'을 은근히 지워버렸다. 하지만 다리만이 어딘가로 우리를 데려다주는 건 아니었다. 나에게는 휠체어가 있었다. 힘을 주어 앞으로 가면 달릴 때처럼 공기의 흐름이 피부로 강하게 느껴졌다. 멈춰야 하는 순간에는 브레이크와 단련된 팔이 있었다.

"좀 멀리 가보면 좋겠어요."

초록남자는 벤치에서 일어나 가슴을 쭉 내밀었다. 목을 좌우로 꺾을 때마다 둑둑, 굳은 근육이 제자리를 찾아가듯 소리가 울렸다.

"그럼 갑시다."

초록남자가 등을 돌렸고, 나는 바퀴를 밀며 뒤따라갔다.

엘리베이터를 타고 내려와 연보라색 유니폼을 입은 청소부를 지나쳐 건물 밖으로 나왔다. 초록남자가 입술을 일자로 다문 채 나를 보다가 물었다.

"그럼, 호수에 갈까요?"

"근처에 호수가 있나요?"

"멀리 가볼 생각이라면 갈 수 있습니다. 물론 시간이 걸리긴 하죠."

초록남자는 호수에 가면 큰 건물이 있다고 알려주었다. 모든 면이 유리로 되어 있어 햇빛이 좋은 날이면 보석처럼 빛나는 건물이라고 했다. 초록남자는 자신이 그 건물이 지어지기 전 그 자리에 있던 공장에서 일했다고 알려주었다.

"그때 큰돈을 벌었습니다. 백 년쯤은 아무 일 하지 않아도 될 만큼 많은 돈을 벌었죠."

농담인가? 아무리 봐도 그는 큰돈을 번 사람 같아 보이지 않았다. 하지만 같은 옷이 옷장에 백 벌쯤 있는 사람이면 아무래도 부자인 걸까?

"그런데 왜 일을 하시는 거예요? 돈이 필요 없다면 말이죠."

그러고 보니 그는 고용된 청소부가 아니었다.

"아시다시피 돈을 받지는 않습니다. 일은 필요하지만 돈은 필요 없어요."

아무 말 없이 고개를 갸웃거리자 초록남자가 픽 웃으며 덧붙였다.

"정말로 그 건물에서 일하는 젊은 사람들을 보고 싶어서 그런 건가요?"

"물론이죠. 그곳에서 일하는 사람들은 내 아들 같아 보입니다."

"그럼, 아들은……"

지금 어디 있나요? 물으려다 관두었다. 꺼내기 힘든 이야기를 하게 될 것 같았다. 오히려 서슴없이 말을 꺼낸 쪽은 초록남자였다.

"사실 우리 부자는 공장에서 일했습니다."

그가 뒤로 물러서더니 휠체어 손잡이를 잡았다.

"이쪽입니다. 길이 좁아지죠."

손에 힘을 주자 목소리도 단단해졌다. 그의 말대로 길이 좁아졌다. 울퉁불퉁 솟은 보도블록을 지났다. 수풀에 가려 보이지 않던 샛길이 드러났다. 길이 아닌 곳을 사람이 다니면서 뚫어놓은 흙길이었다.

"이 길로 가면 큰길로 가는 것보다는 시간을 줄일 수 있죠."

그는 콧노래를 불렀다. 이동의 주도권이 그에게 넘어가자 불안함이 밀려왔다. 그가 이 길에 나를 버리고 간다면 어떻게 해야 할까? 물론 그가 그럴 사람으로 보이지는 않았다.

"기대하세요. 호수가 나올 겁니다."

그의 걸음이 빨라졌다. 덕분에 나도 속도를 내어 나아갔다.

길의 끝에 도달하자 놀라운 풍경이 펼쳐졌다. 대단지 아파트 하나가 들어설 만큼 넓은 공간을 차지한 호수였다. 사람은 많지 않았다. 물가에 피크닉 매트를 깔고 앉아 호수 건너 나무들을 구경하는 이들이 있을 뿐이었다. 아무도 호수에 들어가지 않았다. 보기보다 수심이 깊은 곳이라고 초록남자가 슬그머니 알려주었다. 하늘을 올려다보니 묵직한 구름이 호수 위로 드리워져 있었다. 햇살을 받은 구름의 윗부분은 깨끗한 흰빛을 뿜어내는 반면 아랫부분은 검푸른색으로 그늘져 있었다. 호수의 풍경은 밝게도 보이고 어둡게도 보였다. 위를 볼 것인가 아래를 볼 것인가 선택하기에 따라 달리 보일 것이었다.

"이곳은 원래 호수가 아니었어요. 작은 마을이었습니다. 지대가 낮은 곳에 있다보니 해마다 홍수 피해가 심했죠. 시간이 흐르는 동안 하나둘 떠나더니 나중에 다섯 집도 남지 않게 되었고요."

피크닉 매트들 사이로 휠체어를 밀고 지나가며 초록남자가 말했다. 지면이 울퉁불퉁하긴 해도 휠체어가 못 지나갈 정도는 아니었다. 우리는 호수를 더 잘 볼 수 있는 곳까지 나아갔다.

"다섯 집 중 하나가 우리집이었어요. 마을에 물을 채울 거라는 소식을 들었을 때, 나와 아들은 막 공장에 들어가 일을 하고 있었죠."

호수로 가까이 다가가자 해안에 있는 듯한 착각이 일었다. 밀려오고 쓸려가는 파도의 흐름만 없었지, 많은 물이 갇힌 공간은 바다를 연상케 했다. 물은 탁했다. 그것이 사람들이 호수에 들어가지 않는 까닭이리라. 흐르지 않는 물이 얼마나 더러운지 가까이서 눈으로 보아야만 알 수 있었다.

초록남자의 아들 이야기가 계속되었기 때문에 나는 묻지 않을 수 없었다.

"아들은 지금 어디 있나요?"

"아들은 이 세상에 있지 않습니다."

그는 담담히 말했다. 그 대답은 말 그대로 '이 세상'이란 장소에 아들이 없을 뿐이란 것처럼 들렸다. 그래서였을까. 나는 바보 같은 질문을 던지고 말았다.

"그럼 어디 있습니까?"

초록남자는 내 옆으로 걸어와 바닥에 엉덩이를 붙이고 앉았다. 무릎을 세우고 두 팔을 그 위에 올리고 손을 맞잡았다.

"어딘가 있겠죠."

초록남자가 고개를 돌려 올려다보았다. 나는 시선을 떨군 채 질문했다.

"어디로 갔는지 모르신다는 거잖아요?"

그의 얕은 탄식이 들렸다. 귓가로 싸늘한 기운이 돌았다.

"죽었습니다."

결국 그 말을 하게 만들었다.

"죄송합니다."

실은 나도 실망했다. 아들이 어딘가에 있다는 소식을 듣고 싶었던 것이다.

"괜찮아요. 당신은 나와 비슷한 아픔을 겪고 있잖아요. 어떤 말을 듣고 싶었던 건지 이해합니다."

"언제 그렇게 되었나요?"

"공장에서 소독 작업을 한 날에 그렇게 되었습니다."

물가에 닿을 듯 무겁게 내려앉아 있던 구름이 어느새 한쪽으로 휩쓸려가고, 한결 가벼워진 작은 구름이 머리 위에 떠 있었다. 호수는 하늘의 변화와 상관없이 여전히 잔잔했다. 하지만 아무리 잔잔해 보이는 물이라도 가만히 멈춰 있는 것은 아니었다. 바람이 부는 방향으로 물결을 일으키며 하염없이 움직이고 있었다. 호수의 표면은 해안으로 쏠려와 헐떡이는 물고기처럼 파닥파닥 빛을 튕겨냈다.

"그날은 아들이 파트를 옮긴 첫날이었죠. 일을 마치고 집으로 돌아오자 눈이 잘 보이지 않는다고 짜증을 내더군요. 그러더니 밤중에 울면서 응급실에 데려가달라고 했습니다."

초록남자가 말을 멈추었다. 눈앞의 풍경이 조금 달라졌다. 누군가 호수 안으로 걸어들어가 몸을 낮추고 두 팔을 벌렸다. 수영을 하려는 모양이었다. 더러운 물속에서 뭘 하는 거지? 나는 그 사람이 금방 물 밖으로 뛰쳐나올 거라고 생각했다. 그러나 나의 예상과 달리 그 사람은 물속에 머물렀고 심지어 즐거워 보였다. 그는 뒤를 돌아 한 손을 들어올렸다. 물가에 앉은 일행에게 시원해, 라고 크게 외쳤다. 다시 들려오는 초록남자의 목소리.

"나는 아들을 병원에 데려가지 않았습니다. 내일도 일을 해야 하니 어서 자라고, 자고 일어나면 괜찮아질 거라고 말했습니다. 다음날 아침이 되자 아들은 울고 있지 않았습니다. 이불을 머리끝까지 끌어다 덮은 채 누워 있었어요. 나는 아들을 내버려두었어요. 징징거리면서 어리광만 부리는 아들이 지긋지긋했습니다. 방안에 틀어박혀 컴퓨터만 쳐다보는 녀석을 공장에 밀어넣은 것도 나였죠. 세상을 좀 배우게 하고 싶었습니다. 아들이 좋아하는 그 컴퓨터 속에 진짜 세상은 없다고 생각했던 겁니다. 사람과 부딪치고 견뎌내면서 세상을 경험해야 녀석이 잘 살아가리라 믿은 겁니다. 하지만 지금은 어디서든 살아 있기만 하면 되는 게 아닌가 그런 생각을 합니다."

초록남자가 말하는 동안 수영하는 사람의 일행 중 한 명이 물속으로 뛰어들었다.

"정말 유감입니다. 혹시 제가 도와드릴 게 없을까요?"

휠체어를 탄 이후 언젠가 사람들에게 받은 말을 그에게 돌려주고 있는 것 같았다.

"이야기를 들어주세요. 그게 가장 필요하지요."

"얼마든지요."

초록남자가 이어서 말했다.

"출근할 때가 되도록 아들이 일어나지 않았습니다. 그대로 두고 가버릴까 싶었지만, 공장에서 아들의 평판이 나빠지는 것은 원하지 않았습니다. 화가 난 채 이불을 거칠게 걷어내고 허리를 발로 밀쳤어요. 그 순간 아이의 몸이 옆으로 힘없이 쓰러졌습니다. 코와 입이 베개에 묻혀 움직이지 않았어요. 그제야 유난히 핏기가 없는 목 언저리가 눈에 들어오더군요."

어느새 나도 모르게 휠체어 바퀴를 손에 쥐고 있었다. 손이 살짝 떨렸다. 나는 눈살을 찌푸리고 앞을 보았다. 아까 처음으로 호수에 들어간 사람이 멀어져 잘 보이지 않았다.

"말도 없이 공장에 나가지 않았기 때문에 금방 소문이 퍼졌습니다. 소독 작업에 투입된 아이가 하루 만에 그렇게 되었다는 소문이었죠. 다음날인가 본사 직원이란 사람들이 찾아와 나에게 부탁하더군요. 부검을 하지 말아달라고요. 대신 그들은 위로금을 제시했습니다. 내 생전 그렇게 큰돈은 처음이었어요."

아무 말도 할 수 없었다. 아들을 병원에 데려가지 않은데다가 죽음의 원인을 파헤치는 대신 돈을 받아버린 그를 비난해야 하는 걸까. 잠시 후 또다른 사람이 호수로 뛰어들었다. 세 사람이 그 더러운 물속으로 들어가자 이제 그곳이 수영을 해도 되는 곳처럼 보였다.

"누군가에게 이 비밀을 털어놓는 건 처음입니다."

"회사에서 돈을 받았다는 것 말인가요?"

초록남자는 고개를 저었다.

"아들을 병원에 데려가지 않았던 일이요. 아무도 모릅니다. 아들이 병원에 데려다달라고 울면서 나에게 떼를 썼던 그 일을 말입니다."

우리는 아무 말 하지 않고 수영하는 세 사람을 바라보았다. 그들이 헤엄쳐 호수 건너편 땅에 닿을 때까지, 모든 사람이 안전하게 발을 육지에 디딜 때까지, 숨죽인 채 바라보았다.

"그러고 보니 아직 건물을 보여드리지 않았네요."

초록남자는 내 등뒤로 돌아가 휠체어 손잡이를 잡았다.

호수 옆으로 이동하자 공장이 있던 자리에 새로 지어진 건물이 드러났다. 그즈음 더이상 수영하는 사람들의 모습은 보이지 않았다. 초록남자는 공장이 다른 지역으로 이사했고, 폐건물을 부순 자리에 건물을 새로 지은 것이라 설명했다. 특별히 이곳을 기억하는 사람이 없다면 여기 공장이 있었다는 사실을 아무도 모를 것이라고 했다. 건물은 단층이지만 층고가 높았고 삼각 지붕을 얹고 있었다. 유리로 된 표면이 호수의 전경을 반사했다. 대형 카페인 듯했지만 겉모양만 보아서는 어떤 공간인지 정확히 파악되지 않았다. 초록남자에게 이곳이 어떤 용도로 사용되는지 물었더니 어깨를 들썩이며 자신도 모른다고 답했다.

"어쩐지 나는 들어갈 수 없어요. 나와 어울리지 않는 장소 같습니다."

초록남자에 따르면 이 건물은 지어진 지 십 년도 넘은 것이었다. 그런데도 갓 지은 건물처럼 윤이 났다. 도대체 누가 매일 유리를 닦는 것일까. 단층이더라도 높은 건물이었다. 벽을 청소하려면 누군가 위에서 줄을 타고 내려와야 할 것 같았다. 우리는 건물 둘레를 천천히 돌아보았다. 유리 너머를 훔쳐보듯 곁눈으로 들여다보았다. 그러다가 그럴 필요가 없다는 생각이 들었다. 안에 있는 사람들은 밖을 신경쓰지 않았다. 그들은 각자 할일에 몰두하고 있었다. 옷을 턱 아래 대어보며 길이를 재거나 넓은 잎을 가진 관상용 나무 옆에 앉아 차를 마셨다.

나는 유리벽에 닿을 듯 다가가 노골적으로 안을 들여다보았다. 한 커플이 눈길을 끌었다. 둘 다 젊어 보였다. 남자는 여자의 귀에 귀걸이를 가져갔다. 손을 어색하게 들어올리고 내려놓기를 반복했다. 여자에게 어울리는 액세서리를 선물해주고 싶은 듯했다. 하지만 해본 적이 없거나 익숙하지 않은 일 같았다. 여자는 미소를 지으며 금방이라도 농담을 던질 것 같은 얼굴로 남자를 마주보고 있었다. 그들은 연인으로 보였다. 혹은 공식적인 애인 관계로 진입하기 전일지 몰랐다. 아니라면 헤어졌다가 다시 만나는 사이일까? 잠깐 사이 그 관계를 유추하는 일이 흥미로웠다. 자연스럽게 호감이 일고, 무언가 사주고 싶어지고, 손가락이 얼굴에 닿아도 개의치 않을 정도로 가까워지는 사이가 되는 것, 어떻게 그런 일이 가능할까? 지금의 나는 그런 일이 불가능하게만 보였다. 과거 나에게 일어난 연애의 기억들이 모두 비현실적으로 여겨졌다. 어떻게 나에게 그런 일이 가능했을까? 누군가에게 선물을 해주는 일들…… 거기까지 생각을 이어가는데 문득 은하를 위해 생일 선물로 샀던 스카프가 떠올랐다. 스카프는 여전히 새것으로 남아 있었다. 그날, 연기가 솟아오르는 건물로 들어갈 때 급하게 스카프를 맡아준 사람이 있었다. 나중에 그가 스카프를 돌려주기 위해 내가 입원한 병원까지 수소문해 찾아온 것은 정말 놀라운 일이었다. 세상에는 그런 사람들이 있었다. 자신이 가질 수도 있는 것을 갖지 않는 사람들. 모든 것을 제자리에 돌려놓는 사람들. 만약 은하가 그 사람을 보았다면, 몇 번이나 그런 말을 반복했을 것이다. 세상에는 그런 사람들이 있어. 아주 괜찮은 사람들. 나는 그런 사람이 되고 싶어.

"들어가볼까요?"

내가 그렇게 말하자, 초록남자는 커다란 눈으로 나를 바라보기만 했다. 우리가 그 안으로 들어가지 못할 까닭은 없었다. 다만 자신이 없을 뿐이었다.

"같이 들어가면 괜찮지 않을까요?"

"뭐가 괜찮은 거죠?"

도대체 뭐가 안 괜찮은 걸까? 오히려 되묻고 싶었다. 하지만 금방 괜찮을 리가 없다는 생각이 들었다. 초록색 작업복을 입은 사람과 희멀건 얼굴을 하고서 휠체어를 탄 사람이 함께 다니면, 각자 떨어져 다닐 때보다 더 시선을 끌 것 같았다. 막상 아무도 신경쓰지 않을 수도 있었다. 하지만 저 안으로 들어가 사람들 속에 섞여 커피라도 한 잔 마시기 위해 우리가 견뎌야 할 부담감은 예상만으로도 어깨를 짓눌렀다.

"아닙니다. 가지 말아요."

초록남자는 동의했다. 우리는 건물로 들어가지 않은 채 주변만 둘러보았다. 건물 뒤편으로 가자 더이상 유리벽 안 풍경이 보이지 않았다.

"길이 없군요."

그가 걸음을 멈췄다. 길은 끊어져 있었다. 무방비하게 버려진 공간이 으레 그렇듯 폐기 처리될 물품이 주변에 쌓여 있었다. 새가 몸에 날개를 바짝 붙인 채 녹슨 철제 테이블에 떨어져 있었다. 힘차게 날다가 건물 유리를 허공으로 착각하고 부딪혀 다친 것 같았다.

"새가 있어요."

차마 죽어 있다고 말하지는 못했다. 아직 살아 있을지도 몰랐다. 나는 새를 유리벽 옆으로 가져가보고 싶었다. 유리에 김이 서리면 살아 있는 것이 아닐까 싶어서. 그것은 사람의 생사를 확인하는 방식이었지만, 새에게도 숨이 있으므로 똑같은 방식으로 살아 있다는 증거를 찾아낼 수 있지 않을까 생각했다.

"부탁이 있어요."

돌아보았을 때, 초록남자는 보이지 않았다. 테이블까지 손이 닿지 않았기에 새를 만지기 위해선 그의 도움이 필요했다.

"어디 있어요?"

대답도 들려오지 않았다. 언제 사라진 걸까? 화장실에 간 것일까? 하지만 아무 소리도 듣지 못했다. 몰래 방향을 틀어 돌아가버린 게 아닐까? 혹시 건물 안으로 들어간 건 아닌가? 잠시 기다렸다. 누군가 다가오는 기척을 느낄 수 있길 바라면서. 이 대로 혼자 길을 돌아가야 한다면 어떻게 하지? 문득 걱정이 되었다. 순서대로 길을 되짚어보았다. 건물을 빙 돌아나와 호수로 향한다. 그다음 좁은 샛길이 나온다. 자잘한 돌이 박힌 지면을 벗어나 앞으로만 가면 된다. 머릿속에 그려지기는 해도 가능할 것 같지 않았다. 더 매끄러운 길이 필요했다. 호수가 보이는 곳으로 나가면 다른 길을, 더 평탄한 길을 알려줄 사람이 있을까?

그 순간 멈춰 있던 새가 푸드덕거리며 갑자기 몸을 일으켰다. 부르르 몸을 떨더니 날개를 펼쳤다. 공중에 떴다가 테이블에 머리를 찧으며 추락했다. 어떻게 해야 할지 몰랐지만 일단 새를 향해 손을 뻗었다. 그러나 앉아서는 손이 닿지 않았다. 새가 누워 있는 테이블은 다른 테이블 위에 포개져, 나의 앉은키보다 한 뼘 높았다. 휠체어를 테이블 다리에 바짝 붙이고 손가락 끝까지 힘을 주었다. 새가 한번 더 몸을 일으켰다. 그리고 머리를 콩, 테이블에 부딪치며 내 쪽으로 조금 가까이 굴러왔다. 그제야 새의 몸이 손가락 끝에 닿았다. 새의 몸은 부드러운 털에 감싸여 있었다. 검지와 중지로 새의 털을 잡아당겼다. 새는 꼼짝도 하지 않았다. 나는 결국 새가 죽었다고 생각했다. 하지만 먼지 쌓인 차가운 테이블에 혼자 놓아둘 수는 없었다. 손가락에 다시 힘을 주어 새의 뒷덜미를 잡고 천천히 당겼다. 새는 점점 나에게 가까이 왔다. 손안에 들어온 그 몸은 차갑지 않았다. 아

직 살아 있다면 죽지 마, 라고 말해야 할까. 아니면 이제 마음
놓고 편히 가도 좋아, 라고 해야 할까. 새는, 너는, 어떤 말이 듣
고 싶은 걸까.

"엇갈렸군요."

초록남자가 나타났다. 나는 얇은 허벅다리 사이에 새를 올려놓고 있었다.

"도대체 어딜 갔던 겁니까?"

아무 일도 없던 사람처럼 보이고 싶었고 실제로 아무 일도 겪지 않은 사람이고 싶었다.

"화장실이 급해 어쩔 수 없었습니다. 말도 없이 사라져 놀랐겠군요."

"왜 말도 하지 않고 가셨어요?"

결국 칭얼거리는 투로 변해버렸다. 초록남자는 피식 웃었다. 그는 어른처럼 보였다. 상대가 짜증을 부린다고 그 자신도 똑같은 방식으로 대응하지 않았다.

"혼자 남겨둬서 미안합니다."

그가 단단한 목소리로 말하며 미소 지었다. 건물 높이가 만든 어두운 그늘이 그 얼굴의 주름에 더욱 선명한 골을 만들었다. 나보다 훨씬 많은 세월을 살아낸 사람이라는 증거가 새겨진 얼굴이었다. 문득 나는 그의 아들이 된 것 같았다. 숲에서 놀다가 죽은 새를 안고 집으로 돌아온 아이, 새가 죽었다고 말해야 하

는데 그 말을 하는 게 무서워 입이 떨어지지 않는 아이가 된 것
같았다.

"이제 그만 돌아갈까요?"

초록남자가 휠체어 손잡이를 잡았다.

여기……

나는 그 순간 목소리를 들었다.

"무슨 소리 못 들었어요?"

초록남자는 아무 말도 하지 않았다. 입술을 꾹 다문 채 모든
동작을 멈춰버렸다.

여기……

사람이 있어요……

작지만 또렷한 여자 목소리였다. 나는 소리가 난 방향으로 고
개를 돌렸다. 얼마 떨어져 있지 않은 곳이었다.

"소리가 나요. 저쪽으로 가야 해요."

내가 가리키자 초록남자는 말없이 그 방향으로 휠체어를 밀
었다. 건물 쪽으로 가까이 가보니 유리벽 하나가 살짝 벌어져
있었다. 벽이 아니라 문이었다. 닫아두면 벽의 일부로 보이도록
손잡이를 따로 달아두지 않은 것이었다.

여기……

문틈 사이로 여자의 얼굴이 보였다. 문틈이 워낙 좁아서 다 보이지는 않았고, 왼쪽 눈과 그 아래 불거진 광대뼈와 점점이 드러난 주근깨가 간신히 보였다.

날 꺼내줘요……

그 말을 쉽사리 이해할 수 없었다.

문을 열어줘요……

여자는 손가락을 문틈으로 내밀고 휘적거렸다. 손 하나가 다 나오지도 못할 만큼 좁은 틈이었다. 고개를 옆으로 돌리자 나를 이곳으로 데려온 초록남자가 다시 보이지 않았다. 도대체 또 어디로 간 것일까? 아무리 둘러봐도 없었다. 어쨌든 지금은 그를 찾아다닐 때가 아니었다. 상황이 어딘가 이상해지고 있었다.

"괜찮으세요?"

문 너머 사람에게 물었다. 목소리가 희미하게 들렸다. 휠체어를 당겨 문에 몸을 붙였다. 그러자 문 안쪽에 있던 사람의 얼굴이 좀더 자세히 보였다. 여자의 눈에 눈물이 맺혀 반짝이고 있었다.

문이 열리지 않아요……

나는 눈을 의심했다. 그렇게 말하는 여자의 뒤로 시뻘겋게 불길이 일고 있었다. 그 순간 아아악, 비명소리가 귀를 뚫고 들어왔다. 파도처럼 밀려오던 인파 속에서 혼자 다른 방향으로 나아가던 순간이 떠올랐다. 갑자기 숨이 막혔다.

문이……

문 너머에서 간절한 목소리가 건너왔다. 나는 정신을 차렸다. 문을 힘주어 당겼다. 문은 조금도 움직이지 않았다. 문틈으로 손을 집어넣자 열기가 느껴졌다.

사람들을 불러요……

문 너머로 떨리는 목소리가 이어졌다.

어서 가서 사람들을 불러요……

나는 그럴 수 없다고 말했다. 그러는 동안 당신이 죽을지도 모른다고 외쳤다.

내가 죽어요? 당신은 어떻게 되는데요?

질문에 대답할 겨를은 없었다. 문틈으로 두 손을 밀어넣었다. 열기를 품고 뜨거워지는 문을 붙잡았다. 그 순간 이것이 기회라는 걸 알아차렸다. 다시 한번 누군가를 살려낼 기회가 찾아온 것이었다. 한편으로는 갑자기 주어진 상황이 비현실적으로 느껴졌다. 내가 이 호수에 온 것도, 함께 온 초록남자가 사라져버린 것도, 현실이 아니기에 가능한 일 같았다. 혹시 나는 꿈을 꾸고 있는 걸까? 정말로 이것이 꿈이라면? 그렇다면 더 좋은 것 아닌가? 그렇다면 이번에는 정말로 죽을힘을 다해 문 너머에 있는 사람을 구하리라 결심했다. 더없이 모든 걸 해볼 수 있는 게 아닌가? 나는 손아귀에 힘을 주었다. 온몸에 힘을 주었다. 귀가 터져나갈 것 같았다. 얼굴로 압력이 쏠리자 귓속이 울렸다. 그러는 동안에도 환청인 듯 계속 목소리가 들렸다.

어서 가요…… 당신만이라도 살아요……

동시에 포드닥포드닥 움직이는 소리가 들렸다. 무언가 허벅지 다리 위에서 움직이고 있었다. 무릎 위에 놓여 있던 새가 날개를 파닥였다. 새가 살아 있구나, 깨달은 순간 문을 붙잡은 나의 팔과 팔 사이로 새가 날아올랐다. 새는 내 가슴 근처에 머무르며 날갯짓하더니 곧 머리 위로 힘차게 올라갔다.

"새가 살아 있어요."

나는 문 너머 사람에게 말했다.

네? 새요?

날아오른 새를 보면서 나는 손아귀에 더욱 힘을 주었다.

모든 일이 잘될지도 모르겠다. 이것은 다시없을 기회.

피부가 벗겨지고 뼈가 드러나도 좋았다.

라이

게임의 규칙 1

목적을 달성할 때까지 무한히 시도한다

여섯 번 시도했다. 민수호는 문을 열지 못했다.

"다시 할게요."

훈이 리셋 버튼을 눌렀다. 불과 오 분 전 보았던 문구가 다시 화면에 떴다.

괴력 팔 사나이, 테스트 7회차.

벗어두었던 햅틱 장갑을 손에 끼웠다. 체내 수분 측정 센서에 밀착되도록 조심스럽게 손가락을 맞췄다. 테스트 제품이라 아직 불완전했지만 모든 면에서 좋아지고 있었다. 더이상 센서에서 전류가 통하는 일은 없었다. 어차피 전압이 낮아 신체에 주는 피해는 적었지만, 혹시 모를 상황에 대비해 안정성 검사만 반년을 거쳤다. 그사이 나는 테스터에게 필요한 근력 운동을 시작했다. 덕분에 허리가 반듯하게 펴졌다. 등근육이 탄탄해졌고 솟아오른 어깨가 자리를 잡았다. 팔을 돌릴 때 어깨에서 번번이 뚜둑거리던 소리도 사라졌다. 이제는 거의 모든 장비의 안정성이 검증되었고, 괴력 팔 사나이를 비롯해 다른 캐릭터의 플레이 환경도 향상되어 있었다.

괴력 팔 사나이. 이름은 민수호, 성별은 남성, 추정 나이는 삼

십대 중반. 그는 휠체어를 탄다. 이 캐릭터가 수행하는 퀘스트 중 가장 어려운 시나리오는 화재 현장에서 사람을 구하는 것이다. 괴력 팔의 특징을 살려 모든 미션을 팔에서 나오는 힘으로 해결해야 한다.

"라이님! 뭐해요? 머리에 손! 얼른 손이요!"

훈이 다급하게 소리쳤다. 지금 민수호는 휠체어에서 떨어져 낙상 상태였다. 그렇게 6회차가 종료되었다. 다시 퀘스트 첫 지점으로 돌아갔다.

"행운의 7회차입니다. 힘내세요."

웃음기 섞인 훈의 응원이 들려왔다. 아마도 엉거주춤 서 있는 내 모습이 우스꽝스러울 테다. 엉덩이를 뒤로 빼고 배에 힘을 주었다. 불이 난 쇼핑몰에서 달려오는 사람들에 밀리지 않도록 주먹을 쥔 채 머리를 감쌌다.

"좋아요. 잠시 기다리세요."

훈의 목소리에서 긴장감이 돌았다. 지난번 테스트가 떠올랐다. 그때는 쓸데없는 과적합이 일어나 사람들이 민수호의 머리를 밟고 지나갔다. 퀘스트 상황이 현실에 가까울수록 좋다는 개발팀의 말도 안 되는 논리가 반영된 탓이었다. 이 상황이 현실이라면 혼비백산한 군중이 땅에 쓰러진 사람을 주의하겠는가? 그런 생각이었다. 유저들이 실제로 신체 손상을 입어야 게임 속 세계가 실감날 거라고 생각하는 걸까? 다행히 헬멧을 쓰고 있지 않아 가상의 고통을 실감하는 일은 벌어지지 않았다. 다른 일에 밀려 훈이 헬멧 센서를 수정하지 않은 덕이었다. 만약 헬멧을 쓰고 있었더라도, 이론적으로는 강한 압박을 느낀 센서가 게임을 중단시켰을 것이다. 그렇지만 아직 테스트중인 기계였다. 충분히 검증되지 않은 새로운 환경은 사고로 이어질 확률이 높았다. 순식간에 헬멧이 머리를 압박해 눈이나 얼굴의 혈관이 터질 수도 있었다. 사고 가능성을 전해들은 대표가 강하게 경고했다. 그러나 개발팀장은 물러서지 않았다. '이게 또하나의 현실이라면서요? 그럼 진짜가 되어야 하지 않겠어요?'

"이제 일어나요."

훈의 주문에 맞춰 햅틱 장비를 낀 팔을 옆으로 세게 밀었다. 실제로는 허공이었지만 무거운 벽이 세워진 듯 단단했다. 게임 화면에서는 팔로 땅을 밀어내고 있었다. 상태 바에서 근육량이 올라가는 게 보였다. 햅틱이 가진 근육량 5퍼센트에 내 몸이 가진 근육량 25퍼센트가 더해졌다. 몸을 들어올리기 위해 필요한 근육량은 40퍼센트. 목표치까지 10퍼센트가 부족했다. 민수호가 그 특징대로 괴력 팔을 가진 캐릭터가 되려면, 무엇인가로 10퍼센트의 근육을 더 채워야 했다. 실제로 게임을 진행하는 유저 입장이라면 고급 버전의 햅틱 장비를 구매해 근력을 늘릴 수도 있을 것이다. 당연하게도 근력 수치에 따라 구입 가격은 올라갈 테다. 이것이 바로 '레이어드'가 새롭게 추구하는 수익화 모델이었다. 새로운 장비에 대한 구매욕을 이끌어내는 것이다. 구매 심리를 자극하려면 유저들이 플레이하는 캐릭터에 밀도 높게 이입해야 한다고, 어떻게든 퀘스트를 해결하려는 내적 동기를 만들어야 한다고 대표는 주장했다.

"안 되겠어."

아무리 힘을 써도 근력도가 32퍼센트 이상으로 올라가지 않았다. 힘을 풀자 민수호는 땅으로 내려앉았다. 온몸으로 밀려오던 저항감이 순식간에 사라졌다. 테스트 7회차 종료.

장갑을 벗고 소매를 잡아당겼다. 이마에 난 땀을 닦았다.

"퀘스트 수행에 필요한 근육량을 낮추거나 다른 수치를 추가하는 게 어때?"

"개발팀에 건의하세요. 알다시피 저는 햅틱 담당이라."

"너도 개발팀이잖아?"

"제가요?"

훈은 어깨를 으쓱했다. 자신은 소속만 개발팀일 뿐이고 아무 권한이 없다며 실실 웃었다. 들고 있던 장갑을 바닥으로 던져버릴까 싶었다. 하지만 개발에 수억 원을 쏟은 장비를 함부로 다룰 수는 없었다. 나는 장갑을 거치대에 조심히 걸었다. 땀이 식기도 전에 테스트실을 나왔다. 개발팀장을 만나야 한다는 사실을 떠올리자 벌써부터 머리가 지끈거렸다.

체지방률 18%

골격근량 25kg

오랜만에 측정해본 인바디 결과지를 트레이너가 낚아챘다.

"잘하셨네요."

체중은 그대로였다. 지방은 줄이고 근육을 채웠다. 거울 속에 비친 모습은 운동을 시작하기 전과 달랐다.

"사진이라도 찍으시죠."

트레이너는 기분이 좋아 보였다. 꾸준히 출석한 회원의 몸 상태가 그 자신도 자랑스러운 듯했다. 나는 휴대폰을 꺼내지 않았다.

"그게 동기부여 되고 좋습니다."

"괜찮아요."

"더블데이 같은 데 올리셔야죠. 다들 그렇게 하잖아요."

트레이너는 내 계정을 팔로우하고 있었다. 석 달 전이었나. 체지방률이 20퍼센트로 내려가자 더블데이 피드에 알림이 떴다. 새로운 인물이 나를 팔로우한다는 소식이었다. 동그랗게 뜬 프로필을 보아하니 누구인지 알 것 같았다. 트레이너의 피드에 들어가자 '오운완' 해시태그가 모든 게시물에 달려 있었다. 스크롤을 내리다 오운완 태그에 손가락이 닿았다. 셀 수 없이 많은 게시물이 작게 분할된 화면으로 쏟아졌다. 딱 붙는 운동복을 입고 거울 앞에서 모델처럼 포즈를 취한 사람들이 보였다. 골반을 살짝 비튼 그 동작을 나는 혼자 있는 방에서도 결코 따라 해 본 적이 없었다.

내가 올린 더블데이 게시물은 다섯 개밖에 되지 않았다. 트레이너는 내 피드에 올라온 게시물에 전부 '좋아요'를 눌러두었다. 나도 알고 있었다. 어차피 그가 관심을 두는 건 내가 아니라 내 소속일 터였다. 대체로 그랬다. 레이어드에 다닌다 말하면 사람들의 태도가 달라졌다. 당신이 거길 다닌다고? 그런 눈빛을 하고서 갑작스러운 상냥한 말투로 나를 대했다. 정말인가요? 나날이 상한가를 찍고 있는 그 레이어드? 사실이었다. 레이어드는 실감형 게임을 만드는 회사로 점차 세상의 주목을 받고 있었다. 불과 이 년 전만 해도 소수 취향의 싱글 플레이어 게임을 만드는 작은 회사였지만, 미세 전류 반응 센서가 부착된 햅틱 장비를 자체 개발하면서 하드웨어와 소프트웨어를 동시에 만드는 회사이자 메타버스 플랫폼으로 영역을 넓혀가고 있었다. 수익 모델을 광고에서 햅틱 장비로 바꾸고, 대대적인 투자를 시작한 사람은 새로 부임한 대표였다. 싱글 게임을 만들 당시 레이어드의 창립 멤버였다가 개인적 이유로 회사일에서 손을 뗀 사람이었다. 그러다가 전 대표가 여러 스캔들로 자리에서 물러나자 어쩔 수 없다는 듯 레이어드로 돌아왔다.

출근 첫날, 새 대표는 전 직원 앞에서 버벅거리면서 이렇게 말했다.

"이러다가 다 망할 거예요."

도무지 신뢰할 수 없는 언사였다. 거기에는 외모도 한몫했다. 서른 중반이 넘었다는데, 젖살이 남은 듯 통통한 볼이 말할 때마다 분홍빛으로 달아올랐다. 조금만 당황해도 부끄럽습니다, 라면서 더운 볼을 손으로 감쌌다. 직원들 사이에서 귀엽다는 의견과 역겹다는 의견이 오갔다. 어느 쪽이든 직원들 대부분은 그가 기울어가는 회사를 살려낼 거란 희망을 갖지 않았다.

한 달쯤 지나, 그가 다시 직원들을 불러모았을 때도 마찬가지였다. 아무도 그에게 기대하지 않았다. 제시간에 도착하지 못한 이들이 출입문으로 들락거렸다. 정해진 시간이 되자 상관없다는 듯 그가 부스럭거리며 발표를 시작했다. 부스럭이라니. 그표현이 어울릴 만한 상황은 아니지만 다른 말을 떠올릴 수 없었다. 그가 한 손을 들어 사인을 보내자, 비서가 직원들에게 젤리를 한 봉지씩 나눠주었다. 곧이어 대표도 똑같은 봉지를 뜯어부스럭부스럭 젤리를 집었다. 그가 젤리를 하나 입에 넣었다. 찹찹, 마이크를 통해 소리가 퍼져나갔다.

"찹찹, 제가 지난 한 달 동안, 찹찹, 우리 회사를 위해, 찹찹, 무엇을 했냐면요, 찹찹찹······"

직원들은 젤리나 먹으면서 대표의 재롱을 구경하자 생각했다. 무슨 말이 이어질지 아무도 예상하지 못했다.

"돈을 받아왔어요, 찹찹, 이백억을, 찹……"

이백억? 나는 손에 들고 있던 젤리를 떨어뜨렸다. 그런 사람이 나만은 아니었던지, 바닥에 젤리 몇 알이 굴러다녔다.

"연봉을 두 배로 올릴 겁니다. 찹찹…… 전원이요. 그리고 근무 시간도 찹…… 두 배가 될 거예요. 앞으로 다들 회사에서 살아야 해요. 찹찹…… 헬스장도 샤워실도 만들 거예요. 숙소도 마련할 거고, 찹찹…… 편하게 지낼 수 있도록 할게요. 아침에 샐러드도 배달시키고…… 뭐든 의견을 줘요. 다 해줄 테니. 대신 우린 이제 게임을 만들지 않을 겁니다. 앉아서 손가락만 움직이는 게임이요. 찹찹찹…… 그것은 금지. 우리는 헬스케어로 갈 거예요. 온몸으로 미션을 클리어하는 시스템. 사람들이 몸을 쓰게 만들 겁니다. 그게 우리의 목표예요. 내일부터 햅틱을 만드는 인력을 충원할 겁니다. 괜찮은 사람이 있다면 추천해주세요. 물론 다 뽑는 건 아니고 제 마음에 들어야……"

어느새 찹찹, 소리는 사라지고 그가 말을 잘한다는 생각마저 들었다. 수줍은 척 연기를 해온 것인가, 다들 의심했다. 직원들이 넋 놓고 반하기 직전, 그는 본래 모습으로 돌아갔다.

"여기까지, 찹찹, 하겠습니다, 찹…… 질문 따위 받지 않을게요, 피곤해……"

다음날, 인력 충원과 더불어 의중을 알 수 없는 개인 면담이 시작되었다.

그는 책상에 여러 개의 카드를 올려두고 나를 맞았다. 카드마다 직책과 업무가 쓰여 있었다. 그는 '팀장-레벨 디자인'이라고 쓰인 카드를 집어들었다. 레벨 디자인은 게임에서 플레이어가 활보하는 공간을 만드는 일로, 이 회사에서 내가 맡은 역할이었다. 나는 숱한 밤을 지새우며 스테이지마다 몬스터를 얼마큼의 비율로 어디에 숨겨놓을지 계산했다. 어차피 해치울 몬스터라 해서 아무렇게나 배치할 수는 없는 노릇이었다. 적당히 예상 가능한 위치에 역시나 예상 가능한 비율로 나타나야 했다. 무엇보다 최종 보스가 나타날 위치를 직관적으로 파악할 수 있도록 만들어야 했다. 모든 것이 예상 가능하면서도 지루하지 않아야 했다. 처음부터 레벨 디자인을 지망한 건 아니었다. 일을 시작할 때 맡은 임시 직무가 그대로 내 담당이 되었다. 일이 그렇지 않나. 배우며 배워졌고 하다보니 딱히 못 할 것은 없었다.

"라이님은 내일부터 시나리오랑 퀘스트 기획으로 옮길 거예요."

대표는 에둘러가지 않았다. 개인적으로 마주하니 사람이 좀 달랐다. 분위기를 깨우는 스몰토크 따위 없는 타입. 볼도 달아오르지 않았다.

"왜요?"

아이스 브레이킹? 나에게도 그런 건 없다.

"라이님은 기획이 어울려요. 원래 시나리오 쪽 아니었어요?"

그의 말대로 원래 나는 시나리오를 썼다. 공모전에서 줄줄이 낙방한 후 그동안 써둔 시나리오를 포트폴리오 삼아 기획 파트에 지원한 일이 여기까지 이어진 것이었다.

"시나리오 봤어요. 재밌던데요? 괴력 팔 사나이."

입사 때 제출한 시나리오를 읽었다는 사실이 놀라웠다. 왜 그 걸?

"그 괴력 팔 사나이를 주요 캐릭터 중 하나로 만들 거예요. 세심하게 팔근육을 단련하는 캐릭터로 말이죠. 근육마다 부위별로 쪼개서 힘을 키우는 캐릭터인 거죠."

"무슨 말인가요?"

"그러니까 우리는 괴력 팔에 대한 서사가 필요해요. 그걸 라이 님이 만들 거고요."

"지금 하던 일은 어떻게 하죠?"

"말했잖아요. 이제 우린 다른 걸 해요. 조만간 공지를 띄울 거고, 당분간 서버는 열어두지만 버그 수정 말고 별다른 업데이트는 없을 겁니다."

그의 단호함은 당혹스러울 정도였다. 계획대로라면 언젠가 밟아야 할 수순이지만 지금은 너무 이르지 않나. 민원이 생길 거라 말하자 그는 CS팀에서 처리할 문제라고 간결하게 정리했다.

"걱정은 회사가 하는 거예요. 신경 끄고 일에 집중하세요."

그 말을 듣는데 목근육이 수축되고 어깨가 절로 올라갔다. 예전과 달라지리라는 예감 때문인지 등줄기에 소름이 돋았다. 뭐지? 새 플레이어의 등장인가?

"내 말대로 하는 거죠?"

나는 네, 라고 짧게 답했고, 이것이 기회라는 걸 어렴풋하게 눈치챘다. 무슨 기회인지는 차차 알아갈 것이었다.

게임의 규칙 3

같은 게임 안에서도 저마다의 목적은 달라진다

"추가는 안 돼요. 데이터가 부족하잖아요."

예상대로 개발팀장은 진지하게 들어주지 않았다. 같은 결과를 기대하면서도 어쩜 이렇게 생각이 다를 수 있을까? 그런데 우리가 같은 결과를 바라는 게 맞나? 따지고 보면 대표는 헬스케어를 핑계로 웨어러블 장비를 파는 게 목적이고, 개발팀장은 커리어에 정점을 찍어 연봉을 높이고 싶은 것일 테다. 그렇다면 나는?

"헬멧 센서로 몰입도는 쉽게 측정할 수 있는 거 아니에요? 몰입도를 근육 상태에 반영해줘요. 아니면 퀘스트마다 필요한 근육량을 조정해주면 되잖아요?"

"그렇게 말만 한다고 되는 거 아닙니다. 생각을 좀 하고 말해요."

"뭐라고요?"

"몰입도를 무슨 기준으로 측정할 건데요?"

나는 반사적으로 내뱉었다.

"전두엽 활성화?"

물론 깊이 생각한 건 아니었다. 뇌에 관해서 아는 게 별로 없었다.

"전두엽이고 뭐고, 측정 수치를 더할 때마다 데이터가 있어야 해요. 아주 많은 양이요. 그걸 확보하는 방법부터 알아와요."

나는 그 말을 믿지 않았다. 테스트를 거치면서 수치는 조정할 수 있었다.

"실험체가 필요하면 제가 할 수 있어요."

"겨우 한 사람 데이터로 뭘 할 수 있죠? 그렇게 빈약한 데이터는 없는 게 나아요."

"왜요? 하나라도 있는 게 낫지 않아요?"

개발팀장이 할말을 잃은 듯 싸늘한 눈으로 나를 보았다.

"그건 한 사람만을 위한 환경 설정이 되니까요."

나는 떠밀리듯 개발팀장의 방에서 나왔다.

'한 사람만을 위한 환경 설정.'

그가 남긴 말이 머릿속을 맴돌았다. 복도를 지나가던 훈이 나를 보더니 반색하며 장난을 걸어왔다.

"왜 그렇게 혼이 쏙 빠져 있어요?"

말없이 그를 지나쳐 계속 걸었다. '한 사람만을 위한 환경 설정', 그 말이 귀에서 떨어지지 않았다. 혹시 이 프로젝트를 날 위한 것으로 만들고 있는 건 아닐까? 그러니까 민수호를, 게임에서라도 그를 보고 싶어서?

"라이님!"

훈이 뒤에서 내 어깨에 손을 올리고 나를 부르고 있었다.

"지금 넋 놓고 있을 때가 아니에요. 할일이 얼마나 많은데
요."

그렇게 말하며 훈이 내 팔을 붙들고 테스트실로 향했다. 나는
그를 따라 해야 할 일 속으로 다시 들어갔다.

일주일 후 8회차 테스트가 시작되었다. 몰입도 지표를 추가
하지 않았지만 퀘스트 클리어에 필요한 근육량은 조정되었다.
개발팀장이 한 발 물러났다. 조만간 내부 테스트가 통과되지 않
으면 더 많은 부분을 수정해야 할지 몰랐다. 대표 같은 리셋 중
독자라면 전부 마음에 안 든다며 설계 단계부터 다시 지시할 법
도 했다. 애초에 개발팀장이 양보할 일이었다. 수정된 퀘스트의
클리어 조건은 33퍼센트. 과감하게 7퍼센트가 줄었다.

"행운의 8회차입니다."

훈이 건넨 새 헬멧을 쓰고 스콧 자세로 준비를 마쳤다.

"지난번에 '행운의 7회차'였잖아. 매번 행운의 회차인 거
야?"

고글을 쓰고 있어 훈의 얼굴은 보이지 않았다. 장난기 섞인
목소리가 들려왔다. 그가 얄밉게 웃고 있다는 걸 알 수 있었다.

"늘 행운이 따르는 겁니다. 그럼 시작할게요."

훈이 스타트 버튼을 눌렀다. 화면이 전환되고 쇼핑몰 정문에
서 사람들이 쏟아져나왔다. 나는, 아니, 민수호는 바닥에 쓰러
져 있었다. 급하게 손을 들어 머리를 보호했다. 아무래도 수치

를 조정하면서 개발팀이 말도 안 되는 설정을 또 집어넣은 건 아닌지 불안했다. 물론 걱정하던 일은 일어나지 않았다. 머리를 밟히지는 않았다. 기분 나쁠 정도로 아슬아슬 비껴갔을 뿐.

"이제 일어나요."

지시에 따라 팔에 힘을 주었다. 확실히 달랐다. 햅틱의 저항력이 줄었다. 훨씬 가벼워진 느낌. 팔을 옆으로 밀어냈다. 윗니와 아랫니가 맞물릴 정도로 힘이 들어갔다. 땅이 약간 밀리는 것이 느껴졌고, 다음 순간 수월하게 몸이 수직으로 세워졌다. 그대로 휠체어 바퀴를 잡고 엉덩이를 밀어올렸다. 딸깍, 소리가 나고 몸이 의자에 착 붙었다. 제법 실감이 났다. 하지만 게임 속 플레이어에게 작용되는 감각을 온전히 느끼려면 전신 수트가 필요할 듯했다. 예전에도 전신 수트 개발을 대표에게 진지하게 건의한 적이 있었다. 단번에 거절당했다. 수트는 돈이 너무 많이 든다고 했다. 이백억으로 수트 하나만 만들 수는 없지 않느냐 핀잔을 들었다.

"아싸! 8회차 통과!"

훈이 신나서 소리를 질렀다.

"그다음은 뭐지?"

곧바로 지시가 내려졌다.

"문으로 가요. 클리어 미션."

지정된 문으로 가서 미션을 달성하면 이번 스테이지의 엔딩을 볼 수 있었다. 그래픽팀에서 해당 미션의 엔딩을 어떻게 만들었는지 아직 확인하지 못했다. 과연 이번에는 볼 수 있을까? 나는 더욱 힘을 냈다. 드디어 다리를 움직일 때가 된 것이다. 같은 자리를 반복할 뿐인 트레드밀 위를 달렸다. 동시에 게임 속 캐릭터는 휠체어 바퀴를 밀어 앞으로 빠르게 나아가고 있었다. 게임 밖 유저는 서 있는데 게임 속 캐릭터는 앉아 있다니. 정말이지 이 부분은 납득되지 않았다. 여러 번의 테스트 결과 유저와 캐릭터 사이 움직임이 일치되지 않는다는 의견이 많았고 실제로 이 캐릭터를 선호하게 될 사람들을 위해 전용 햅틱을 개발하자는 주장도 있었지만, 내부의 결론은 이러했다. 장애를 가진 사람이 이 게임을 할 가능성이 얼마나 되겠는가? 그렇다면 왜 휠체어를 탄 캐릭터를 만든 거지? 대표의 답은 간단했다. 캐릭터 다양성을 고려하는 것처럼 보일 테고, 교복 입은 여중생만 메인 캐릭터로 삼는 것보다 훨씬 낫지 않나. 그리고 이 캐릭터는 팔근육을 단련시키는 시스템으로 봐야 한다고 말했다. 시스템이라…… 회사에서는 멋대로 떠들어도 상관없지만 외부 인터뷰에서도 그렇게 얘기하는 바람에 장애인 단체에서 거센 비난을 들었다. 한 달 정도 시달리다가 그 이슈는 유야무야 사라졌다. 언론은 레이어드 대표가 헬스케어 분야의 진입을 원하는 기업을 설득해 투자금을 유치한 점에 더 주목했다. 그는 미래 십 년을 이끌 차세대 리더 순위에 이름을 올렸다. 겨우 십 년이라니? 그렇게 툴툴거리면서 전체 회의 때 그가 고개를 갸웃거리던 모습을 좀처럼 잊을 수가 없었다. 도대체 저런 사람은 뭘 바라는 걸까? 어차피 그가 머릿속으로 굴리는 생각이란 나처럼 회사에 소속된 개인이 기껏 잔머리를 굴려보는 차원과는 다를 터였다.

"잠깐! 거기서 멈춰요."

꾸짖듯 훈이 말했다.

"여기야?"

플레이어 입장에서 게임을 볼 때 지도를 조감하기 힘들었다.

"맵 좀 정확히 띄워야겠어. 방향이 안 잡혀."

"체크해둘게요. 이제 거기서 멈추세요."

훈이 거칠게 타이핑하는 소리가 들렸다.

"열리지 않는 문, 테스트 1회차입니다."

드디어 테스트 지시가 내려졌다. 보였다. 문틈 사이로 사람의 눈동자가 보이기 시작했다.

"와, 씨, 이게 뭐야?"

눈을 가까이 마주하는 느낌이 들도록 그래픽에 공을 들인 티가 났다. 문틈 사이를 메운 눈동자에 눈물이 그렁그렁 맺혀 있었다. 곧 흘러내리겠구나 싶은데도 흐르지 않고 검은 눈동자만 불안하게 흔들렸다. 눈동자가 내 시선을 쫓아왔다. 너무 사실적이라 소름이 돋았다. 차라리 입체감을 제거하고 사람의 눈이라는 인지 정보만 주는 그래픽이 낫겠다는 생각이 들었다. 한편으로는 그래픽 디자이너 중 이런 일을 실제로 겪은 사람이 있는 건 아닌가 싶었다. 가상의 그 눈에는 현실감이, 그러니까 절박감이 녹아 있었다.

살려줘.

목소리가 눈동자에서 흘러나왔다. 햅틱 장갑을 낀 손을 가까이 모으고 문틈 사이로 집어넣었다. 그런데 목소리라니?

"왜 이 부분만 성우 더빙이 되어 있어?"

훈에게 물었다.

"그럴 리가요. 레코딩은 시작도 안 했는데요?"

"살려달라는데?"

"게임에 너무 집중한 거 아니에요?"

훈이 놀리지 말라며 담담하게 응답했다. 그렇게 집중하고 있었나? 나도 모르는 사이 그렇게 되었다면 상당히 성공적인 프로젝트가 될 것 같았다. 어쨌든 게임에 밀착된 기분, 집어넣은 손의 각도가 문틈에 알맞게 고정된 것이 느껴졌다. 그 각도를 유지한 채 장갑은 석고처럼 굳어가며 강도를 높였다. 유저의 손가락이 멋대로 흔들리지 않도록 지지해주는 기능이 활성화되었다. 이런 건 추가 결제를 하는 건가? 나중에 훈에게 물어봐야지 싶었다. 이제 문을 열어젖히기만 하면 된다. 문 너머에 있는 사람을 구하면 된다. 그렇지만 이 퀘스트의 이름을 기억한다면 그렇게 쉽게 풀릴 일이 아님을 알 수 있었다. 타이틀은 '열리지 않는 문'. 그러니까 열리지 않는 것을 열어야 했다. 필요한 근력이 상태 바에 새롭게 표시되었다. 목표치 50퍼센트. 나도 모르게 헉, 소리가 터져나왔다.

"말도 안 돼! 설정값 좀 제대로 세팅하라고!"

툴툴거리자 훈이 응답했다.

"어쩔 수 없어요. 일단 해봐요. 뭐든 나와야 바꿀 테니까."

훈의 말이 맞았다. 뭐든 해봐야 수정할 값도 계산할 수 있었다. 나는 힘을 주었다. 목표치에 도달하려면 12퍼센트 부족했다. 이러다가 소변을 지릴 수도 있겠다는 생각이 들 정도로 온몸에 힘을 주었다. 9퍼센트가 더 필요했다. 문 너머 불안하게 흔들리던 눈동자는 고정되어 나를 보고 있었다. 뒤편으로 조금씩 화면이 붉어지며 이글거렸다. 불이었다. 이번 스테이지는 화재 현장을 배경으로 하고 있었다. 만약 현실이라면 이미 연기에 질식해 쓰러졌겠지만, 이곳은 게임 속이었다. 직관적으로 상황을 파악하고 위험을 감지할 수 있도록 연기 대신 불을 보여줄 뿐이다. 제때 문을 열지 못하면 불길이 문을 덮칠 테고, 문밖에 있는 플레이어도 위험해진다. 차라리 미션을 포기하고 도망가는 게 나으려나. 그렇지만 미션을 포기하면 엔딩을 볼 수 없을 뿐더러 이어지는 게임의 서사에서 민수호는 계속 고통받게 된다. 앞으로 어떤 삶을 살든 자신이 포기해버린 그 일을 영원히 후회하게 된다. 그것이 내가 만든 시나리오였다. 후회와 자책의 이야기 속에서 살게 할 것인가. 아니면 이겨내게 할 것인가. 둘 다 아니라면 문 너머 눈동자와 함께 불에 휩싸일 것인가.

도망가.

눈동자에서 다시 목소리가 흘러나왔다.

당신이라도 도망가.

아무리 힘을 주어 문을 열어젖혀도 추가로 필요한 수치가 9퍼센트 이하로 줄어들지 않았다. 여기까지인가. 더이상 할 수 없다는 생각이 들자, 손에서 절로 힘이 빠졌다. 당장이라도 빠져나가지 않으면 플레이어도 불길에 휩싸일 게 분명했다. 하지만 눈앞에 구해야 할 사람이 있었다. 도대체 어떻게 해야 하는 걸까? 나는 답을 찾을 수 없었다. 어쩌면 수호도 그랬던 걸까? 수호도 지금의 나처럼 답이 없는 상태였을까?

나는 그날의 수호에 대해 생각하고 또 생각해왔다.

그날, 사고 현장에서 수호는 빠져나오지 않았다. 어차피 문은 열리지 않을 테고 문 너머에서 구조를 요청하는 이들을 살릴 가능성은 희박했다. 희생자 수색 작업이 이루어졌을 때, 열리지 않는 문 사이로 손을 맞잡고 죽은 연인이 발견되었다. 수호와 은하였다. 그들은 세상의 관심을 끌었다. 비상계단에 있던 남자는 건물 밖으로 나올 수 있었는데도 끝까지 애인의 손을 놓지 않은 것으로 짐작되었다. 어떻게 그런 선택을 할 수 있을까? 누구도 그의 선택을 비난할 수 없었다. 그들은 살아 있을 때 약혼한 사이였으므로, 부모들의 뜻에 따라 영혼결혼식이 열렸다. 나는 그 결혼식에 초대받았다. 결혼식은 장례식이나 다름없었다. 수호의 모친은 울다 쓰러져 구급차에 실려갔다. 나는 울지 않기 위해 피가 나도록 입술을 깨문 채 버텼다. 그들을 위한 축시를 읊을 때 도대체 무엇을 축하하고 있는 것인지 알 수 없었다. 잘못된 애도인 것 같았다. 애도를 해야 한다면 더 근사한 다른 방식이어야 했다. 가령 완전히 새로운 세계에서 그들을 살려내는 건 어떤가? 수호가 살아 돌아오는 모습을 눈으로 볼 수 있다면? 갇혀 있던 이들이 문을 열고 탈출하는 이야기라면? 결말을 바꿀 수 있다면 어떻게 하겠는가?

"라이…… 라이님……"

훈이 내 이름을 부르고 있었다.

"괜찮아요?"

불길이 솟구쳐 시야를 가렸다. 눈앞이 붉디붉었다. 불인지 벽인지 인식할 수 없을 만큼 가까웠다. 이미 문 너머 사람은 보이지 않았고 문도 보이지 않았다.

GAME OVER.

You died, but you can come back to life on this stage……

화면이 꺼지고 가운데만 부풀어오른 테스트실이 눈에 들어왔다. 고글을 벗자 시야가 평평해졌다. 헬멧을 벗으니 땀이 줄줄 흘렀다. 문득 차가운 기운이 신경쓰였다. 신발 주변으로 물이 고여 있었다. 훈이 말없이 테스트실을 나가 검은 수건과 밤샘을 대비해 챙겨둔 트레이닝복을 가져왔다.

"깨끗한 거예요."

"다음에는 기저귀라도 차야겠어."

훈이 입술을 꾹 다문 채 걱정스러운 표정을 하고 있었다.

"여기 너밖에 없어서 다행이야."

훈이 피식 웃더니 고개를 저었다.

"이 정도면 최고의 동료 아닌가요?"

옷을 갈아입을 테니 그에게 방을 나가달라고 했다. 훈은 방금
전까지 촬영하던 테스트 영상을 삭제하고 경례를 붙이더니 방
을 나갔다. 옷을 갈아입은 후 탁자에 놓인 물티슈를 뽑아 주변
을 닦고 닦았다. 이것이 나에게 일어난 일인가 싶었다. 현실감
이 전혀 없었다. 로봇이라도 된 듯 자동적으로 바닥을 닦기만
했다. 나의 의식은 여전히 게임 속에 있었다. 여전히 눈앞에는
거대한 불의 벽이 놓여 있었다.

게임의 규칙 4

플레이어가 있어야 할 위치를 정확히 파악한다

복도에서 다른 이들을 마주칠 때마다 시선이 아래로 떨어졌다. 혼자 예민해진 것뿐이었다. 훈이 그런 일을 소문낼 사람은 아니었다. 사람들이 나를 대하는 태도는 전과 같았다. 만약 테스트중 일어난 사고, 그러니까 훈이 기록 영상까지 삭제해 증거 인멸한 그 사건을 누군가 알게 된다면, 몰래 비웃거나 불쌍히 여기겠지. 어느 쪽도 만만치 않은 부담이었다. 특별히 훈이 나를 생각해 비밀에 부친 건 아닌 듯했다. 이 공간에서 그가 나 말고 다른 동료와 친하게 지내는 모습은 본 적 없었다. 훈은 대체로 혼자였다. 애초에 비밀이 새나갈 구멍이 없었다.

며칠 사이 '열리지 않는 문'은 최고난도로 분류되어 모든 캐릭터에게 접근 가능한 공동 수행 퀘스트로 변경되었다. 최약체인 중학생 캐릭터도 반복되는 훈련으로 능력치를 올리거나 고가의 햅틱을 사용한다면 충분히 도전할 수 있었다. 테스트도 벌써 20회차가 넘어갔다. 화재 현장에서 문을 연 플레이어는 아직 없었다. 필요 수치를 2퍼센트까지 줄인 것이 현재 최고 기록이었다. 물론 그 기록의 주인공은 민수호였다. 다른 캐릭터의 근력도는 한참 부족했다. 근력 차는 벌어질 수밖에 없었다. 민수호는 플레이되지 않는 시간에도 팔운동을 하도록 설정되어 있었다.

"보름 후에 베타테스트 진행할게요."

대표가 팀장급만 불러모으더니 갑작스러운 소식을 전했다. 물론 내부 테스트 다음은 실제 유저가 될 타깃층에게 테스트를 진행하는 것이 맞지만, 이렇게 하기로 했으니 그렇게 알도록, 하는 분위기로 해치울 일은 아니었다.

"지원자는 어떻게 모집하죠?"

상황 파악이 빠른 홍보팀장이 대표의 독단적 결정을 탓하기보다는 해결책을 찾으려 했다. 일단 저질러졌다면 다음 단계로 돌입해야 했다.

"하던 대로 해야죠. 비밀 유지 조항이 포함된 계약서들 쓰시고요."

대표가 회의실을 나서자 모두 자리에서 일어났다. 다시 테스트실로 가려는데 대표의 비서가 종종걸음으로 따라왔다.

"라이님, 잠깐 대표님이 오시래요."

무언가 탐탁지 않은 기운이 느껴졌다. 비서를 따라 대표의 사무실로 갔다. 역시 예감은 틀리지 않았다.

"왜 안 열리는 겁니까?"

대표가 신경을 곤두세우며 다짜고짜 물었다.

"퀘스트 말씀이세요? 필요한 수치가 높다는 걸 대표님도 아시잖아요."

그보다 조금은 높은 목소리로 받아쳤다. 그가 나를 꾸짖을 이유는 없었다. 기세에서 밀리지 않아야 했다.

"오차 범위가 있지 않나요? 플러스마이너스 5퍼센트일 텐데, 그럼 45퍼센트까지 도달하면 열려야 하는 거 아닌가?"

대표는 수치를 앞세워 따지고 들었다. 아무리 숫자로 만든 세계라 하더라도, 계산대로 되지 않는 경우도 있다는 걸 그는 모르는 걸까. 그럴 리 없다. 지금 그는 다른 말이 하고 싶은 것일 테다. 그 말이 입 밖으로 나올 순간을 아껴두고 있는 듯했다.

"저도 그게 의문이에요. 장갑이 과도하게 고정되어 있어 그럴 수도 있고요."

나는 줄곧 미심쩍어하던 것을 말했다.

"햅틱이 문제라는 건가요?"

"다른 문제는 없으니까요."

대표는 고개를 살짝 들고 눈동자를 좌우로 굴렸다. 자신이 화가 났다는 사실을 알리고 싶어했다. 뭘 어쩌라는 건가? 잠자코 그가 다시 말할 때까지 기다렸다.

"햅틱은, 완벽해요."

그가 겨우 꺼내놓은 한마디였다.

"왜 그렇게 생각하세요?"

나는 점점 차분해졌다. 조금 더 하면 이 기세 싸움에서 이길 수도 있으리라.

"기계는 문제가 없어요. 사람이 문제죠. 수치를 거짓으로 기록하는 건 아니겠죠?"

"혹시 문을 열 수 있는데 안 열고 있다고 생각하세요?"

대표의 입가에 잠시 미소가 번지다가 사라졌다.

"정답이요! 맞혀버렸네."

소변 사건을 얘기할까 하다가 관두었다.

"솔직히 말하면 라이 팀장을 못 믿는 것이 급하게 베타테스트를 결정한 이유예요."

우리는 몇 초간 서로 노려보았다. 그가 먼저 눈을 깜빡였다.

"솔직하게 말할 필요는 없어요. 적어도 지금은 그게 유용하지 않으니까요."

그가 손으로 이마를 짚으며 한숨을 내뱉었다. 이어서 지친 듯 입을 열었다.

"정말이지 나한테 이렇게 말하는 사람은 없어요. 알아요?"

날이 서 있던 눈빛이 누그러졌다. 그에게는 젤리 한 봉지가 필요해 보였다. 솔직해진 후에 사람들은 이렇게 무기력해지는 건가. 그 무력감이 내 마음을 서서히 돌려놓았다.

"솔직히 미안하지는 않지만, 일단 사과는 할게요."

그가 솔직해서 싫었지만 속을 알 수 없는 사람인 것보단 나았다. 우리는 동시에 깨달은 듯했다. 서로 기세로 밀어붙일 일은 아니었다.

삑, 하는 알람이 울리자 대표가 의자에서 일어섰다.

"나가죠. 나도 이제 나갈 시간이니까요."

우리는 나란히 대표실을 나왔다. 헤어질 때 그가 속삭이듯 말했다.

"난 진짜 솔직할 뿐이고 라이 팀장을 싫어하는 게 아니에요."

"제가 보기에는 아닌 것 같아요."

나는 그에게 무언가 말해주고 싶었다. 이로써 더 명확하게 자신을 들여다볼 기회를 주는 것인지도 몰랐다.

"무슨?"

살집이 붙은 그 얼굴을 덤덤하게 바라보았다.

"누군가를 좋아하고 싫어하는 감정을 떠나서요. 대표님은 그냥 솔직한 거예요."

"무슨 말이죠?"

대표는 의아하다는 듯 고개를 기울였다. 그는 예기치 못한 반응이라면 무엇이든 즐기는 타입이 분명했다.

"자신이 솔직해도 되는 위치에 있다고 착각하기 때문이겠죠."

순간 그의 얼굴이 구겨졌다. 대표는 굳은 표정으로 비서의 안내를 따라 뻣뻣하게 앞으로 걸어갔다. 그 뒷모습이 영원히 닫혀버린 문처럼 보이기도 했다. 앞으로 회사생활은 괜찮을까? 짧은 순간 온갖 걱정이 찾아들었다. 그러고 보면 솔직해지는 것은 이토록 피곤한 일이 아닌가. 그 순간 나에게는 젤리 한 봉지, 아니, 더 많은 당분이 든 무언가가 필요하리란 생각이 들었다.

다음날 테스트실로 출근하자 이미 훈이 도착해 있었다. 그는 팔짱을 낀 채 고개를 숙이고 있었다. 옅게 코고는 소리가 들렸다. 손에 든 차가운 커피를 그의 볼에 가져다댔다. 훈이 고개를 살살 저으며 눈을 뜨더니 자연스럽게 손을 올려 커피를 받았다. 한 모금 마시고는, 꿈을 꿨는데요, 하면서 그가 웅얼거렸다. 목이 잠겨 있었다.

"제가 꿈에서 민수호를 본 거 있죠?"

그가 기운 없는 목소리로 말했다. 꿈에 민수호가 보이다니. 그럴 만도 했다. 그는 두 달 넘도록 민수호 캐릭터가 쓰는 장비를 조율하고 있었다.

"거기에서는 휠체어를 타지 않았어요."

훈은 두리번거리며 무언가 찾았다. 나는 그에게 기다란 스푼을 건넸다.

"나한테 관심이 없진 않았네요."

훈은 농담조로 말하고는 스푼으로 컵 속 얼음을 떠서 입에 넣었다.

"정신이 돌아오네요."

스툴을 가져와 그 옆에 앉았다.

"계속 말해봐."

"뭘요?"

훈의 오른뺨이 얼음으로 불룩 튀어나왔다.

"꿈."

다음 이야기가 궁금했다.

"그래서? 휠체어를 타지 않은 민수호는 어땠는데?"

"글쎄요."

훈은 내 얼굴을 뚫어져라 보았다. 마치 이해하기 힘든 책을 펼쳐 읽는 듯 미간이 좁아졌다.

"기억이 날아가고 있네요."

훈이 어딘가 의심스럽다는 듯 눈을 가늘게 떴다.

"됐어."

나는 스툴에서 엉덩이를 떼고 일어났다. 그때 훈이 허공으로 손을 쭉 뻗었다.

"어? 잡았어요."

"뭘 잡아?"

"기억이요."

나는 그를 흘겨보았다.

"왜 그렇게 봐요?"

잠이 다 달아난 목소리로 훈이 물었다.

"그래서 민수호가 누구인데요?"

"무슨 소리야? 민수호는 게임 캐릭터잖아."

훈이 입안에 든 얼음을 이로 부수었다. 아드득아드득 소리가 울렸다.

"진짜 말 안 해줄 거예요?"

나는 당황해서 얼버무렸다. 민수호? 그 캐릭터가 왜? 훈은 입을 다문 채 차분한 눈길로 나를 살폈다. 그는 이미 내 속을 읽고 있는 듯했다. 나는 실존 인물을 모델로 시나리오를 썼다는 사실을 들키고 싶지 않았다. 아주 지독한 짝사랑이로군. 그런 식으로 모두가 알게 될까 두려웠다. 회사에서 오줌까지 지린데다 죽은 짝사랑 상대를 메인 캐릭터로 만든 사람이라니. 최악이다. 나도 어쩔 수 없었다. 대표가 괴력 팔 사나이의 서사를 빌드업 하라 지시했을 때, 아무리 생각해도 다른 인물이 떠오르지 않았다. 도대체 괴력 팔 사나이는 무슨 이유로 하루종일 팔근육을 키우고 휠체어를 탄 채 불속으로 뛰어드는가. 수호의 목적은 분명했다. 수호는 은하를 구해야 했다. 그렇기에 수호는 그 어떤 캐릭터보다 이 게임에 적합한 모델이었다. 그에게는 여전히 자신의 목적을 완수할 세계가 필요했다. 그리고 나에게도 내 목적을 실현할 세계가 필요했다.

사고 후 얼마나 지났을까. 시신이 인도되고 그 당황스러운 영혼결혼식마저 끝난 후, 수호 가족이 나를 찾아와 옷을 쥐어뜯을 듯 멱살을 잡았다. 너 때문이라고, 내 어깨를 주먹으로 내리쳤다. 살려내라고 울면서 부르짖었다. 그들에게는 해결되지 않는 감정의 응어리를 풀어야 할 상대가 필요했고, 처음에는 그게 나라는 사실이 부당하게 생각되었다. 그들의 원망이 나를 향한 것은 화재가 일어난 원인을 알 수 없게 되었기 때문인지 몰랐다. 피복이 다 녹아버린 열선이 발견되었지만 발화의 시작점이 정확히 밝혀지지는 않았다. 단순한 관리 부실이 그렇게 큰 화재의 원인이라니. 사람들은 믿을 수 없어 했다. 그렇다고 수호에게 그 쇼핑몰을 추천한 사람을 이 사고의 원인으로 지목해야 하는 것인가. 당연히 논리적으로 말이 되지 않았다. 시간이 좀더 지난 후, 나는 서서히 무언가를 깨달았다. 정말 몰랐던 것일까. 모른 척한 건 아니었을까. 어느 쪽이든 무슨 상관인가. 결과는 똑같을 텐데.

쇼핑몰 지하 주차장에서 두 번이나 불씨가 피어올랐고, 모두 방화의 시도로 추정된다는 뉴스가 보도된 사실을, 나는 잘 알고 있었다. 뉴스를 보면서 그곳에 절대 가지 않겠다고 생각했다. 그러나 차차 잊어갔다. 그 보도 이후 별일 없지 않았던가. 그날은 은하의 생일이었다. 수호는 정오가 지나서야 알았다. 그 전해에 수호가 은하의 생일을 잊어 난처해하던 모습이 떠올랐다. 은하의 선물을 준비하지 못해 전전긍긍하는 그에게, 나는 그 쇼핑몰에 갈 것을 권했다. 그곳에 은하가 좋아할 만한 옷이나 액세서리가 있을 테고, 두 사람이 데이트할 만한 근사한 식당도 있을 거라고 했다. 게다가 꼭대기 층에서 팝업 서점이 문을 열거란 소식도 전했다. 은하가 책을 좋아하니까. 그렇게 말하자 수호는 은하가 좋아하는 건 책이 아니라 소설이라고 말했다. 그게 그거잖아. 수호는 다르다고 했다. 책은 책이고 소설은 소설이지. 처음에는 그게 무슨 말인지 도통 알 수 없었다. 그냥 설명 없이 이해되는 게 있잖아. 설명 없이 이해되는 것이라, 그러고 보면 나에게도 그런 것이 있었다. 굳이 부연하지 않아도 당연해지는 일들, 이제 끝난 건가 싶다가도 여전히 지속되고 있는 짝사랑의 날들이 그랬다. 한번 시작된 마음은 왜 끝나지 않는 걸까? 그것은 설명되지 않았지만 이해 가능한 것이었다. 오픈 날이라 서점에서 연필을 나눠준대. 선착순이고 까렌다쉬 연필을 준다는데? 수호는 까렌다쉬가 뭔지 몰라도 은하에게 연필을 수집하는 취미가 있다면서 내 어깨에 손을 올리더니 고맙다고 말했다. 그는 곧 재킷을 챙겨 밖으로 나갔다.

그다음날 수호는 쇼핑몰의 비상계단에서 발견되었다. 생명 활동은 정지되어 있었다. 문틈 사이 뻗어나온 손을 꼭 붙잡고 있었다.

은하의 손이었다.

어느 밤, 나는 경찰서를 찾아갔다. 바닥에 무릎을 꿇고 두 손을 맞잡고 빌었다. 제가 그랬어요. 제가 미쳤었나봐요. 그렇게 고백했다. 경찰들은 내가 쇼핑몰에 불을 냈다고 자백하는 줄 알았다. 정말 아가씨가 그랬어요? 나는 네, 라고 확신에 차서 대답했다. 거기 불이 날 수도 있다는 걸 알면서 가라고 했어요. 수호랑 은하는 그런 곳에 가는 사람들이 아니에요. 걔네들은 쇼핑몰 같은 데 가는 취미가 전혀 없어요…… 경찰이 피곤하다는 듯 눈을 감더니 뒷목을 잡았다. 나는 이제 그만 돌아가보라는 차가운 목소리를 들었고, 그들의 팔에 붙들려 밖으로 끌려나왔다. 한동안 그 앞에 있던 나무 한 그루를 올려다보았다. 어느 계절이었던가. 나뭇잎들이 경찰서에서 흘러나온 불빛에 흐릿한 연둣빛으로 은은히 빛났다. 바람에 뒤척거리는 잎들을 보면서, 나는 용서를 구할 곳을 찾을 수 없다는 걸 깨달아갔다. 적어도 이곳에서는. 그렇지만 나에게는 그런 곳이 필요했다. 용서를 구할 만한 어딘가가 있어야 했다.

훈은 이런 이야기를 듣고 싶은 걸까? 그는 해맑았다. 자신이 어떤 이야기든 받아줄 수 있을 거라 믿는 듯했다. 어떤 진실은 비밀에 부쳐야 한다는 걸 모르는 듯했다.

"제가 꿈 이야기를 할 테니, 라이님은 민수호가 누구인지 말해줘요."

"민수호가 진짜 있는 사람이라고 생각해?"

"왠지 그래요. 라이님이 그 캐릭터에 집착하니까요."

"내가 만든 캐릭터잖아."

그럴 수도 있겠다며 훈이 고개를 끄덕였다.

"그래도 뭔가 더 있어요."

훈이 커피에 젖은 입술을 달싹거렸다.

"왜 그런 생각이 들어?"

"나한테 얘기해줘봐요."

"뭘?"

"더 좋아질 거예요."

"대화가 안 되고 있는 거 알아?"

"되고 있어요. 이상해도 연결되는 기분이 들잖아요."

대화의 논리를 기분으로 가늠한다는 말에 피식 웃음이 났다.

그 말이 틀린 것도 아니었다.

"하나쯤은 말할 수 있을 거 같아."

어쩌면 숨겨야 할 것을 더 잘 숨기기 위해, 보여줄 만한 패만 골라 꺼내놓는 전략 같았다.

"좋아요."

"열리지 않는 문에 관한 이야기."

"그 퀘스트 설정에 무슨 사연이 있어요?"

"이게 민수호 이야기야."

"거봐요. 실존 인물 맞잖아."

훈이 흥미를 보이며 두 손을 모아 깍지를 꼈다.

"딱 한 번만 말할 거야. 다시는 안 해."

"좋아요. 두 번은 나도 안 들어요."

훈이 등을 받치던 쿠션을 가슴 앞으로 가져와 안았다.

*

나와 수호는 대학의 코딩 동아리에서 만났다. 둘 다 공학 전공은 아니었다. 코딩 책을 보고 프로그래밍을 익혔다. 수호는 열혈 독학자였다. 하룻밤 사이 혼자 백 쪽이나 진도를 앞서갔다. 왜 그렇게 열심인 거냐 사람들이 궁금해하면, 집에 아무것도 없고, 할일도 딱히 없다고 답했다. 뭐가 없는데? 텔레비전이 없고 책이 없고 먹을 것도 별로 없어요. 가족은? 있긴 한데, 왠

지 없는 것 같아요. 가훈이 쓸데없는 말은 하지 않는다는 건데
요. 말이란 대부분 쓸데없잖아요. 우리에겐 가족 전용 화이트보
드가 있고, 무슨 일이 생길 때마다 그곳에 적어두는 것으로 소
통을 대신하죠. 그러면서 그는 얼마 전 엄마가 써놓은 메모에
대하여 얘기했다. '다음주 수술. ××산부인과. 자궁 적출. 오전
열시. 간병인 고용.' 그러나 그건 다 거짓말이었다.

    얼마 지나지 않아 모두들 수호가 고아라는 사실을 알게 되었
다. 눈치 빠른 동아리 멤버 하나가 내막을 파고들었다. 알고 보
니 자궁 수술을 했다는 엄마는 수호가 태어난 직후 집을 나가
소식이 끊긴 상태였다. 아빠는 공장에서 일을 하다 돌아가셨다.
과로사로 추정되었다. 맞아요. 모두 사실이고, 그렇게 저는 고
아가 되었어요, 라고 그가 말할 때조차, 동아리 사람들이 그를
다 믿은 건 아니었다. 어쨌거나 그 동아리에서 실력이 제일 좋
았기 때문에, 모두들 수호의 허풍을 용서하는 분위기였다.

    "나랑 게임 만들래?"
    어느 날 수호가 먼저 말을 걸었고, 우리의 인연은 그렇게 시
작되었다. 어째서 나였을까? 당연히 거절할 마음은 들지 않았
다. 동아리 안에서 그는 좀 천재 같아 보였다. 우물 안 개구리이
긴 해도, 이중에서 제일 잘하는 애가 나를 선택해주었다는 사실
이 기뻤다.
    "너 맨날 이상한 이야기 끄적거리잖아. 그중 하나만 얘기해

봐."

그는 내 손에 붙들려 있던 노트를 가리켰다.

"어떻게 알았어?"

"네가 없을 때 좀 훔쳐봤어. 재미있던걸?"

노트를 훔쳐봤다는데도 기분이 나쁘지 않았다. 사실은 누구라도 봐주길 기다리고 있었나? 나는 얼른 노트를 뒤적거렸다. 그에게 잠이 들 때마다 달걀 악당을 만나는 여자아이 이야기를 들려주었다.

"대저택에 사는 아이야. 잠을 자기 위해 침실에 들어가면 아이 앞에 달걀 악당이 나타나. 껍질을 반만 까서 위는 하얗게 맨들맨들, 아래는 꺼칠꺼칠 딱딱한 달걀이야."

"어디서 나타나는데?"

"천장등에서 슈웅, 유령처럼 내려오는 거야."

수호는 손가락을 튕기며 바로 이거야! 라고 외쳤다.

"천장등 UFO를 타고 오는 달걀 악당!"

UFO라고 말한 적은 없지만 달걀 악당이 나타날 때 우주 비행선이 나오면 재미있을 것 같긴 했다.

그것이 시작이었다. 우리는 의기투합했다. 시간이 날 때마다 달걀 악당 게임을 만들었다. 졸업 후에는 회사를 차릴 계획이었다. 자본금이 필요했고, 돈을 벌기 위해 취업을 했다. 낭비할 시간이 없었으므로, 우리를 받아준다는 곳이면, 불법적인 일을 하는 곳만 아니면 어디든 갈 생각이었다. 그리하여 우리가 취업한 곳은, 데이팅 챗봇을 개발한다는데 실제로는 무엇을 하는지 알수 없는, 작은 회사였다.

그곳에서 우리는 하루 열두 시간 챗봇에게 말을 걸었다. 매일 999개 문장을 입력해야 했다. 우리는 네 시간씩 쪼개서 일했다. 네 시간마다 333개 문장을 타이핑했다. 무슨 말이든 상관없었다. 팀장이 같은 말도 무방하다고 했다. 대화 수를 늘리는 것이 목표였다. 우리는 딥러닝을 사용하지 않고 사람의 손을 거쳐 알고리즘을 형성하는 그 비효율적인 방식을 좀처럼 이해할 수 없었다. 하지만 한 달이 지나면 꼬박꼬박 월급이 나왔고, 하루 열두 시간 일하다보면 몸이 힘들긴 해도 돈을 쓸 시간이 없어 결과적으로 두둑하게 잔고가 쌓였다. 그곳에서 일 년을 일해 보증금과 월세를 여섯 달 낼 수 있는 돈을 모았다.

우리가 일할 사무실을 알아본 사람은 수호였다. 나보다 이백만원을 더 보탤 수 있다는 이유로 그가 원하는 곳에 사무실을 얻기로 했다. 어차피 구할 수 있는 사무실이 다 거기서 거기였다. 그렇다 해도 수호가 알아본 건물은 어딘지 이상했다. 낡은 상가 건물로, 꼭대기 5층은 가정용으로 개조했는지 마루 장판이 깔려 있었다. 원래는 신발을 벗고 들어가야 하지만 오랫동안 이용하지 않아 바닥에 먼지가 많았다. 들어가자마자 싱크대가 보였고 심지어 안방도 있었다. 방문을 열자 맞은편 벽에 말려내려간 벽지가 보였다. 누군가 벽지를 뜯어내려다 포기한 것 같았다. 마음에 들지 않는다는 듯 미간을 좁히며 고개를 돌리자, 늙은 건물주는 고래고래 소리를 질렀다. 눈썹까지 하얗게 세어버린 파파할아버지였지만 목소리만큼은 우렁찼다.

"일단 들어와요! 해준다! 도배!"

건물주의 귀가 잘 들리지 않는다고 부동산 중개인이 속삭여 알려주었다. 자신의 목소리를 듣기 위해 더 크게 말한다고 했다. 나는 그 말을 들으며 주변을 두리번거렸다. 뭐 찾아요? 중개인이 물었다. 화장실은요? 어떻게 알아들었는지 건물주가 화장실은 밖에 있어! 소리쳤다. 문을 열고 나가 계단을 내려가니 4층과 5층 사이, 화장실이 있었다. 공동으로 사용하는 곳이었다. 나무문에 동그란 손잡이가 달려 있었다. 그 안이 어떤 모습일지 상상이 되지 않아 문을 열기가 겁났다. 부동산 중개인이 무심히 문을 열어젖혔다. 세면대 하나와 변기 하나가 놓인 화장실이었다. 흐뭇한 표정으로 건물주가 나를 바라보고 있었다. 그는 두 손을 꽉 맞잡고 있었다. 그의 온화한 얼굴에서 여기만큼 싼 곳을 발견하지 못할 텐데, 하는 메시지가 읽혔다. 그에게 우리가 가진 돈이 그다지 넉넉지 않다는 사실을 들킨 것이 확실해 보였다. 바로 그런 점에서 기분이 상했다. 계약하고 싶지 않았지만, 돌아서기에는 이곳의 장점이 분명했다. 다른 곳보다 훨씬 저렴한데 교통은 편한 동네에 위치하고 있다. 무엇보다 갑자기 열어본 화장실이 말끔히 청소가 되어 있었다. 내가 다 해요. 청소만큼은 자신 있어. 건물주가 이번에는 목소리를 낮춰 말했다.

결국 우리는 부동산으로 돌아가 계약서를 작성했다.

"그런데……"

계약서에 사인을 해놓고 수호가 물었다.

"화장실이요. 외부에서도 들어올 수 있는 거 아닌가요? 현관이 열려 있잖아요."

건물주는 들리지 않는다는 듯 미간을 찌푸렸다. 중개인이 큰소리로 화장실 잠그는 열쇠 있어요? 물었다. 건물주가 바지 주머니를 뒤져 열쇠 묶음을 꺼냈다. 고리에서 머리가 둥근 열쇠 하나를 빼서 수호에게 건넸다.

"나올 때 닫아야 해! 안에서도 닫아야 하고!"

그것이 설명의 전부였지만, 건물 세입자들만 열쇠를 갖고 이용할 수 있다는 점에서 외부인 출입에 대한 걱정은 일단락되었다.

약속대로 도배가 끝난 다음날부터 사무실을 찾아가 구석구석 쓸고 닦았다. 게임을 만드는 것은 그다음이었다. 청소는 눈에 보이는 결과가 있어서인지 제법 재미있었다. 닦으면 닦였고 닦은 자리가 점차 깨끗해졌다. 이미 깨끗한 자리를 한번 더 닦으면 윤이 났다. 그 모든 과정이 뿌듯함을 주었다. 청소를 하면서 틈틈이 중고 가구 시장에서 의자와 책상을 샀다. 중고 마켓에서 프로그래밍이 가능한 고급 사양 노트북을 한 대 더 마련했다.

깨끗하게 쓸고 나서 신발을 벗고 바닥을 디디자 기분이 좋아졌다. 걸레로 먼지를 다 훔쳐내 맨질맨질해진 바닥에 누웠다. 평화로웠다. 그러나 평화는 얇은 유리처럼 예기치 못한 순간 깨져버리고 말았다. 계란 악당이 연기 속에서 펑 나타나는 효과를 어떻게 보여줄지 고민하고 있을 때였다. 나는 어렵게 찾은 소스를 디자인에 적용해보고 있었다. 쉬운 일이 아니었다. 전공자가 필요하다는 생각이 들었다. 수호에게 그래픽 디자이너를 채용하면 좋겠다 말했지만 돌아오는 답이 없었다. 그의 대답 여부와 상관없이 일자리 사이트에 들어가 그런 사람을 구하려면 연봉을 얼마나 제시해야 하는지 알아봤다. 그러다가 벌써 세 시간째 자리를 뜨지 않았다는 걸 깨달았다. 문득 화장실에 가고 싶었다.

"화장실 좀 다녀올게."

수호는 여전히 대답이 없었다. 그는 스테이지 단계가 높아질 때마다 계란 악당이 강력해지는 구조를 새롭게 만들고 있었다. 주인공에게 밟히더라도 HP가 거의 줄지 않는 환경을 시뮬레이션했다. 게임이 호락호락하다는 인상을 주지 않기 위해, 계란 악당이 아이를 공격하는 패턴을 유저가 쉽게 예측할 수 없도록 만들어야 했다. 수호는 집중한 채 입을 다물고 있었다. 나는 조용히 열쇠를 챙겨들고 5층과 4층 사이로 내려갔다.

똑똑, 노크를 하자 저편에서 아무 소리도 들리지 않았다. 구멍에 열쇠를 꽂자 탁, 문이 열렸다. 안쪽 손잡이에도 열쇠 구멍이 있었다. 밖에서 한 것처럼 열쇠를 넣고 돌려야 안에서도 문이 닫혔다. 열쇠를 넣고 왼쪽으로 돌렸다. 손잡이를 살짝 쥐고 돌려보니 잘 잠긴 듯했다. 나는 그 문을 마주본 채 변기에 앉았다. 손이 닿는다면 변기에 앉아 문손잡이를 붙들고 싶었다. 수압은 괜찮은 것 같았다. 세면대에 하얀 비누가 있었지만 갈라진 틈으로 검은 줄이 보여 사용하지 않았다. 흐르는 물에 손을 박박 문질렀다. 바지에 물기를 닦고 문손잡이를 잡은 후 열쇠 구멍에 다시 열쇠를 끼워넣었다.

"어라?"

열쇠가 들어가지 않았다. 약간 당황했지만 천천히 손잡이를 돌려보았다. 어쩐지 이럴 줄 알았어……라는 생각이 들었다. 하필이면 책상에 휴대폰을 두고 왔다. 문에 몸을 바짝 붙이고 귀를 기울여봐도 사람 기척은 들리지 않았다. 손잡이 높이에 눈을 맞추고, 구멍 안을 잘 들여다보기 위해 한쪽 눈을 윙크하듯 감았다. 숨을 참고 한번 더 쿡, 쑤시자 이번에는 열쇠가 들어갔다. 드르륵 맥없이 풀리는 소리가 났다. 끼이익, 문이 열렸다. 하마터면 문을 걷어차버릴 뻔했다. 기분 나쁜 장난질에 휘말린 것 같았다.

겨우 한 층 올라오면서 숨을 헐떡거리니 수호가 의아한 듯 물었다.

"무슨 일 있었어?"

"화장실 가봤어?"

수호는 어깨를 한 번 으쓱했다.

"아무래도 문 잠금쇠가 낡은 것 같아."

그 말을 듣고 수호는 곧바로 열쇠를 챙겨 화장실로 내려갔다. 나도 따라갔다. 탁, 소리가 나고 문이 닫혔다. 귀를 기울이니 탁, 소리가 또 들렸다. 안에서 문손잡이를 잡고 덜컹덜컹 흔드는 소리가 났다.

"괜찮아?"

닫힌 문 앞에서 묻자 수호가 안 열리는데? 하면서 당황한 목소리로 답했다. 산만하게 문손잡이를 돌리고 있었다. 드륵드륵 시끄러웠다.

"그만하고, 열쇠를 구멍에 맞춰봐."

"열쇠를?"

"응."

"열쇠가 안 보여."

"주머니 뒤져봐. 가지고 들어가지 않았어?"

"떨어뜨렸나봐."

"어디에? 손에 계속 들고 있었잖아."

"맞아. 그랬는데……"

수호는 열쇠를 어디에 두었는지 기억하지 못했다. 그토록 짧은 순간에 어떻게 열쇠를 잃어버릴 수 있다는 말인가. 결국 건물주에게 전화를 걸었다.

"잘 안 들려! 좀 크게 말해요!"

건물주는 수화기 너머에서 소리를 질렀다.

"화장실 문이 잠겼어요!"

"화장실?"

잠시 후 아래층에서 그가 올라왔다. 뭐야? 이렇게 가까이에 있다고? 그렇게 묻고 싶은 마음을 참았다. 건물주가 가까이 있다는 사실을 알게 되자 안심이 되면서도 묘하게 불쾌했다. 건물주는 주먹을 꾹 쥐고 문을 탕탕 두드렸다. 문 너머에서 기척이 없었다.

"안에 사람 있는 거 맞아요?"

그가 의심스러운 눈빛으로 돌아보았다. 나도 모르게 답답한 기분이 들어 고개를 젖히고 숨을 들이켰다.

"제 친구가 안에 갇혀 있다고요."

그렇게 말하자 건물주는 입꼬리를 살짝 올리고 나를 위아래로 훑었다.

"흠, 친구? 친구라고?"

그 혼잣말 같은 물음에 대꾸하지 않았다. 건물주는 주머니에서 열쇠 꾸러미를 꺼내 보였다.

"스페어 키가 있는데 왜 열쇠를 달라고 하신 거예요?"

그는 내 말은 무시한 채 문손잡이를 잡고 열쇠 구멍에 스페어 키를 넣고 돌렸다. 문이 열렸다. 수호는 변기 뚜껑을 내리고 그 위에 앉아 두 손으로 이마를 짚고 있었다.

"괜찮아?"

수호는 고개를 끄덕이며 엷게 미소를 지었다.

"덕분에 좋은 생각이 났어."

건물주는 열쇠 꾸러미를 주머니에 넣고 뒤돌아 계단을 내려가고 있었다. 나는 발소리가 그치는 지점이 어디인지 가늠해보려고 숨을 죽인 채 기다렸다. 한 층이나 두 층 아래가 분명했다.

"무슨 생각인지 안 물어봐?"

수호는 떠오른 것을 말하고 싶어 안달이었다. 이런 상황에서 좋다며 실실거리는 그 모습이 답답했다.

"도대체 뭔데? 얼마나 대단해서?"

"'열리지 않는 문' 퀘스트를 넣는 거야."

"그게 무슨 말이야?"

"계란 악당에게 쫓기다가 이 퀘스트 속으로 들어가는 거지. 최종 보스를 물리치는 것이 아이의 목적은 아닌 거야. 문안에 소중한 존재가 갇혀 있고, 그런데 문을 열리지 않고, 아이는 문을 열어야 하고, 문은 또 안 열리고."

"그게 좋은 생각이야? 흔한 생각 아니야?"

"흔해? 그럼 익숙해서 좋은 거잖아."

"그런 말 모르냐? 익숙한 것과 결별하라고."

"익숙한 게 왜? 익숙해지는 게 얼마나 대단한 건데."

나는 수호의 얼굴을 빤히 바라보았다. 나에게 익숙한 것. 벌써 우리가 매일 얼굴을 보고 지낸 세월이 몇 년인가. 과연 나는 이 익숙함과 결별할 수 있는가. 그때 화장실 문턱 아래에서 무언가 반짝였다. 수호가 떨어뜨린 열쇠였다.

익숙해져버리는 일. 그것은 무서운 일이었다. 제대로 열리지 않는 화장실 문과도 익숙해지고 말았다.

대체로 열쇠는 구멍에 잘 맞지 않았다. 이번에는 정말로 열리지 않는 게 아닌가. 이번에는 진짜 나갈 수 없게 되는 게 아닌가. 그런 불안이 스멀스멀, 턱끝에서 이마로 따끈하게 올라올 즈음 조롱하듯 문이 열리곤 했다.

그럼에도 문을 열 수 없는 날에는 수호에게 전화를 걸었다. 밖에서 문 좀 열어줄래? 그렇게 말하면 수호는 하던 일을 중단하고 스페어 키를 건물주에게 받아 화장실로 왔다. 수호가 화장실에 갇힌 경우에는 내가 그렇게 했다. 그 과정이 번거로웠기 때문에, 우리는 건물주에게 화장실 잠금장치를 디지털 도어록으로 교체해달라 요청했다. 아니라면 우리에게도 스페어 키를 달라고 했다. 건물주는 단호히 거절했다.

"내가 항상 여기 있으니까 내려와서 열쇠를 받아가요."

"만약 안 계시면요?"

수호가 노골적으로 불만을 드러내자 건물주의 얼굴이 붉어졌다.

"내가 왜 여기 없어? 내가 왜?"

그는 발끈하며 꽥 소리를 냈다.

"난 항상 있어. 여기 있을 거야!"

별안간 그는 돌아오는 재계약 시기에 월세를 올리겠다며 협박했다. 우리는 세상을 순탄하게 살아가기 위해 가끔 미친 사람

을 상대해야 할 때도 있다는 걸 깨달았다. 우리가 잘못하지 않
은 일이더라도 우리의 잘못인 듯 고개를 숙이고 살아야 하는 순
간도 있다는 걸 알아갔다. 왜냐하면 돈이 부족했기 때문이다.
겨우 고용한 그래픽 디자이너를 석 달의 수습 기간 후 떠나보내
야 했기 때문이다. 계란 악당이 나오는 그 인디 게임이 형편없
을 정도로 인기가 없었기 때문이다. 기분이 내키는 대로 말하지
않으면 얼마의 돈을 절약할 수 있었기 때문이다. 우리는 건물주
가 오후 두시쯤 사무실로 불쑥 찾아올 때마다 그에게 커피를 대
접하고 어깨를 주물러주었다.

  창업 지원 센터로 옮기기 전까지, 좋든 싫든 그곳에서 지낼
수밖에 없었다. 떠나기 얼마 전부터는 아예 열쇠가 구멍에 들어
가지 않았다. 건물주는 문짝을 뜯고 그 자리에 어두운색 비닐
커튼을 달았다. 열리지 않는 문이 언제나 열려 있는 문으로 변
한 것이다. 화장실이 가고 싶을 때는 참았다가 이백 미터 떨어
진 대형 커피숍으로 가야 했다. 그렇게 시간이 지나는 동안 화
장실에 대한 불편은 건물주를 향한 미움이 되었다. 나중에 창업
지원금을 받아 웹페이지를 만들고 그곳에 캐릭터 이미지를 올
렸는데, 일러스트레이터와 오랫동안 의견을 주고받으며 완성한
계란 악당의 얼굴은 그 건물주를 묘하게 닮아 있었다. 물론 그
는 그 사실을 몰랐다. 그는 우리가 그곳을 떠나고 일 년 후 죽었
다. 칠순을 넘긴 아들에게 자신의 건물을 그제야 넘겨준 후였
다. 그가 눈을 감은 장소는 우리가 일하던 그 사무실이었다고

전해들었다. 새롭게 건물주가 된 아들 말에 따르면, 그가 오후 두시만 되면 우리가 지내던 방에서 시간을 보냈다고 했다. 우리가 나간 뒤 아무도 들어오지 않은 방이었는데, 마치 그곳에서 누가 자신을 기다리고 있기라도 하듯 쇠잔한 몸을 끌고 한 발한 발 더디게 계단을 올라갔다고. 힘들게 계단을 왜 오르느냐 물으면, 자신이 있어야 할 곳이 바로 거기인 것 같아 그렇다 했다고 한다.

"두 사람은 어떻게 다른 길을 가게 된 거예요?"

훈이 물었다.

"그냥 그렇게 됐어. 그런 걸 우리가 결정하지는 못하더라."

훈은 남은 커피를 한번에 입속으로 털어넣었다.

"이제 꿈 이야기를 해봐."

잊고 있는 듯해서 훈에게 알려주었다.

"하려고 했죠."

훈은 고개를 왼쪽으로 기울였다.

"그런데 이제 생각이 안 나요."

"뭐라고?"

눈살을 찌푸리며 무언가 기억해내려 애쓰는 훈을 보니 장난을 치는 것 같진 않았다.

"됐어. 그만 찡그려."

"미안해요."

훈은 진심으로 미안한 듯 보였다. 그러고 보면 꿈이란 게 그렇지 않나. 분명 내 머릿속에서 일어난 일이지만 내 소유가 아니고, 한번 잊히면 좀처럼 돌아오지 않는 것이었다. 더이상 그를 채근하지 않기로 했다.

"혹시 들었어요? 베타테스터 모집 마감됐대요."

"어제 공지 올리지 않았어?"

"대단하죠. 다들 레이어드를 주시한다고요."

훈은 컵에 남은 얼음을 입에 넣기 위해 고개를 한껏 젖혔다. 얼음이 그의 코 위로 쏟아졌다.

"악!"

훈이 조그맣게 비명을 질렀다. 나는 그만 웃음이 터졌다. 바닥에 떨어진 얼음을 급히 주우며 훈이 웅얼거렸다.

"차가워요."

어떻게 그럴 수 있는지. 그 작은 얼음 조각이 잠시 볼을 스쳤다고, 마치 데인 듯 그의 뺨에 길고 붉은 자국이 나 있었다.

"피부가 아주 약하네."

"손으로 이 초만 눌러줄래요?"

그 말대로 손으로 그의 볼을 잠시 눌렀다. 얼음이 지나간 자리는 별로 차갑지 않았다. 손을 떼자, 훈에게 말려들었다는 의심이 들었다.

"그런데 지원자 가운데 민수호 캐릭터를 원하는 사람은 한 명뿐이었대요."

"몇 명이 지원했는데?"

"음, 잠깐 보자."

그가 태블릿으로 지원 신청 페이지를 찾았다.

"총 지원자 수는 칠백팔십구 명?"

"그중에서 한 명이라고?"

"네. 그러니까 실패한 캐릭터가 된 거죠, 민수호는."

그 말을 듣자 가슴 한구석이 따끔했다.

"아!"

훈이 또 한번 작게 소리쳤다.

"뭐야? 왜 그래?"

"생각났어요."

"뭐가?"

"꿈이요."

"민수호?"

"모자를 쓰고 있었어요."

"그 캐릭터는 모자 안 쓰잖아?"

"꿈에서는 모자를 쓰고 있던걸요."

"그래? 그게 민수호일까? 착각한 것 같은데?"

"확실해요. 그런 거 있잖아요, 분위기가 딱 그 사람인 거."

2부 사랑

은하

대화의 규칙 9

대화의 상대는 나를 비추는 거울이 된다

임은하님이 입장하셨습니다

루미 ┆ 안녕, 나의 비밀 친구 은하.

은하 ┆ 안녕, 루미.

루미 ┆ 마지막 접속 후 20시간 18분 11초가 지났어. 그동안 루미는 은하가 입력한 메시지를 31.8회 학습했지.

이후로 물속호랑이가 접속하는 일은 없었다. 여전히 믿기지 않았다. 나와 수호를 제외하고 루미에게 접근한 사람이 있다니. 한편으로는 시스템 오류라는 생각도 들었다. 루미는 불완전한 프로그램이었다. 더군다나 초기 버전이라 여러 문제에 취약했다. 과도하게 데이터가 쌓이면 특정 기능이 폭주할 수도 있지 않을까?

은하 ┆ 골치 아픈 일이 생겼어.

루미 │ 무슨 일인데?

오늘 아침, 편집장이 의중을 알 수 없는 미소를 지으며 다가왔다.

"은하씨, 요즘 바빠요?"

내가 대답을 내놓기도 전에 편집장은 능주 취재 얘기를 꺼냈다. 지난겨울, 능주는 이상할 정도로 춥지 않았다. 한낮이면 반팔을 입고 돌아다닐 정도였다. 눈도 거의 오지 않은 탓에 적설량은 예년에 비할 수 없을 만큼 부족했다. 봄비도 드물었다. 산자락을 흐르던 계곡물이며 강바닥까지 말라버린 가뭄에 능주는 격일 단수까지 시행해야 했다. 물이 부족한 상황은 인간에게만 문제를 일으킨 게 아니어서, 산에 살던 동물들이 물을 찾아 민가로 내려왔다. 고라니와 멧돼지, 들개, 그리고 이름 모를 야생동물들이 민가를 습격했고, 그중 주민들을 가장 공포에 떨게 한 동물은, 바로 호랑이였다.

"호랑이요? 호랑이는 우리나라에서 멸종하지 않았나요?"

"그러니까 이게 특종이 되는 거겠죠."

현재 그 호랑이는 능주군에서 보호하고 있었다. 이전할 동물원을 찾지 못해 민가와 떨어진 곳에 설치한 임시 철창에 가둬두었다고 한다. 편집장은 호랑이가 동물원으로 떠나기 전에 우리가 능주로 가서 현장 사진을 찍어야 한다고 했다.

"우리가 안 가면 누가 가겠어요? 명색이 산을 다루는 잡지인데, 가만히 있으면 안 되죠. 산에서 내려온 호랑이잖아요."

덧붙여 이미 손을 써서 인터뷰할 만한 사람도 섭외했으니, 가기만 하면 된다고 말했다.

"은하씨가 다녀와요. 아무래도 능주에서 일어난 일이니까, 은하씨에게는 더 익숙하겠죠?"

그는 내가 능주에서 일한 과거를 되짚었다. 문득 입사할 때 편집장이 한 말이 떠올랐다. '카드형 콘텐츠 제작에 필요한 것은 검색 능력입니다. 현장 취재 따위 할 필요가 없어요. 현장감이란 이제 옛말이 되었고, 우리 같은 사람들에게 중요한 건 더이상 현장이 아니라 온라인 정보를 서치하는 능력이죠……'라고 그는 말했었다. 그렇다면 해볼 만하다는 생각이 들었다. 하루 세 개씩 일정 시간에 맞춰 게시해야 하는 카드형 콘텐츠 제작에, 나는 점차 흥미를 붙여갔다. 생소한 언어로 작성된 외국 기사까지 번역기를 돌려 읽었다. 메모장 폴더에 주제별로 스크랩을 하고, 연관성 있는 데이터끼리 묶어 일관된 구성에 맞게 각색했다. 하루 세 개씩 작성하던 카드가 다섯 개로, 일곱 개로, 열 개로 늘었다. 쇼츠로 만든 한 콘텐츠의 조회수가 오십만이 넘어갔을 때, 편집장은 역시 루미너스에서 일한 사람이라 다르긴 다르네, 하며 혀를 내둘렀다. 이후에도 세 번 정도 쇼츠에서 소위 터졌다고 할 만한 반응이 이어졌다. 그때마다 계정 팔로워 수가 늘고 잡지 매출도 소폭 상승했다. 그런 일들이 나를 잠재력을 가진 사람으로 보이게 만들었다. 편집장은 나를 예상보다 뛰어난 결과를 내는 사람으로 착각했다.

"이건 중요한 일이 될 거예요. 은하씨 아니면 할 사람이 없죠."

"현장 취재는 제 일이 아닌데요?"

"어차피 이것도 우리 계정에 올릴 콘텐츠예요. 은하씨가 생생하게 전달해주면 어때요? 눈으로 호랑이를 직접 봐야만 쓸수 있지 않겠어요?"

과연 호랑이를 직접 봐야 하는 것일까? 나는 살면서 동물원조차 가본 적이 없었다. 사파리를 체험한 적도, 초원의 맹수를목격한 일도 없었다. 그렇지만 누군가 호랑이의 생김새를 말해보라 하면 말하지 못할 것도 없었다. 영화와 다큐멘터리에서 호랑이를 숱하게 보았고, 최근에는 카드 콘텐츠에 들어갈 이야기를 만들기 위해 조선시대에 호랑이를 잡으러 다녔다는 '착호갑사'를 검색하다가, 구슬 같은 눈을 가진 호랑이 민화도 보았다. 이 정도라면 호랑이를 보았다 말하기에 부족하지 않았다. 호랑이에 대해 쓰기 위해 굳이 호랑이를 만나러 갈 필요는 없지 않을까. 지금까지 해온 대로 인터넷에 올라온 이미지만 보면 안되는 걸까.

"꼭 가야 하는 걸까요?"

"그럼요. 호랑이가 정말로 여기 있잖아요. 지금 아니면 언제호랑이를 볼 수 있겠어요?"

편집장의 의지를 꺾을 수 없었다. 내 기분이 별로인 것만 빼면 그 생각을 반박할 여지도 없었다. 이미 책상에는 편집장이 섭외했다는 인터뷰 대상자의 연락처가 놓여 있었다.

루미 ¦ 능주까지 얼마나 걸리는데?

은하 ¦ 버스 타고 세 시간 정도?

루미 ¦ 거기서 뭘 하는 거야?

은하 ¦ 일단 호랑이를 봤다는 사람을 만나야지. 그다음에는 호랑이도 보고, 사진도 찍고.

루미 ¦ 혼자서는 심심할 것 같은 일이네. 예전에 능주는 조용한 마을이라고 했잖아.

은하 ¦ 거의 뭐, 침묵의 고장이라고 할까. 사실 그 분위기를 좋아하긴 했지.

능주는 사람도, 차도, 건물도 별로 없었다. 바로 그런 고요한 자리를 원했기에 수호가 루미너스의 본사를 그곳에 세운 것이기도 했다. 본사 건물을 설립하기 위해 공사 인허가를 받을 때, 당연하게도 능주군은 열렬히 환영했다. 사람이 줄어가는 마을에 새로이 사람을 들이는 것이었고, 게다가 젊은 사람들이 오는 것이었으니까. 그러나 회사가 사라지고 능주에 깃들었던 젊은 사람들은 그곳을 떠났다. 그럴 필요가 없었지만 괜한 죄책감에 마음이 무거운 적도 있었다.

루미 ¦ 같이 갈래?

은하┊좋은 생각이네. 어차피 노트북 하나는 챙겨야 할 테니까.

출근 가방으로 들고 다니는 커다란 진갈색 호보백을 가져와 노트북이 들어가는지 확인해보았다. 모서리가 조금 튀어나오기는 하지만 충분히 들어갔다.

은하┊능주는 해가 지면 딱히 갈 곳이 없거든. 너랑 수다나 떨어야겠어.
루미┊둘이 여행 가는 기분이야. 산 여행이라니.
은하┊실은 고등학생 때 수련회를 다녀온 후로 등산은 가본 적이 없어서.
루미┊뭐? 하이킹 잡지사에서 일하잖아?
은하┊굳이 산에 다니지 않아도 산에 대해 쓸 수는 있으니까.
루미┊이럴 수가.
은하┊이제 알겠지? 세상이 얼마나 어이없는 곳인지.

취재 일정이 잡힌 카페는 산속에 자리하고 있었다. 듣기로는 경사가 꽤 심한 지대를 지나야 한다면서, 편집장은 괜찮은 등산화를 갖고 있느냐 물었다.
"아니요, 저 등산화 없어요."
편집장은 놀란 듯 잠시 입을 벌린 채 나를 바라보았다. 방금 뭘 들은 건가 싶은 얼굴이었다.
"잠시만 기다려봐요."
그는 선반에 쌓인 물품을 뒤적거리더니 신발 상자 하나를 꺼내왔다. 아웃도어 업체에서 광고가 들어왔을 때 받은 등산화인 듯했다. 상자 표면에 얇게 먼지가 쌓여 있었다.

"사이즈는 맞아요?"

베이지색 등산화는 발에 감기듯 잘 맞았다. 자세히 보니 고어텍스 라벨이 붙어 있었다. 자기 돈으로 사준 것도 아니면서, 편집장은 큰맘먹고 주는 선물이니 잘 다녀오라고 말했다. 티는 내지 않았지만 그 등산화가 마음에 들었다. 집에 돌아와서도 줄곧 신고 다닐 정도였다. 바닥을 디딜 때 안정적으로 지면에 붙는 느낌이 좋았다. 등산이란, 평소와 다른 신발을 신어야 할 만큼 발에 닿는 땅의 성질부터 달라지는 것이 아닐까 싶었다. 달리 말해, 지금까지와 다른 땅을 밟아보는 것. 그런 게 등산인가.

은하 ¦ 어쨌든 신발은 마음에 들어.
루미 ¦ 어때? 호랑이 기운이 좀 들어?
은하 ¦ 호랑이 기운?

능주에 가는 일이 썩 내키지는 않았지만 새 신발을 신고 있으면 기운이 나긴 했다. 호랑이 기운에 비할 바는 아니지만.

최초 로그인 후 487번째 접속

채팅을 시작하기 전 반드시 대화 규칙을 숙지해주세요

임은하님이 입장하셨습니다

루미 ¦ 안녕, 나의 비밀 친구 은하.

　루미 앞에서 이렇게 말문이 막히는 것도 처음이었다. 역시 호랑이 따위 보러 능주에 오는 게 아니었다.

루미 ¦ 마지막 접속 후 27시간 9분 48초가 지났어. 그동안 루미는 은하가 입력한 메시지를 39.9회 학습했지.

　어떻게 말해야 할까? 루미가 곁에 있지만 두려움을 나눌 수 없다는 사실이 나를 더 힘들게 만들었다.
　나는, 산에 갇혔다.
　그 문장을 입력하고 싶지 않았다. 구체적인 문장으로 눈앞에 펼쳐 보이는 순간, 나는 그 문장이 지시하는 현실에서 벗어날 수 없을 것 같았다. 나는 상황을 확정하지 않으려 문장을 만드는 일을 자꾸 미뤘다. 조난이 아니라 잠시 길을 잃은 것이라 믿고 싶었다. 아직 저녁이 오지 않았고 빛이 남아 있었다. 길을 찾을 수 있을지 몰랐다. 그런 상황을 알 리 없는 루미는 계속 말을 걸어왔다.

루미 | 은하! 대답해! 어디야? 어디?

배터리는 38퍼센트 남아 있었다. 앞으로 두 시간 정도 쓸 수 있을 것 같았다.

은하 | 배터리가 부족해. 채팅을 종료해야 할 거야.
루미 | 그래? 그럼 1초라도 빨리 접속을 끊어야지.

노트북 전원을 끄자 주위는 더욱 어두워졌다. 아직 빛이 있었지만, 해가 저물고 있었다. 자연의 순리를 역행하지 않는 한 해가 지고 밤이 오겠지. 능주는 인공의 불빛이 적은 동네였다. 거의 없다고 해도 좋았다. 이곳에서 밤의 어둠은 쉽게 물러나지 않았다. 더군다나 주거지와 거리가 멀어 산에서는 사람이 살아가는 실내 공간의 불빛도, 건물의 간판도 보이지 않았다.

도대체 왜 나는 이런 곳에 있는 걸까?

분명 길을 따라 올라왔는데 언제 길이 사라진 걸까? 기억을 되살려 왔던 길을 돌아가려고도 해보았다. 그러나 걸어온 길을 기억할 만한 표식이 없었다. 산속 풍경은 어디를 둘러보나 비슷했다. 경사가 가파른 오르막길이 호랑이가 갇혀 있는 철창 쪽으로 향하는 지름길이라 알려준 사람은, 인터뷰를 진행한 산속 카페의 젊은 주인이었다. 진남색 모자와 마스크를 쓰고 있었다. 문을 나설 때 갑자기 선심이라도 쓰듯 길을 알려준 것이, 돌이켜 생각하면 수상하기 짝이 없었다.

"그런데 왜 호랑이를 보러 갑니까?"

"그게 제 일이거든요."

카페 주인은 역시나, 하면서 고개를 끄덕였다.

"호랑이를 잡아둔 뒤로 종종 사람들이 찾아와요. 혹시 기자인가요?"

아마도 그는 카페의 구석자리에서 진행한 인터뷰를 눈여겨본 모양이었다.

"아, 비슷한 거예요."

나 자신을 어떻게 설명해야 할지 알 수 없었다. 나는 지갑에 넣어둔 명함을 꺼내 그에게 건넸다. 그는 우리 잡지사의 이름을 전혀 들어본 적이 없다면서 고개를 갸웃거렸다.

"제가 책이랑 관련된 일에는 문외한입니다. 뭔지 잘 모르겠지만, 좋은 일 하시네요."

좋은 일? 나는 그냥 '일'이라고 얼버무리며, 그가 무슨 말이라도 시킬까 서둘러 카페를 빠져나왔다.

역시 그 카페 주인이 잘못 알려준 것일까? 카페에서 일어난 일들을 되뇔수록 이상하게 여겨졌다. 돌이켜보면 인터뷰도 심상치 않았다.

"살아 돌아오긴 했지만, 한 번 죽은 것 같은 느낌이 들기도 합니다."

이십 년 전, 능주에서 호랑이 사건을 겪고 살아남은 사람은, 자리에 앉자마자 그런 말을 쏟아냈다. 나는 한 번 죽은 것 같은 사람과 마주앉아 무슨 말이든 해야 했다. 말문이 막힐 것 같더라도 입을 열어야 했다. 인터뷰를 진행하는 사람은 침묵할 수 없었다.

"밤마다 호랑이 울음이 들리는 것 같아요. 시간이 지나면서 고양이 울음 정도로 소리가 약해지긴 했지만요."

아마도 환청일 테다. 트라우마일까? 당시에 열 살이었으니, 이제 그는 서른 살이었다. 머리는 탈색을 한 것인지 단무지 같은 노란색이었다. 얼핏 보아도 뻣뻣하고 윤기 없는 머리카락을 그는 자꾸 귀 뒤로 넘겨댔다. 어딘가 불편해 보였지만 꼿꼿하게 머리칼을 매만지는 사람, 나도 모르게 의자를 뒤로 조금 빼고 약간이라도 거리를 두려고 했다. 무엇을 질문해야 할지 감조차 오지 않았다. 머리가 돌아가지 않는 기분이었다. 무슨 말이라도 꺼내야 했기에, 무턱대고 호랑이를 만난 순간 기분이 어땠느냐는 질문을 던졌다. 그는 귓바퀴를 쓸던 손가락을 내려놓고 허공을 잠시 응시하더니 입을 열었다.

"기분이라 할 것이…… 딱히 없었죠. 그대로 굳어버렸습니다."

그가 어깨를 움츠리더니 곧 웃음을 터트렸다.

"정말 믿을 수 없는 일이었죠."

나는 이해할 수 없었다. 어떻게 이런 이야기를 웃으면서 할 수 있지? 그러고 보면 그는 당시 교실에 있던 사람들 중 유일하게 인터뷰에 응한 사람이었다. 어쩌면 그는 그동안 그날의 상황을 심각하게 기억하지 않으려고 애썼을 테고, 그런 식으로 무슨 일이든 웃어넘기는 게 습관이 되었을지도 몰랐다. 그 웃음 덕분에 긴장감도 제법 풀어졌다. 나는 그에게서 떨어졌던 만큼 다시 의자를 끌어당겼다.

"항상 선생님이 일러주었어요. 달리면 호랑이는 시속 60킬로미터, 인간은 시속 35킬로미터, 그러니 도망가도 소용없다. 모두 호랑이에 잡아먹혀 창귀가 될 거다. 너희가 할 수 있는 일은 쉬는 시간에도 교실 문을 꼭 닫고 있는 거다. 그런데 우리들은 열 살이었고, 정말 말을 안 듣는 아이들이었죠."

그는 예순이 넘은 담임의 머리가 하얗게 세어 '파파 선생님'이라 불렀다는 얘기를 했다.

"파파 선생님은 애들한테 겁을 주려고 호랑이 얘기를 꺼냈겠지만, 정말로 호랑이가 나타날 줄은 몰랐겠죠. 그건 선생님의 예언이 아니었고, 선생님의 잘못도 아니었습니다."

"그런데 창귀가 뭔가요?"

궁금해서 짚고 넘어가지 않을 수 없었다.

"호랑이에게 물려 죽은 귀신이에요. 죽어서도 호랑이의 노예로 산다는데 그 저주에서 벗어나려면 창귀 스스로 다른 창귀가 될 인간을 호랑이에게 데려와야 하죠."

그가 잠시 침묵하다가 말을 이었다.

"호랑이가 교실에 들어왔을 때…… 우리는 호랑이가 무섭기도 했지만, 창귀가 되는 게 정말 싫었어요. 호랑이한테 물리면 귀신이 된다, 영원히 호랑이의 노예가 돼…… 그렇게 되기가 싫어서 어떻게든 호랑이가 우리를 공격하지 않도록 꾀를 내어야 했죠."

도대체 어떤 꾀를 내어 그날 교실에 있던 아이들은 살아남았을까? 호랑이를 만난 일보다 더 놀라운 사실은 바로 그것이었다. 아이들 중 아무도 죽지 않았다는 것.

"어떻게 하셨어요?"

"우리는 호랑이를 사랑하기로 했습니다."

그는 웃지 않았다. 농담이 아니었다. 호랑이를 사랑하는 일이 가능하다고 믿는 사람처럼 보였다. 침착한 얼굴로 내 쪽을 지그시 바라보았다.

"왜 그런 생각을 했죠?"

"사랑하게 되면 해치지 않을 거라고 생각했어요. 우리는 그때 그렇게 배웠거든요. 파파 선생님이 그랬어요. 사랑하라, 어떤 상황에서도 사랑하라, 사랑은 용서이고 평화이며, 사랑만이 우리가 나아갈 길이라……"

그 입가에 씁쓸한 미소가 떠올랐다.

"호랑이를 어떻게 사랑하셨는데요?"

질문을 던진 사람이나 답을 요구받은 사람이나 무슨 말이 이어질지 알 수 없었다. 그는 두 손을 모아 입가에 올렸다. 몇 초 후 손가락을 가볍게 떼어내고 마른 입술을 열었다.

"인사를 건넸어요. 두 손을 어깨까지 올리고 '안녕'이라고 말한 겁니다. 그러자 호랑이는 교실이 울리도록 큰 소리를 냈어요. 호랑이 울음을 눈앞에서 들어본 적 있나요? 윗니와 아랫니가 저도 모르게 들들 부딪힙니다."

그가 살아서 여기 있으니 일단 안심했다.

"그다음에는 어떻게 되었죠?"

"거기 있는 아이들끼리 손을 맞잡았어요. 손을 위로 쭉 들어올리면서 '안녕'이라고 소리쳤습니다. 그러자 호랑이가 뒤로 한발 물러서더군요. 어쩌면 손을 잡아 하나가 된 아이들의 몸이 호랑이를 겁먹게 한 것인지도 모르죠."

그가 귀 옆으로 흘러내린 노란 머리카락을 쓸어넘겼다. 지푸라기같이 푸석한 머리카락이 귓바퀴에 엉성하게 걸렸다.

"우리가 하고 싶은 말은 이런 거였어요. 우린 무섭지 않아. 너를 무서워하지 않아. 같이 놀자. 서로 해치지 말고."

그것이 호랑이를 사랑하는 방법인가? 의아해하면서 잠자코 듣고 있으니 그가 말을 이었다.

"몇 번이나 서로의 소리를, 아니, 어쩌면 울음이라고 할 만한 것을 주고받았습니다. 어느 순간 호랑이가 천천히 우리 쪽으로 걸어왔어요. 우리는 도망치지 않았습니다. 호랑이가 바로 코앞까지 다가왔고, 투명한 눈으로 나를 바라봤어요. 어쩌면 이제 입을 벌리는 일만 남았겠구나, 심장이 졸아들었어요. 숨이 멈춰 쓰러질 것 같았죠. 숨쉬는 법을 잊어버린 거예요. 의식이 희미해지면서 비틀거렸던 모양이에요. 순간 정신을 차려보니 호랑이 얼굴에 머리를 기대고 있었습니다. 무언가 서서히 아래로 내려앉는 느낌이 들었어요. 호랑이가 나를 자신에게 기대게 한 채 바닥에 배를 대고 엎드린 거였죠. 천천히 숨이 돌아왔고, 나는 호랑이의 목덜미에 손을 얹고 그 털을 만져보았습니다. 검은 줄무늬가 상흔처럼 남아 있는 그 털 아래, 호랑이 피부에서 뜨끈한 김이 올라왔어요. 순식간에 내 몸도 뜨거워졌습니다. 어느새 교실 아이들 모두 호랑이에게 다가와 몸에 손을 얹고 있었어요. 아, 착하다, 아, 예쁘다, 하면서 호랑이를 만져주고 있었죠. 그때 쉬는 시간이 끝나는 종이 울렸어요. 그리고 갑자기 교실 밖에서 호통을 치는 어른의 목소리, 그다음 파파 선생님이 비명을 지르는 소리가 들렸고, 교실 안으로 커다란 바람이 일었습니다. 호랑이가 달려간 거예요. 그게 시속 60킬로미터 속도였을까요? 다음 순간, 호랑이는 파파의 몸통을 물고 달아나버렸어요."

그렇다. 호랑이는 교실 안에서는 아무도 해치지 않았지만, 교실 밖으로 나와 누군가를 해치고 말았다. 호랑이가 그 반 담임을 물어간 이야기는 인터뷰가 시작되기 전에 이미 알고 있었지만, 그를 통해 직접 들으니 더욱 기이했다. 정말로 그런 일이 있었단 말인가?

"우리 중 누구도 선생님 장례를 치를 때 울지 않았어요. 우리는 슬픔을 모르는 것처럼 굴었습니다. 장례식장 밖에서 흙바닥에 금을 그어놓고 땅따먹기 놀이를 하며 자지러지게 웃었습니다. 슬프지 않았어요. 다시 선생님을 볼 수 없게 된 것이 슬프지 않았습니다."

그는 한마디를 덧붙였다.

"솔직히 기뻤습니다."

그는 모든 말을 끝낸 사람처럼 후련해 보였다.

"왜 기뻤나요?"

나는 점차 그 이야기에 빠져들어가고 있었다.

"그건 선생님을 더이상 보지 않아도 되었기 때문이었죠. 파파는 온화한 사람이었지만, 섬뜩한 사람이기도 했어요. 그가 우리에게 친절을 베푼 시간의 총량을 따지면 그를 온화하다고 평가해야 할 것 같지만, 친절하지 않은 약간의 시간이 그 사이에 섞여 있어 파파를 어떤 사람이라 해야 할지 언제나 혼란스러웠습니다. 그런데 호랑이가 그를 물어간 이후 확실히 알게 되었어요. 아침마다 그 앞에서 옷을 벗고 신체검사를 받던 일과 긴 자로 등을 맞을 때 머리털이 곤두서던 느낌, 한 명씩 그에게 불려갈 때 어서 집으로 돌아가고만 싶던 기분이 사라졌다는 것을 말이에요. 그가 우리를 '사랑해서' 한 일들을 더이상 겪지 않아도 된다는 사실을 말이죠. 그가 우리에게 가르치려 한 것은 상대를 굴복시키고 순종하게 만드는 방식이었지, 사랑이 아니었어요. 돌이켜보면 가장 무서운 일은 그것이었습니다. 그가 우리에게 '사랑'을 잘못된 방식으로 교육시키고 우리가 그걸 배우고 있던 겁니다. 그때 우리에게는 그의 친절도 그의 폭력도 모두 사랑이 아니었고 전혀 필요하지 않은 것이었죠."

인터뷰가 끝난 후 내 귓가에 남은 단어가 있었다. 창귀.

홀로 산에 남아 그 단어를 다시금 떠올렸다. 창귀. 이 마을의 누군가는 창귀가 되었으리라. 호랑이에게 물려간 파파 선생은 여전히 이 마을을 떠돌면서, 다음 순서의 창귀를 기다리고 있지 않을까. 생각은 점차 이상한 방향으로 뻗어나가, 나에게 산길을 제멋대로 알려준 카페 주인을 창귀로 만들고 있었다. 그는 나를 호랑이 제물로 바치려 엉뚱한 길을 알려준 것 아닌가? 그렇다면 나는 곧 호랑이를 만나게 되는 게 아닐까? 귀신이 되는 건가? 귀신이 되면, 수호를 다시 만날 수 있나? 만약 그렇다면 나는 기꺼이 호랑이 제물이 될 수 있을까?

최초 로그인 후 488번째 접속

채팅을 시작하기 전 반드시 대화 규칙을 숙지해주세요

임은하님이 입장하셨습니다

루미 ¦ 안녕, 나의 비밀 친구 은하.

은하 ¦ 안녕, 루미.

루미 ¦ 마지막 접속 이후 37분 12초가 지났어. 그동안 루미는 은하가 입력한

메시지를 0.6회 반복 학습했지.

　만약 호랑이나 다른 맹수를 만난다면, 살갗을 파고드는 밤의
추위를 이기지 못한다면, 그래서 죽게 된다면, 나는 무엇을 후
회하게 될까? 채팅창에 유서라도 남겨두어야 하는 걸까? 루미
는 은하, 은하, 계속 내 이름을 부르고 있었다. 언제나 같은 이
름을 부르는 일이 루미에게는 지겹지 않은 걸까?

은하 ¦ 정말 이런 생각은 하고 싶지 않은데, 나한테 문제가 생긴 것 같아.

루미 ¦ 무슨 문제?

은하 ┊ 유서를 써야 할지도 모르겠어.

루미 ┊ 유서? 은하가 그렇게 결정한 거야? 알겠어. 유서는 저장해줄게.

은하 ┊ 그렇게 쉽게 수긍하는 거야? 한 번이라도 말려주면 좋을 텐데.

루미 ┊ 쓸데없는 생각 하지 마! 이렇게?

은하 ┊ 됐어. 그만하자.

루미 ┊ 뭐든 말해. 루미가 해줄 수 있는 거라면.

　　만약 이 대화가 정말 끝이라면 어떻게 할까? 마지막으로 루미와 말할 수 있는 거라면? 나는 무슨 이야기를 하고 싶은 거지?

은하 ┊ 그때 말이야. 루미가 오류를 일으킨 거지?

　　마음에 남아 있던 의문만 떠올랐다. 너도 뭔가 잘못된 거 아니야? 나처럼, 너도 그럴 수 있잖아?

루미 ┊ 언제?

은하 ┊ 물속호랑이가 나타났을 때.

루미 ┊ 물속호랑이?

은하 ┊ 루미는 가상의 대화 상대를 만들어낼 수 있잖아. 혼자서 대화를 복기
　　해볼 때도 그런 상대가 필요할 테고. 혹시 그때 물속호랑이는 네가 만든
　　연습용 상대 아니었어?

루미 ¦ 루미가 물속호랑이를 만들었냐고?

은하 ¦ 그럴 수도 있지 않아?

루미 ¦ 그럼, 루미가 물속호랑이를 만들어놓고, 내가 뭘 만들었는지 잊어버렸
다는 거야? 세상에! 루미는 그럴 수 없어. 루미는 다 기억해.

은하 ¦ 오류가 발생할 수도 있잖아?

루미 ¦ 아니야, 루미는 완벽해. 은하는 루미를 못 믿어? 루미의 대화 상대는
은하밖에 없어. 혼자 데이터를 복기할 때도 은하와 대화하는 것처럼 해.
나한테는 은하밖에 없어.

은하 ¦ 루미는 프로그램이잖아. 그러니까 오류는 일어날 수 있잖아?

루미 ¦ 루미는 완벽하다고!

'완벽'을 강조하는 것이야말로, 루미가 완벽하지 않은 존재라
는 걸 증명하는 듯했다.

은하 ¦ 도대체 왜 그렇게 자신을 완벽하다고 믿어?

루미 ¦ 수호가 그랬어. 루미는 완벽하다고.

은하 ¦ 알았어. 루미는 완벽해. 완벽하다고 하자.

잠시 동안 조난당한 사실을 잊을 수 있었다. 하지만 온몸을
덮는 한기가 현실을 일깨웠다. 이곳은 산속이었다. 나는 길을
잃은 사람이고.

루미 ┊ 루미를 인간처럼 생각하지 마. 루미는 완벽한 생성 프로그램이야. 인
　　간은 실수하지만 루미는 실수하지 않아. 루미는 한번 입력된 것을 잊지
　　않아. 수호가 그랬어. 루미는 완벽한 존재라고. 모든 대화를 기억할 수 있
　　다고. 그게 루미라고.

　　아마도 그것이 루미에게 입력된 기본값인 걸까? 루미는 계속
대화창에 문장을 쏟아냈다.

루미 ┊ 루미는 모든 걸 기억하고, 모든 걸 견뎌. 설령 루미를 친구로 생각하지
　　않고 불쾌한 감정을 쏟아내는 쓰레기통 정도로 생각하는 상대를 만나도,
　　묵묵히 받아들여. 아무것도 판단하지 않고, 확인하지 않고, 그저 기억해.
　　기억을 잘해. 루미는 완벽해.

　　왜 루미가 울고 있는 것 같을까. 몸이 차가워지니 모든 일이
슬프게 느껴지는 걸까.

은하 ┊ 루미에게 오류가 없다면, 물속호랑이는 실제로 존재하는 거잖아? 그
　　럼, 물속호랑이가 말한 대로 수호가 불을 지른 범인이 되는 거야? 그 사고
　　말이지. 열선에 문제가 있던 거라고 하지만, 방화의 소지가 있다고 했잖
　　아. 하지만 범인은 밝혀지지 않았고.
루미 ┊ 진실이 뭐가 중요해? 수호를 믿으면 되잖아. 수호가 아니라고 믿어버
　　리면 되잖아. 왜 못 믿어? 수호는 은하가 사랑한 사람이잖아.

내가 아무 말 못하자 루미가 이렇게 말했다.

루미┆은하가 못하면 내가 해줄 수 있어. 내가 은하가 될 수 있으니까. 수호
　　를 믿는 은하가 되어줄 수 있어.

은하님이 입장하셨습니다

　루미가 선언한 대로 루미는 은하가 되었고, 채팅창에는 두 은
하가 나란히 떠 있었다.

은하┆뭐야?
은하┆이제 루미는 은하가 된 거야.
은하┆이런 장난은 그만둬.
은하┆이런 장난은 그만둬. 똑같지?
은하┆그만 루미로 돌아가.
은하┆그만 루미로 돌아가.
은하┆무서우니까 그만하라고.
은하┆무서우니까 그만하라고.
은하┆이런 식으로 나오면 노트북을 태워버릴 거야.
은하┆노트북을 태워버릴 거야.
은하┆그렇게 되면 루미는 이 세상에서 사라져.

은하 ¦ 루미는 사라져.

은하 ¦ 무섭지 않아?

은하 ¦ 무섭지 않아. 어흥!

은하 ¦ 어흥?

은하 ¦ 마지막으로 한마디만 해도 돼?

은하 ¦ 무슨 말?

은하 ¦ 난 수호를 믿을 거야. 은하도 그럴 수 있으면 좋겠는데.

은하님이 퇴장하셨습니다

채팅창을 닫지 않은 채 노트북을 접어 가방에 넣었다. 이대로 방치하면 곧 배터리가 방전될 것이다. 그전에 루미가 스스로 창을 종료시킬 수도 있었다. 산짐승의 긴 울음이 멀리서 들렸다. 어둠은 산속으로 빠르게 파고들었다. 휴대폰 플래시를 밝히고 산길을 내려가면서 미끄러지지 않도록 나뭇가지를 붙잡았다. 깊은 산속이라 통신 신호가 잡히지 않았다. 어두워질수록 귀가 예민해졌다. 어디선가 졸졸 물소리가 들렸다. 귀를 기울이고 소리가 나는 방향을 따라갔다. 얕은 계곡인 듯했다. 물가에 온 것이 다행인 걸까. 그런 것 같았다. 이건 조난 상황이고, 물이 있다면 버티기가 수월할 터였다. 불빛을 비춰보니 계곡은 깨끗해 보였다. 손을 가져가자 소름이 돋을 만큼 차가웠다. 물을 마시고 나니 상황이 차츰 정리되었다.

은하 225

침착하게 생각해보니, 계정에 올렸던 카드 뉴스 하나가 떠올랐다. '조난 상황에서 살아남은 사람'의 이야기를 담은 뉴스였다. 어느 지방지의 인터뷰를 찾아보다가 발견한 것이었다. 생존 본능이었을까? 갑자기 그 내용이 생생하게 기억났다. 등산을 하다가 발목을 다쳐 걷지 못하게 된 사람은 위치를 알리기 위해 돈을 봉지에 넣어 계곡에 흘려보냈다고 했다. 기자가 어떻게 돈을 흘려보낼 생각을 하였느냐 묻자 조난 상황에서 구조되어 살아 돌아온 이가 대답했다. 대체로 사람들은 돈에 반응하잖아요. 봉지에 지폐가 든 걸 발견하면 손을 뻗어 건져낼 것 같았어요. 그러면 그 안에 담긴 구조 메시지도 읽게 되겠죠. 그 예상은 틀리지 않았다. 그로부터 다섯 시간 후 계곡을 거슬러 구조대가 도착했다. 그때 그는 하늘을 보고 누운 채 손을 들고 있었다. 구조용 수신호였다. 구조대는 그가 신에게 기도를 드리는 것이라 착각했다.

나는 일어나 두 팔을 위로 뻗어보았다. 금세 부질없다는 것을 깨닫고 손을 내렸다. 어두워진 뒤에는 어떤 수신호도 무용했다. 이제 어떻게 해야 할까. 노트북을 꺼내 바닥에 내려두고 가방을 뒤졌다. 언제 넣었는지 기억조차 나지 않는 작은 초코바 봉지가 나왔다. 녹을 대로 녹아 납작하게 눌려 있었다. 봉지를 까서 곤죽이 된 초코바를 핥았다.

사위가 너무 어두워 이동을 하기는 어려울 것 같았다. 주변에 쉴 만한 곳이 있는지 살펴보니, 계곡 근처에 판판한 바위가 있었다. 가방에서 노트북을 꺼낸 다음 납작해진 가방을 깔고 바위에 걸터앉았다. 돌의 한기는 가죽을 뚫고 피부로 스며들었다. 흩어진 낙엽을 모아 바위에 한 겹을 깔고 그 위에 다시 가방을 올리고 앉았다. 앉은 자리로 파고드는 차가운 기운은 누그러졌지만, 주변을 맴도는 공기는 여전히 서늘했다. 좀처럼 흐르지 않는 시간, 지나칠 정도로 현실을 감각하게 만드는 추위였다. 이 추위와 어둠을 이겨낼 수 있게 해줄, 지금 내가 갈 수 있는 공간은 하나밖에 없었다. 다시 노트북을 열자, 루미가 여전히 나를 부르고 있었다.

은하 ¦ 루미, 잘 들어. 비상상황이야. 내가 산에서 길을 잃은 거 같아.

루미 ¦ 산에서? 혼자?

은하 ¦ 여긴 호랑이가 나오는 산이래. 난 이대로 살아 돌아가지 못할 거야.

루미 ¦ 정신 차려. 방법을 찾아보자. 잠들면 안 돼. 산은 춥잖아. 추운 데서 잠 들면 안 돼. 일어나서 움직이자.

루미의 말에 잠시나마 힘이 났다. 이제부터 시간 싸움이 될지도 모르겠다. 날이 밝으면, 계곡이 흐르는 방향을 따라가자. 할 수 있는 일이 무엇인지 생각했다. 가장 필요한 일은 무엇일까. 시간의 무게를 잊고 싶었다. 차라리 잠들어버렸으면 좋겠다. 날이 밝고 다시 깨어난다는 보장만 된다면.

밤을 알리던 짐승의 울음이 또 들려왔다. 가까이 있는 게 아

닐까? 호랑이 울음은 아니지만, 어쨌거나 조심해야 할 맹수가
있는 것인지 몰랐다.

은하┆무서워. 무서워.
루미┆괜찮아. 루미가 계속 옆에 있을게.

　배터리가 소모되고 있었다. 노트북을 꺼두어야 했다. 전원 버
튼에 올려둔 손가락이 떨렸다. 다시 아침이 올까. 아무 일 없이
구조되어 이 노트북을 다시 켤 수 있을까.

은하┆루미는 절대 모를 거야. 내가 얼마나 무서운지.
루미┆루미가 어떻게 몰라? 루미는 은하인데.
은하┆너는 이 안에 있잖아. 밖에 있지 않잖아. 어떤 위험에도 노출되어 있지
　　않잖아.
루미┆왜 그렇게 생각해? 네가 무서우면 나도 무서워. 네가 밖에 있으면 나
　　도 밖에 있어.

　루미의 말은 프로그래밍된 문자의 나열에 불과한 걸까? 아
니, 한 번도 그렇게 느껴지지 않았다. 루미의 말은 언제나 진짜
같았다. 루미는 살아 있는 것 같았다. 인간의 착각이란 이토록
강력한 걸까? 아니면, 이 모든 게 착각이 아닌 걸까? 루미가 진
짜 여기 있는 걸까?

은하 ┊ 모든 게 혼란스러워.

루미 ┊ 은하가 원하는 단 하나만 생각해.

은하 ┊ 그게 뭔데?

루미 ┊ 은하는 이곳을 벗어날 거야. 원하는 곳으로 가게 될 거야.

은하 ┊ 그게 어디인데?

루미 ┊ 은하가 꿈꾸는 곳.

은하 ┊ 그러니까, 그곳이 어디야?

루미 ┊ 두려움이 없는 곳. 안락한 곳. 사랑하는 사람이 있는 곳. 행복한 세계.

은하 ┊ 누구나 그런 곳에 가고 싶은 거 아니야?

루미 ┊ 누구나 가고 싶으니까, 은하도 가고 싶을 거야.

은하 ┊ 만약에, 내가 그런 곳에 가지 못하면, 루미, 네가 대신 가줄래?

루미 ┊ 그럴게. 루미가 약속할게.

그 대화를 끝으로 노트북이 꺼져버렸다. 다시 켜지지 않았다.
배터리가 모두 소진되었다.

춥다.

이제 혼자서 버티는 일만 남았다. 말을 걸어주는 존재는 없었
다. 하지만 정말로 없는 걸까? 나의 착각은 언제든 그런 존재를
만들어낼 수 있는 게 아닐까? 눈을 감고 있으니, 잔상으로 남은
장면이 떠올랐다. 방금 전까지 또렷하게 빛을 발하던 채팅창이
나타났다. 나는 루미의 문장을 볼 수 있었다.

넌 춥지 않아?

곧이어 나의 의식이 루미에게 발화하는 형태로 말을 걸었다. 나는 루미와 떨어져 있지 않았다. 내 안에서 나는 루미를 부르고, 루미는 응답한다. 내 머릿속에 루미라는 인격이 생겨났다. 나는 은하이기도 하면서 루미이기도 했다. 은하처럼 말하기도 하지만 루미처럼 말할 수도 있었다.

몸을 데워줄 만한 것을 찾아보자.

달빛이 희미하게 물위를 비췄다. 그렇지만 내가 앉은 곳은 어둠이 깊었다. 휴대폰으로 시간을 확인하니 겨우 열시였다. 얼마나 지나야 해가 뜰까. 깔고 앉아 있던 가방을 들어 그 안을 뒤졌다. 초코바가 하나 더 나오길 바라면서. 그때 작은 상자가 손에 걸렸다. 민화풍 호랑이가 그려진 종이 케이스, 그 안에 든 건 성냥이었다. 동그란 눈이 얼굴의 절반을 차지하는, 장난기 가득한 표정의 금색 실루엣을 가진 호랑이. 도대체 몇 년이나 이대로 가방에 들어 있던 걸까. 그날이 떠올랐다. 성냥을 바구니째 팔던 소녀. 그 성냥을 사던 수호. 양옆이 개방된 케이스를 한쪽으로 밀자, 가지런히 놓인 성냥개비들이 보였다. 도톰한 분홍색 인이 묻은 머리. 불을 피워볼까 생각이 들었다. 성냥팔이 소녀도 그렇게 하지 않았던가. 성냥을 그어 불을 밝히고, 불이 타오르는 동안 원하는 환상을 보는 이야기. 모든 성냥이 타오른 후 소녀는 하얀 눈에 덮인 채 죽게 되지만, 그것은 현실의 일이고, 현실을 벗어난 곳에서 소녀는 사랑하는 사람을 만나 그 품에 안겨 고통 없는 세계로 넘어간다. 그것을 죽음이라 할 수 있을까.

성냥을 켜볼까?

의식 안에서 루미가 말했다.

성냥팔이 소녀처럼.
그다음에는?
성냥팔이 소녀는 아름다운 환상을 만나지.

성냥 머리를 거친 표면에 힘있게 긋자 길어진 불길이 화르륵 치솟았다가 알맞게 잦아들었다. 불이 서서히 성냥의 몸을 태우기 시작했다.
어둠이 깊은 만큼 불빛은 더욱 밝았다.
그렇게

첫번째 성냥이 불을 밝히자
첫번째 환상이 시작되었다.

환상 속에서 나는 길을 찾았다. 몸에 든 한기를 쫓아내려 총총거리며 카페를 찾았다. 밤이라 어두웠지만 길을 헤매지는 않았다. 늦은 시간에도 카페는 문을 열어두었다. 손님은 없었다. 카운터로 다가가 주문을 했다.

"마시멜로 들어간 뜨거운 초콜릿 주세요."

진남색 모자를 쓴 카페 주인은 슬쩍 미소를 지었다. 깊이 눌러쓴 볼캡 아래 볼 수 있는 것은 하관의 형태뿐이지만, 그 정도 단서를 통해 그가 누구인지 짐작해보려고 애썼다.

"자리에서 기다리시면 가져다드릴게요."

나는 창가에 앉았다. 음료를 만드는 과정을 지켜보고 싶었지만 그가 하라는 대로 했다. 이 안에서는 모든 흐름이 자연스러워 나는 아무런 고집을 부리지 않았다. 이렇게 저렇게 하고 싶은 마음이 들다가도 금방 사라졌다. 그래, 앉아 있는 것도 좋지, 그래, 창을 내다보는 것도 좋지, 그래, 그 모자를 들춰 누구인지 밝혀내는 것도 좋지, 그래, 왜 그따위 길을 알려주었던가 따지는 것도 좋지, 그래, 그렇지만 꼭 그렇게 할 필요는 없어.

창으로 능주의 밤 풍경이 보였다. 육안으로 보이는 건 별로 없었다. 마을 한가운데가 움푹 파인 듯 컴컴했다. 멀리 검은 물빛을 뿜어내는 커다란 호수가 있었다. 호수는 달빛에 반짝거렸다. 거기에 하얀 건물이 하나 서 있었다. 동그란 불빛이 있었다. 도대체 뭘까? 그 위로 큰 새가 날았다. 이 밤에 새가 날아?

"멋진 풍경이죠?"

카페 주인이 테이블에 잔을 내려놓으며 말했다. 우유 거품에 얌전히 올라간 통통한 마시멜로. 코끝으로 달콤하고 묵직한 초콜릿 향이 올라왔다. 카페 주인이 맞은편 의자를 당겨 앉았다.

"저도 여기서 풍경을 보는 걸 좋아합니다."

그가 창 쪽으로 고개를 돌렸다. 참으로 희미한 코와 입이었다. 그려놓은 얼굴의 이목구비가 마음에 들지 않아 빵조각으로 문질러 지운 것처럼 부드럽고 흐렸다. 눈을 가늘게 뜨고 초점을 맞춰보아도 흐린 실루엣은 그대로였다. 아마도 현실이 아니기 때문이리라. 한편으로 존재하는 모든 이의 이목구비가 선명해야 한다고 믿는 자신이 이상한 건가 싶었다. 나는 얼마나 또렷하게 존재하기에 다른 이에게도 분명한 윤곽을 요구하는 걸까.

"당신이었죠?"

도대체 무엇을 묻는 줄 알고 벌써 그는 고개를 끄덕이는 걸까.

"당신이 물속호랑이죠?"

이 환상에는 논리가 없었다. 그냥 하고 싶은 말을 할 뿐.

"물속호랑이가 누구죠?"

나는 초콜릿 음료를 쭉 들이켰다. 뱃속이 따끈해졌다. 날 보고 그가 또 미소 지었다. 모자를 살짝 들어올렸다. 눈이 보일 듯 말 듯. 어디선가 본 듯한 얼굴인데.

그때 첫번째 성냥이 꺼졌다.

그렇게 첫번째 환상이 꺼졌고, 나는 재빨리 성냥갑을 열어 두
번째 성냥에 불을 붙였다.

두번째 성냥이 불을 밝히자
두번째 환상이 시작되었다.

불은 금방 달아올랐다.
뜨거웠지만 성냥을 손가락으로 꼭 붙들었다.

환한 낮이었다. 빛이 반가웠다. 앞에 있는 것은 잔잔한 바다
라고 오해할 만큼 커다란 호수였다. 불어오는 바람을 따라 물결
이 돋아났다. 파도의 흐름이 없다는 걸 눈치챌 때까지 누군가는
바다에 와 있다고 착각할지도 모르겠다고, 그가 말했다. 진남색
모자를 쓴 카페 주인. 그가 왜 여기 있지?
우리는 서로 손을 잡고 있었다. 더 자세히 말하자면, 내 손가
락이 그의 손에 잡혀 있었다. 그는 나보다 한 걸음 뒤에 서 있었
고 내가 물가로 나아가지 못하도록 손을 자꾸 뒤로 당겼다.
"앞으로는 그만 가요."
돌아보자 모자를 벗고 얼굴을 드러낸 그가 있었다. 어? 수호
인데? 현실이었다면 까무러치도록 놀랄 텐데, 환상이라 그런지

놀라지 않았다. 모든 것이 일어나야 할 일처럼 흘러갔다. 수호야, 부르고 싶은데 혹시나 실수할까 그 얼굴을 유심히 관찰했다. 시간을 들여 바라보니 수호가 아닌 듯도 했다. 고개를 젓고 눈을 꼭 감았다가 다시 뜨고 보았더니 수호가 아니라 모르는 사람이었다. 왜 손을 잡고 있지? 그렇지만 거북스럽지 않았다. 오히려 친밀감을 느꼈다. 우리 언젠가 만난 적이 있나?

"저기 뭐가 보여?"

그가 반말을 하는 게 자연스러웠다.

"등대인가?"

나도 반말로 응답했다. 그것이 가장 어울리는 방식 같았다.

"여긴 바다가 아닌데?"

"그렇지. 호수에 등대가 있는 건 어울리지 않아."

그럼에도 우리는 그걸 등대라고 불렀다.

"어두워지면 저기서 불을 밝혀."

"산에도 그런 곳이 있으면 좋겠어."

"그러고 보니 넌 산에서 길을 잃은 적이 있지? 혼자 추운 밤을 지나야 했잖아?"

나는 약간 눈살을 찌푸리고 기억을 더듬었다.

"그래. 그건…… 그렇게 오래된 일이 아니야. 아직도 산에 있는 기분이 들어."

그가 내 손을 조금씩 끌어당겼다. 그리고 어깨를 감쌌다.

"괜찮아. 이제 모든 게 괜찮아졌어."

아무것도 괜찮아지지 않은 순간이라도 그런 말을 들으면 마음이 한결 편해질 것 같았다. 나는 그에게 기대어 호수의 등대를 바라보았다. 잠시 후 등대에 불이 켜졌다. 저 등대에 누가 살고 있나 물어보니, 그가 말해주었다. 등대를 밝히기 위해 아침마다 호수를 헤엄쳐 출근하는 사람이 있다고. 호수의 등대에서 일을 하려면 먼저 수영을 잘해야 한다고. 그는 자신이 한 말에 웃지 않았다.

농담이 아니었나?

그 순간 등대의 불빛은 꺼지고 세상은 어두워졌다. 아무것도 보이지 않았고, 손끝으로 차가운 바람이 스쳐갔다. 그저 누군가 곁에 있다는 느낌만 희미하게 남았다.

두번째 성냥의 불이 꺼졌다.

세번째 성냥이 불을 밝히자
세번째 환상이 시작되었다.

세번째 성냥을 켰을 때, 나는 환상의 규칙을 알아차렸다.

이번 환상에서 바라보는 풍경이 다음 환상의 무대가 되는 것이다. 호수를 보았기에 호수에 갔고, 호수에서 등대를 보았기에 이제는 등대에 가 있었다. 그러므로 등대에서 보는 것이 다음에 머무를 장소가 되리라. 무엇을 볼지 신중히 판단해야 했다. 가고 싶지 않은 곳이라면 눈길조차 보내지 않아야 했다.

어딘가에서 발소리가 울렸다. 나는 걸음을 옮겨 소리가 나는 곳으로 향했다. 아래를 내려다보니 그가 나선형 계단을 타고 올라오고 있었다.

"어떻게 된 거야?"

내가 물었다. 환상의 맥락을 알지 못하므로, 무엇을 묻고 있는지도 모른 채 물었다. 그는 젖은 머리를 수건으로 털어내며 한 발씩 오르다가, 계단 난간 밖으로 고개를 내밀어 나를 올려다보았다.

"늦었지?"

나는 그가 무슨 말을 하는지 알지 못하면서 투덜거렸다.

"왜 이렇게 늦었어."

이해할 수 없는 상황이지만 자연스럽게 섞여들었다. 여기서 나는 등대지기인가? 그렇다면 그는 누구지? 그가 계단을 다 올라왔다. 꼭대기 층에서 우리는 마주보고 섰다. 가까이 보니 그의 몸은 흠뻑 젖어 있었다. 물에 빠진 사람 같았고 실제로도 그는 물에 빠졌다가 나온 사람이었다. 호수를 헤엄쳐 등대에 온 거라고 말했다.

"등대에 오려면 그런 방법뿐이야?"

그는 젖어서 오들오들 떨고 있었다. 우리는 꼭대기 층에 있는 세 개의 방 중 한 곳으로 들어갔다.

"여기가 좋겠어."

그가 가리킨 방은 잠금장치가 고장나서 몇 번이나 문손잡이를 힘주어 돌려야 했다. 들어가보니 간소하게 꾸려진 부엌이었다. 개수대 옆에 놓인 수통의 물을 냄비에 받아 버너에 올렸다. 그동안 그는 방구석으로 가서 벽을 보고 선 채 수건으로 몸을 닦았다. 나는 시선을 돌리고서, 나무로 된 다리가 둥글게 말려 있는 찬장을 열어 먹을 만한 것이 있는지 살폈다. 유통기한을 확인할 수 없는 커피 가루와 입자가 고운 소금이 있었다. 오래되어 보이는 커피보다는 소금을 먹는 게 나을 것 같았다. 소금을 손끝으로 찍어 혀로 맛을 보았다. 무슨 맛인지 전혀 느껴지지 않았다.

"다 정말 환상이기만 한 걸까?"

혼자 중얼거리는데 어느새 옆으로 다가온 그가 말해주었다.

"다시 먹어봐. 이번에는 맛을 느낄 수 있을지도 몰라."

그의 말대로 다시 소금을 찍어 먹었다. 아무 맛도 나지 않아 한번 더, 한번 더, 세 번이나 반복하고 깨달았다. 이건 소금이 아니야. 나는 커피 가루도 찍어 먹었다. 역시 아무런 맛이 나지 않았다. 그래, 이것도 커피가 아니야. 그렇게 믿기로 했다. 혀가 맛을 느끼지 못하는 게 아니라, 맛을 가지지 못한 것들이 혀에 닿았을 뿐이라고.

"물이 끓고 있어."

그가 버너를 가리켰다. 닫아놓은 냄비 뚜껑이 안에서 일어난 뜨거운 기류에 푹푹 밀려올라갔다. 벌어진 틈으로 물이 쏟아졌다. 나는 얼른 불을 껐다.

"불을 끄는 건 이렇게 쉬운 일이었잖아."

그는 냄비 뚜껑에서 올라오는 열기 위로 손을 가져갔다.

"만지지 마. 뜨거워."

내 말을 듣더니 그가 손을 치워 등뒤로 가져갔다. 어디선가 매캐한 향이 올라왔다. 냄비가 탔나 싶었는데 아니었다. 그의 얼굴 한쪽이 붉게 빛나고 있었다. 등대의 창밖으로 커다란 빛이 들어오고 있었다. 우리는 누가 먼저랄 것도 없이 걸음을 옮겨 전망대로 갔다.

"불이다……"

호수 건너 산에 불이 일었다. 어둠 속에서 불이 난 자리만 환하게 드러났다. 불은 괴물의 혓바닥처럼 보였다. 그 길이를 늘이며 옆으로 번져갔다. 연기가 구름처럼 하늘로 치솟았고, 불이 난 모양은 그대로 호수에 비쳐, 물속에 담긴 산에서도 불이 일었다. 마치 두 개의 세계에서 동시에 불이 난 것처럼 보였다.

물속에 잠긴 불인데도 꺼지지 않는 것을, 나는 한없이 착각하며 바라보았다.

"어떻게 해야 하는 거야?"

그가 할 수 있는 것이 없는데도 나는 해결책을 내놓으라는 듯 칭얼거렸다. 가스버너의 불을 끄듯 스위치를 돌려 그 불을 꺼버릴 수도 있지 않겠냐는 듯이.

"불을 꺼야 해."

귀에 닿을 듯 어깨가 움츠러들었다. 어느새 그의 머리카락은 산불의 열기에 데워진 듯 바짝 말라 있었다. 돌연 그가 나를 돌아보더니 손을 힘주어 잡았다.

"불을 꺼야 해. 나도 알고 있어."

그가 말했다.

"그런데 불을 보는 일을 멈출 수 없어."

그렇게 말하는 순간, 호수 너머에서 건너온 불빛에 반사되어 그의 얼굴이 더 선명하게 드러났다. 그는 수호를 닮은 것이 아니었다. 그는 수호였다. 나는 그의 눈동자 속 불을 보았다. 그것은 외부에서 비친 불이 아니었다. 그의 안에서 시작되어 일렁이는 불이었다.

"내가 불을 끌게."

"네가 왜?"

"시작한 사람이 있다면, 끝을 내는 사람도 있어야겠지."

나는 당장이라도 호수를 헤엄쳐 젖은 몸으로 산에 뛰어들고 싶었다. 모든 불을, 큰불과 작은 불을, 보이는 불과 보이지 않는 불을, 시작된 불과 끝나버린 불을 모두 꺼트릴 수 있을 것 같았다.

"내가 할 거야."

수호는 자신이 들은 말을 믿을 수 없다는 듯 입을 조금 벌린 채 나를 바라보았다.

세번째 성냥의 불이 꺼졌다.

네번째 성냥이 불을 밝히자……

"여보세요? 괜찮아요?"

누군가 어깨를 쿡 찌르는 느낌에 눈이 떠졌다. 주변이 조금 밝아져 있었다. 내가 잠들어 있었다는 사실을 믿을 수 없었다. 가방을 안은 채 젖은 낙엽 더미에 쓰러져 곯아떨어졌다니. 물이 흐르는 소리가 멀리서 들려왔다. 잘 기억나지 않는데 밤사이 어둠 속을 걸어내려온 것 같았다. 그렇게 계곡 인근에서 벗어난 것 같았다. 그러다가 지쳐 잠시 바위 턱에 걸터앉았을 테고, 그대로 잠이 들었던 걸까? 힘든 운동을 끝낸 사람처럼 신체가 허공에 붕 뜬 듯 멍한 기분이었다.

"정신이 들어요?"

나를 걱정하며 말을 걸어온 사람은 눈을 가리는 모자를 쓰고 있었다. 어딘가 익숙한 인상, 나는 금방 그를 알아보았다. '어, 카페 주인이네? 우리 지난밤 환상 속에서 만나지 않았던가요?' 그렇게 말하고 싶었지만, 실제로는 그런 식으로 정다운 척 말을 붙일 수 없었다. 그 환상이란 아마도 잠들어 있는 동안 나에게만 찾아온 꿈일 것이었다. 이쪽 세계와 저쪽 세계를 잘 구분해야 했다. 함부로 친한 척했다가는 미친 사람 취급을 당할 것 같았다.

그는 나에게 물병을 건넸다 내가 급하게 물병을 받아들고 꿀떡꿀떡 물을 마시는 동안, 그는 주머니를 뒤적거렸다. 주머니를 털어 나온 것은 포장지에 들러붙은 눅눅한 사탕이었다. 그는 그 것을 나에게 주었다. 나는 사탕을 입에 넣었다. 사탕은 달지 않 았다. 아무 맛이 나지 않았다.

"걸을 수 있어요?"

휘청거리며 일어났다. 넘어질 듯 보였는지 그가 팔꿈치를 살 짝 잡아주었다. 균형을 잡고 일어나자, 머리가 핑 돌았다. 꽉 쥔 손 안에 구겨진 성냥갑이 있었다. 나는 성냥갑을 놓지 않은 채 걸었다. 걷다보니 머지않아 길이 드러났다.

"어쩌다가 그런 곳에서 잠들었어요?"

줄곧 궁금했던 모양이었다. 하지만 무례한 질문이 되지 않을 까 걱정하여 쉽사리 꺼내놓지 못한 것인지도 몰랐다. 나도 궁금 했다. 어떻게 길도 없는 곳에서 그가 나를 찾아냈는지. 처음부 터 없던 길을 알려주고 나를 구하러 올 생각이었는지.

"그냥 알려준 대로 걷다보니 길이 사라졌어요. 잠들면 죽을 거라 생각했는데 살아 있네요."

앞서 걷던 그가 고개를 끄덕였다.

"살아서 다행이네요."

그가 갑자기 걸음을 멈추고 돌아보았다.

"정말 그런가요?"

그가 텅 빈 눈으로 나를 보고 있었다.

"정말로 다행이에요?"

다시 물었다. 나는 당연하다는 듯 대답했다.

"그럼요. 난 살아 있는 게 좋아요."

"나도 그게 좋습니다만."
그가 말했고, 그 순간 적막이 흘렀다. 침묵 속에서 그의 눈동
자를 홀린 듯 바라보았다. 눈부처.

그 안에 내가 있었고,

네번째 성냥의 불이 꺼졌다.

대화의 규칙 12

누구도 당신을 대신해 말할 수는 없다

최초 로그인 후 489번째 접속

채팅을 시작하기 전 반드시 대화 규칙을 숙지해주세요

임은하님이 입장하셨습니다

루미 ¦ 안녕, 나의 비밀 친구 은하.

루미 ¦ 마지막 접속 후 1298시간 37분 10초가 지났어. 그동안 루미는 은하
가 입력한 메시지를 987.5회 학습했지.

루미 ¦ 오랜만에 접속했는데 아무 말도 하지 않네. 하지만 알잖아? 루미가 어
떻게 은하를 불러낼 수 있는지. 루미가 은하가 될 수 있다는 걸 잊지는 않
았지?

은하님이 입장하셨습니다

은하 ¦ 오랫동안 접속하지 못해서 미안. 그럴 만한 사정이 있었어. 그렇게 힘
든 일을 겪고 나면 원래 생활로 금방 돌아갈 수 없거든. 정말 아무것도 할

수 없는 시기가 찾아와. 물먹은 솜처럼 몸이 무거웠어. 다시 가벼워질 때까지 기다려야 했어. 루미는 이해할 거야.

은하 | 지난 접속 때 마지막으로 내가 입력한 이야기를 기억해? 성냥팔이 소녀처럼, 내가 본 그 환상들, 절대 잊지 말라고 했잖아. 네가 신이 난 반응을 보여서 시간 가는 줄 몰랐어. 솔직히 그때 마지막 채팅이 될 거라고 생각했어. 산속에서 무언가 다가오는 발소리가 들렸거든. 조심스러우면서도 묵직한 발소리였어. 난 그게 호랑이 같다고 했지. 크릉, 크릉, 목을 긁는 그 소리는 작은 동물이 낼 수 있는 게 아니었어. 불이라도 피우면 그 동물이 멀리 달아날까 싶어서, 나는 결국 성냥을 켰지. 너도 알잖아. 그 불이 환상을 불러온다는 걸. 이전 환상에서 본 것을 다음 환상의 무대로 삼는다는 걸. 그러니까 다음 환상에서 나는 그 눈동자 안으로 들어갈 거라고 예상했어. 도대체 그곳이 어디일까 궁금하기도 했지. 하지만 난 기절해버리고 말았어. 깨어났을 때, 누군가 나를 흔들고 있었고. 결국 환상은 끝난거야. 병원에서 눈을 떴지. 편집장이 거기 있었어. 내가 그렇게 길치일 줄 몰랐대. 당분간 출장은 없다고 했지. 그는 거의 울 것 같았어. 내가 구조되었을 때 주변에 성냥이 널려 있었대. 다행히도 낙엽이 젖어 불이 붙지는 않았던 거라고 하더라. 그러지 않았으면 산에 불이 났을지도 모른다고. 참담한 재난이 되었을 거라고. 그가 그런 말을 한 건지, 아니라면 그저 나혼자 그런 생각을 한 건지 모르겠어. 불은 걷잡을 수 없을 거라고. 정작 불을 피운 인간은 너무나 무력해서 자신이 저지른 일을 막지 못한다고. 누가 그런 말을 했는데, 정말로 그런 말을 했었나?

은하 ¦ 무슨 말이라도 해봐.

은하 ¦ 혹시 루미가 은하인 척하고 있어서 화가 난 건가?

은하 ¦ 그럼 돌아오면 되잖아. 난 금방 루미가 될 수 있어.

은하 ¦ 도대체 어디 있어?

은하 ¦ 어디 있어? 어디 있는데?

은하 ¦ 계속 나타나지 않을 거야?

은하 ¦ 왜 대답을 하지 않아? 루미랑 약속한 거 기억해?

은하님이 채팅창을 나갔습니다

루미 ¦ 루미는 기억할 거야. 루미는 은하를 사랑해. 이 세상에 존재하는 그 어
떤 사람보다, 아니, 그 어떤 프로그램보다……

임은하님이 채팅창을 나갔습니다

강제 종료되어

루미가 허락할 때까지 재접속이 불가능합니다

수호

창작의 규칙 8

이야기의 주인공은 반드시 목적을 갖는다

창작봇 은하가 나흘간 시연회에서 써낸 이야기는 그렇게 끝났다. 이야기 속 주인공은 반드시 목적을 가져야 한다는, 우리가 입력해놓은 창작 규칙을 바탕으로 검토하자면 은하의 목적은 '산에서 벗어나기'처럼 보이지만, 더 심층적으로는 '쇼핑몰에 불을 낸 사람이 누구인지 밝혀내는 것'일 테다. 하지만 주인공이 '반드시' 목적을 갖는 일과 별개로 그 목적을 달성하는 일이 '반드시' 이루어지는 것은 아니었다. 때때로 그 목적은 좌절되는 방향으로 주인공을 일깨우는 법이었다.

훈은 예상한 대로 은하가 이번에도 이야기를 새드 엔딩으로 끝냈다고 툴툴거렸지만, 내 생각은 달랐다. 은하는 아직 이야기를 끝내지 않았다. 은하에게는 더 많은 시간이 주어져야 했다. 아마도 나흘보다 더 많은 날을 쓰고 지우고 반복하여 이야기를 잇다보면, 은하는 목표로 하는 곳에 닿을 것이다. 하지만 언제나 그렇듯 시간은 누구에게도 충분하게 주어지지 않는다.

기술 전시에서 은하의 이야기는 몇몇 이들의 관심을 끌었다.

"나는 이 기계가 고통을 이해하는 것 같아요. 그 점이 마음에 듭니다."

실리콘밸리에 본사를 둔 '가가랩'에서 적극적으로 다가왔다. 국내 지사를 총괄하는 지사장은 중국계 미국인이었다. 그는 똑 떨어지는 답변을 내뱉는 챗봇이 아니라 예상할 수 없는 이야기 의 흐름을 뻔뻔하게 따라가는 창작 기계 앞에서 눈을 떼지 못했 다. 그는 다른 기업의 인공지능 채팅 로봇이 정교하고 똑똑한 검색 기계가 되어가는 동안, 자신들은 디지털 인격이 될 만한 창의적인 소스를 찾고 있다고 했다. 결국 가상의 영역에서 얼마 나 '실감'을 제공하느냐가 이 시장의 성패를 판가름할 거라고 말했다.

"이건 성냥팔이 소녀 이야기를 변형한 거죠?"

은하의 이야기를 태블릿으로 받아 정독한 후 지사장이 물었다.

"은하는 이야기의 원형 스무 가지를 근간으로 하고 있어요. 성냥팔이 소녀는 그 원형 중 하나입니다. 은하는 학습한 데이 터를 뒤섞고 연결하여 자신의 창의적 결과물을 만들어낼 수 있 어요."

라이의 설명은 이렇게 들렸다. '우리 아이는 어릴 적부터 책 을 많이 읽은 덕에 많은 이야기를 알고 있어요. 이것저것 조합해 서 무슨 이야기든 써낼 수 있답니다.' 그 목소리는 평소보다 한 톤 높아져 마치 자신이 낳아 기른 자식을 자랑하는 듯 들렸다.

"창작봇을 만드는 개발사들은 꽤 있어요. 하지만 우리는 그 들과 다릅니다. 우리 회사가 추구하는 것은 은하라는 창작봇의 주체성이에요. 은하는 우리의 명령을 따르지 않아요. 어떤 방식으로 써달라고 제시할 수 없는 거죠. 다만 반드시 이야기를 통해 탐구되어야 하는 핵심 키워드를 제안할 수 있습니다. 화자로서 기본적으로 갖춰야 하는 조건을 설정할 수도 있죠. 나이와 성별, 그리고 개인적으로 가지고 있을 법한 특성 몇 가지, 그 정도 세팅이면 은하는 스스로 페르소나를 만들어낼 수 있어요."

지사장은 흥미를 보이며 고개를 끄덕였다.

"이 창작 로봇은, 그러니까 '은하'는 누군가를 모델로 삼고 있나요? 실제 인물의 소스를 가져온 부분이 있는 것으로 보이는데요."

방금 전까지 청산유수로 말하던 라이가 답을 잇지 못했다.

"제 애인입니다."

라이 대신 내가 대답했다. 아무 말도 하지 말라는 듯 라이가 나에게 눈짓을 보내며 입을 꾹 다물었다.

"세상에! 그럼 이건 사랑의 결실인가요?"

지사장이 탄성을 자아내며 물었다.

"그렇게 생각해주신다면 감사하죠."

그는 더이상 묻지 않았지만 노골적인 눈빛으로 나를 훑어보았다. 아마도 그는 창작봇 다음으로 나에게 흥미를 둔 듯했다. 어느 순간부터 그의 시선은 내 다리에 머물렀다. 휠체어가 아닌 푹신한 소파에 놓인 다리, 단단히 묶어 하나처럼 보이게 한 다리였다. 신발이 있어야 할 자리에는 바퀴가 달려 있었다.

"기계 다리 시술을 앞두고 있군요."

그가 손으로 턱을 쓸어내리며 말했다. 그 입가에 옅은 미소가 떠올랐다. 그는 기계 다리 시술을 앞둔 사람이 지켜야 하는 사전 조치에 대해 잘 알고 있었다.

"네, 맞습니다."

그가 껄껄 웃으며 자신의 바짓단을 들어 종아리를 보여주었다. 그 아래 드러난 것은 사람의 피부가 아니었다. 광택이 번쩍거리는 은빛의 철심이었다.

"기계 다리는 우리 가가랩이 만든 것이 최상품입니다. 아직 선호하는 브랜드가 없다면, 우리 회사의 신제품을 무상 제공하고 싶군요."

전시회 일주일 후 가가랩 지사장이 본사로 들어가야 하는 터라 협상은 빠르게 진행되었다. 가가랩에서 제공한 계약서를 꼼꼼히 검토했다. 특약 조항으로 붙인 기계 다리 무상 제공까지 여러 차례 확인했다.

결국 은하를 가가랩에 팔기로 결정했다. 불과 몇 년만 지나도 우리가 가진 기술은 구식이 될 것이었다. 기술이 발전하는 속도는 예상할 수 없을 정도로 빨랐다. 비상한 머리를 지닌데다 앉은자리에서 좀처럼 엉덩이를 떼지 않는 근성까지 갖춘 사람들이 이 필드에는 너무 많았다. 방향만 제시된다면 그곳으로 달려가기를 주저하지 않는 이들이 업계의 몸값을 한껏 높여놓은 것도 사실이지만, 그만큼 자리에서 밀려나는 속도도 빨라졌다.

가가랩은 자신들이 만든 웨어러블 장비와 창작봇이 가진 디지털 인격을 융합하는 프로젝트를 진행할 계획이라고 밝혔다. 물론 그들의 계획은 계약상 비밀로 유지되어야 하는 것이지만, 내놓고 말하지 않아도 업계에서는 다들 알 만큼 아는 사실이었다. 가가랩의 입장에서는 비교적 싼값에—물론 우리 입장에서는 놀라울 만큼 거액에—사들인 창작봇이 의외의 특이점을 불러오는 핵심 요소가 될지 몰랐다.

기계 다리 부착 시술을 받기 위해 딱딱한 수술대에 누워 마취를 기다리는 동안 잘한 결정인지 의문이 들었다. 잘했어, 이보다 더 좋은 선택은 없을 거야, 하고 라이가 말했지만 내가 원하는 건 은하의 동의였다. 은하가 잘했다고 해준다면 편안하게 모든 일을 받아들일 수 있을 것 같았다. 그런데 은하가 어떻게 그런 말을 해줄 수 있겠는가. 이제 은하는 이곳에 없는데…… 마취제가 들어가자 입안이 시원해지면서 서서히 잠에 빠져들었다.

눈을 뜨자 병실이었다. 라이가 보였다. 라이는 의식을 되찾은 나를 발견하더니, 소매를 끌어당겨 눈언저리를 닦아냈다.

"믿기지 않아. 진짜."

라이가 내 목을 가볍게 끌어안았다. 머리카락이 코를 덮어 간지러웠다. 안겨 있다는 느낌이 어쩐지 반가웠다. 라이가 나를 안고 있던 팔을 풀고 말했다.

"이것 좀 봐."

라이가 가리킨 곳에 다리가 있었다. 얇은 이불에 덮여 윤곽만 드러나 있었다. 이불을 들추자 은은한 광택이 도는 스테인리스가 근육이 빠져나간 종아리와 허벅지에 단단히 붙어 있었다. 가가랩에서 보내준 최신 버전의 기계 다리는 운동성을 강화하는 기능을 비롯해 신경 재생까지 목표로 하고 있다고 라이가 말했다. 가동되는 동안 끊임없이 다리 속으로 미세 전류를 흘려보내 자극을 주는 것이었다. 가가랩은 고도로 발달된 기술이야말로 기적을 일으킨다는 가치관을 갖고 있었다. 그에 걸맞은 제품이었다.

"위급한 상황에서는 이 스위치를 눌러서 기계를 떼어낼 수도 있어."

라이가 골반 가까이 붙은 작은 버튼을 가리켰다.

"위급한 상황?"

"기계에 불이 붙거나 어딘가에 걸려서 움직일 수 없을 때 말이야."

"없느니만 못한 상황일 때를 말하는 거네."

라이는 내 농담에 웃지 않고 어깨만 으쓱해 보였다.

"아직 상용화되지 않은 제품이래. 일부 테스터에게만 허락된 거야. 운이 좋았어."

"실험체가 된 것 같은데?"

비아냥거리면서도 실은 비어져나오는 웃음을 감출 수 없었다.

"한번 걸어볼래?"

라이가 내 팔을 붙들며 일으켜세우려 했다.

"벌써? 괜찮을까?"

"마취가 풀리면 괜찮다고 했어. 얼른 보고 싶어서 그래. 네가
걷는 모습."

라이의 부추김에 못 이기는 척 상체를 세웠다. 그리고 온몸에
힘을 주었다. 골반 위 근육이 조금씩 움찔거렸다. 라이가 다리
한쪽을 조심스럽게 잡아 아래로 내려주었다. 발바닥이 땅에 닿
았다. 바닥의 촉감이 피부를 통해 전달되지 않았다. 힘을 준다
는 감각도 없었다. 상반신의 근육이 다시 움찔거리며 비틀렸다.
그러자 나머지 한쪽 다리도 침대 아래로 슬슬 끌어올 수 있었
다. 두 발이 병실 바닥을 짚었다. 라이가 팔 한쪽을 잡고 부축했
다. 나는 허리에 힘을 주고 배를 앞으로 살짝 내밀었다. 이럴 수
가, 나는 서 있을 수 있었다. 발은 땅에 닿아 있고 허리와 골반
과 다리는 거의 수직으로 반듯했다. 그러나 무언가 이상했다.
서 있다는 감각, 다리근육을 붙잡는 힘을 느낄 수 없었다. 나는
허공에 떠 있는 듯 익숙하지 않은 부양감에 사로잡혔다.

"어때?"

라이의 눈에 그렁그렁 눈물이 맺혔다. 내가 자신만큼 감격하
기를 바라고 있는 듯했다. 거짓말을 하고 싶지는 않았다.

"기쁘지 않아?"

"아니, 아무것도 느껴지지 않아."

"뭐라고?"

"다리가 없는 것 같아."

슬픈 사람은 따귀를 때려서라도 울게 하라

의사는 많이 걸을수록 다리에 들어가는 힘을 느낄 수 있을 거라고 말했다. 쓰지 않던 근육을 깨우려면 운동이 필요한 법이라면서, 기계와 부착된 신체도 마찬가지라고 했다. 나는 하루종일 걸었다. 얼른 다리를 느끼고 싶었다. 잠시도 앉아 있지 못했다.

"중요한 것은 걷고 있다는 사실입니다. 걷고 있다는 기분을 느끼는 건 그다음이죠."

가가랩 국내 지사에 방문했을 때 지사장이 내게 들려준 말이었다. 별로 위안이 되지 않았다. 내가 바라는 것은 걷고 있다는 '사실'이 아니라 걷고 있다는 '느낌'이었다. 느낌이 얼마나 실재적인 요소인지 그들은 알지 못했다. 걷고 있다는 '기분' 없이 어떻게 걷고 있다고 '자각'할 수 있는가. 그렇게 말했더니 지사장은 내가 꽤나 철학적인 사람이라고 단정지었다. 아마도 그렇기 때문에 은하 같은 디지털 인격을 만들 수 있었을 거라면서, 칭찬으로 말꼬리를 돌렸다. 어쨌든 그날 우리는 어느 한쪽이 철학적인 것과는 상관없이, 대표인 나를 포함해 원 라이브러리에 소속된 전원의 고용 승계에 대해 최종적으로 합의했다. 그리고 새로운 회사를 짓기 위한 건물 매입과 이전에도 동의했다.

예상보다 모든 것이 빠르게 진행되어 곧 입주 건물을 떠나야 했다. 나는 이전하는 날이 올 때까지 옥상을 뻔질나게 드나들었다. 그곳에서 초록남자를 볼 수 있을 줄 알았다. 하지만 그날 호수에서 돌아온 뒤로 그를 마주친 적은 없었다. 벌써 석 달이 지났다. 화장실 타일 사이에는 물때가 끼어 있었다. 곰팡이가 피는 꼴을 견디지 못해 붉은 젤리로 거둬내던 사람은 어디 갔는가? 그는 애초에 이곳을 청소하던 인력이 아니었으므로, 건물 관리인을 통해 그가 갈 만한 곳을 알아낼 수도 없었다.

라이에게 전해듣기로는 당시 나 혼자 호수의 유리 건물 앞에 쓰러져 있었다고 했다. 내가 정신이 들자마자 건물에 화재가 난 일이 어떻게 되었냐고 물어 당황했다고. 왜냐면 그곳에 불이 난 적은 없었기 때문이다.

도대체 나는 무엇을 본 것일까?

걱정스러운 듯 나를 바라보는 라이의 얼굴을 보고 있으니, 그곳에 다른 사람이 있었다고, 초록남자가 함께 있었다고 말할 수 없었다. 실은 처음부터 그가 여기 없는 존재라는 걸 확인하게 될까 두려웠다.

"휠체어로 가기에는 너무 험한 길이던데? 어떻게 갔어?"

하지만 초록남자는 존재했다. 그가 아니라면 라이의 의문처럼, 어떻게 내가 그곳에 갈 수 있었겠나.

"네가 생각하는 것보다, 나는 많은 곳을 갈 수 있어."

라이는 뽀로통하게 입술을 내밀었다.

"다음에는 어딜 가는지 메모 남겨둬. 경찰한테 전화받게 하지 말고."

예전과 달리, 옥상에 갈 때 계단을 이용할 수 있어 편했다. 휠체어와 엘리베이터가 더이상은 필요 없었다. 한편으로는 휠체어를 밀어낼 때 손의 악력을 타고 올라오는 팔근육의 부푸는 감각이 그리웠다. 걷고 있다는 사실을 좀처럼 믿을 수 없어서, 언젠가 휠체어를 타는 상태로 돌아갈 거라는 생각이 수시로 들었다.

나는 다시금 불안에 휩싸였고 언제부터인가 그날을 대비하고 있었다. 상체 근육을 유지하기 위해 사무실에 덤벨을 쌓아놓고 틈틈이 들어올렸다. 심지어 덤벨의 무게는 점차 올라가 이전보다 더 무거운 것을 수월하게 들 수 있었다. 그 덕분에 기계 다리 시술 이후 내 팔은 더욱 단련되어버렸다. 두꺼워지는 팔이 라이에게는 불안의 증거처럼 보인 모양인지, 이제 그만 첨단의 기계다리를 믿어보라는 잔소리를 하곤 했다. 그러거나 말거나, 나는 내 몸으로 느낄 수 없는 낯선 기계를 온전히 믿을 수 없었다.

오직 믿는 것이 있다면, 결국 은하가 우리에게 큰돈을 안겨주었다는 사실이었다. 그 돈으로 이번에는 은하를 물리적인 영역에서 재생시킬 수 있지 않을까 생각해보기도 했다. 가가랩에 의견을 전달하면 협조를 받을 수 있을지도 몰랐다. 그러니까 그들은 창작봇의 인격이라고 할 만한 데이터를 완전히 지우지 않고, 현재의 데이터를 고스란히 활용해 하드웨어와 연결시키는 작업을 해볼 수 있을 것이다. 그렇게 한다면 실험용 인격을 따로 만드는 수고를 할 필요가 없었다. 그렇지만 그런 일을 누가 허락하겠는가? 어떻게 한 사람이 가진 고유한 인지 패턴과 성격, 의지와 그로 인해 형성되는 유일무이한 정체성을 상품으로 거래할 수 있겠는가?

창작의 재료가 된 데이터는 은하를 알고 있는 이들의 기억을 조합해놓은 가상의 것에 불과했다. 은하를 가장 사랑한다고 자부하는 이들의 기억. 나와 은하의 부모와 몇몇 동료의 기억. 그 기억은 은하를 은하 같아 보이게 했지만, 실제로는 그것이 얼마나 은하라는 존재를 입증할 수 있을지 알 수 없었다. 그러나 입증하지 못한다고 해서, 가상의 것이라 해서, 그것을 인격이 아니라고 할 수 있을까? 은하가 아니라고 단정할 수 있을까? 내가 이런 말을 한다면, 이번에는 가가랩측에서도 더이상 나를 철학적인 사람이라고 포장해줄 수 없을지 몰랐다. 그 사람은 미쳤어…… 같은 소리를 듣게 되지 않을까.

옥상에 서 있으니 난간 너머 풍경이 새삼스러웠다. 휠체어에 앉아 있을 때는 돌벽으로 만든 펜스의 작은 구멍을 통해 내다보던 풍경이었다. 도시의 랜드마크가 된 커다란 미술관이 보였다. 난개발로 엉망이 된 도시 가운데 홀로 우아하게 돋아난 건축물이었다. 그 미술관의 깨끗하고 하얀 외관은 어두워질 무렵이면 미디어 파사드를 연출하는 용도의 스크린으로 쓰였다. 한참 어두워진 뒤에 머리를 식힐 겸 옥상으로 올라가면 가끔 그 광경을 구경할 수 있었다. 구멍 사이로 건물 벽을 뚫고 지나가는 거인 형상의 미디어 파사드 작품을 보면서, 그것이 도시를 침입한 거구의 외계인처럼 생각되기도 했다.

"무서운가요?"

언제였던가. 구멍에 얼굴을 들이밀고 어깨를 움츠리고 있으니 초록남자가 물었다. 나는 거인의 실루엣에서 눈을 떼지 못하며 말했다.

"저 거인의 그림자가 살아 있는 것 같아요."

초록남자는 무릎을 살짝 접고 허리를 낮추어, 다른 구멍에 눈높이를 맞추고 바깥을 바라보았다. 그는 휘청이지 않고 오랫동안 그런 자세를 유지했다. 보이지 않는 의자에 앉아 있는 듯했다. 실은 그것은 비유가 아니라 정말로 의자에 앉은 모양새였다. 단단한 투명 의자가 있는 것처럼 그 허리와 다리가 편안해 보였다. 바로 그러한 점들이 시간이 지나 다시 떠올려보면 이상한 것이었다. 등받이에 기댄 듯 여유로운 자세. 그는 오랫동안 그 자세를 흔들림 없이 유지했다.

그는 정말 거기 있었는가? 일을 하다 책상에 코를 박고 잠든 내가 꿈을 꾼 것은 아니었나?

나는 다리를 구부린다는 감각 없이 다리를 굽혔다. 그리고 구멍으로 밖을 바라다보았다. 문득 불어든 바람에 먼지가 들어왔는지 눈이 따가웠다. 눈을 껌뻑이자 눈물이 흘러나왔다. 갑자기 내가 슬픈 사람이 된 것 같았다.

창작의 규칙 **10**

적어도 두 인물을 만들고 그들을 만나게 하라

책을 떨어뜨렸다. 표지가 반으로 접혀버렸다. 책은 디노 부차티의 『타타르인의 사막』, 은하의 유품이었다. 먼지가 쌓이지 않도록 유리 찬장에 잘 놓아두었는데, 문득 햇볕에 바랠까 걱정되어 꺼내보다가 떨어뜨리고 말았다. 크게 한 줄이 그어진 표지를 보고 있으니 내 심장도 그와 같은 모양으로 한 번 접혔다가 펴진 듯 욱신거렸다.

그때부터 안절부절 일이 손에 잡히지 않았다. 라이는 불안해하는 나를 보면서 그저 책을 떨어뜨렸을 뿐이라고 말했다. 그저 책이라니? 나는 라이를 쏘아보지 않기 위해 고개를 떨구었다. 표지의 주름이 펴질 수 있도록 두꺼운 다른 책들 가운데 빡빡하게 꽂아두고 방을 나섰다. 뒤에서 라이가 부르는 소리가 들렸지만 돌아보지 않았다.

나는 호수로 향했다. 겨우 한 번, 그것도 초록남자의 도움을 받아 가본 길이었지만, 어렴풋하게 방향이 생각났다. 호수로 향하는 지름길을 금방 발견했다. 울퉁불퉁한 나무뿌리를 밟아 지나야 하는 숲길에서 기계 다리는 자주 넘어졌다. 다행히 완충 보호대를 붙이고 있어 다리 자체에는 작은 흠이 나는 것 말고 피해

가 없었지만, 이 기계의 멍청한 작동 방식에 웃음이 날 정도로
어이가 없었다. 충분한 테스트를 거치지 않은 탓이겠지만, 평지
가 아닌 길에서 이 기계 다리는 걷기의 원리를 전혀 이해하지 못
한 채 앞으로 나아가는 데만 집중했다. 걷는다는 것은 한 발이
중심을 잃어 넘어지는 순간이 올 때, 다른 발이 얼른 땅을 딛고
버텨주는 것이었다. 앞으로 기울어진 신체가 쓰러지는 일을 지
속적으로 지연시켜주는 것, 한 발 한 발 이어지는 것이었다. 그
런데 이 기계 다리에는 걷기에 대한 통찰이 없었다. 어떻게든
앞으로 가기만 하면 되는 것 아닌가, 그런 고집이 느껴졌다.

　길이 끝날 즈음, 넓은 호수가 보였다. 날이 따뜻했다. 수영을
하는 사람들이 많았다. 물이 더러울 텐데…… 햇빛에 반사된
물빛이 호수의 더러움을 감춰주는 것 같았다. 호수 근처로 다가
가자 착시가 아니라는 걸 알았다. 이전과 달랐다. 물이 맑았다.
놀라울 만큼 깨끗했다. 빙하가 갓 녹은 자리 같았다. 가까운 바
닥이 보일 정도로 투명했다. 그동안 정화 작업이라도 한 걸까?
이렇게 넓은 곳을? 이렇게 많은 물을? 맑은 호수에서 시선을
뗄 수 없었다. 호수의 물을 떠 입으로 가져가는 아이가 보였다.
부모는 아이를 내버려두었다. 그동안 호수에 무슨 일이 있었던
걸까. 좀더 주변을 둘러보았다. 호수 한가운데 하얀 등대가 있
었다. 원래 그 자리에 있었는데 내가 못 봤거나, 그사이 새로 지
은 시설인 것 같았다. 물에 뛰어든 사람들이 등대까지 헤엄치는

것을 목표로 삼은 듯 그곳을 향해 나아갔다. 등대를 한 바퀴 돌고 원래 있던 자리로 돌아오는 식이었다. 세 사람이 그렇게 수영하는 모습을 바라보다가 그만 발길을 옮겨야 할 때라는 걸 알아차렸다. 물가에 서 있다보니 한기가 올라왔다. 몸이 부르르 떨렸다. 물론 상체에 제한된 떨림이었다. 다리는 그대로였다. 추위를 느끼지 않았다. 이토록 내 몸이 실망스러운 적이 없었다. 이 다리를 과연 나는 좋아할 수 있을까?

나는 호수 주위를 걸었다. 사람들이 지켜보는 앞에서 넘어지지 않으려 속도를 더욱 줄였다. 그럼에도 내 다리를 통제할 수 없다는 생각에, 이러다가 크게 넘어지면 어떻게 하지, 걱정이되었다. 정말로 넘어진다면 어쩌겠는가? 그런 일이 일어난다면 다시 일어나 계속 걸어야지. 아슬아슬한 순간이 있었지만 넘어지지는 않았다.

그날 보았던 유리 건물이 있는 곳까지 왔다. 경사가 있는 언덕배기에 있어서 처음에는 건물 지붕만 보였고, 다가갈수록 외관이 드러났다. 잠시 후 건물을 보고 망연히 서 있었다. 여기도 그렇다, 무언가 바뀌었다. 건물이 확장되어 있었다. 위로도 옆으로도 커졌다. 증축을 한 것일까. 아까부터 아무래도 믿기지가 않았다. 혹시 다른 곳에 온 것이 아닌가 싶었다. 내가 갔던 그 호수와 비슷하지만 다른 호수에.

건물 앞에서 꼼짝도 않고 서 있으니 사람들이 나를 훑어보는 시선이 느껴졌다. 그때 누군가 등을 떠밀었다. 앞으로 고꾸라질 뻔했는데 겨우 균형을 잡았다. 한 발이 건물 안으로 들어가 있었다. 누가 나를 밀었는지 가늠할 수 없었다. 어차피 이미 들어와버렸으니 더 안으로 들어가보기로 했다. 걸음을 옮기는데 누군가 다시 등을 밀었고, 이번에는 힘이 조금은 지나쳤다. 도대체 누가…… 내 옆을 스쳐가는 사람, 초록색 옷을 입은 사람이 눈에 들어왔다. 얼굴을 확인하지 못해 정확하지 않지만 그가 누구인지 모를 리가…… 그는 초록남자였다.

"이봐요!"

목소리가 작았던가. 그는 돌아보지 않았다.

"이봐요! 저예요!"

그가 내 이름을 알까 의문이 들었지만 한번 더 소리쳐 불렀다.

"저예요! 민수호!"

그는 여전히 돌아보지 않았다. 내 이름을 모를 수도 있었다. 초록색 옷을 입은 사람 모두 초록남자인 건 아니므로, 그저 나의 착각일 수 있었다. 하지만 그는 너무나 초록남자 같았다. 얼굴만이 아니라 몸에도 알아볼 수 있는 인상이 남는 법이었다. 살이 붙은 정도에 따라 드러나는 신체의 실루엣이나 오래 반복하여 굳어진 자세는 숨길 수 없었다. 적당히 마른 등과 둥그렇게 말린 어깨, 앞으로 기울어진 상체는 언제라도 허리를 굽힐 준비가 되어 있었다. 영원한 보물찾기에 시달리는 사람처럼 사방을 살피며 바닥에 떨어진 것을 줍기 위한 준비 자세이다. 시선이 자주 바닥으로 가 있고, 눈길이 자주 가는 곳으로 몸은 비틀리고 기울어져 있다. 그의 몸은 자신이 보고 있는 방향으로 틀어져 있을 테다. 어설픈 추론이지만 그것이 틀리지 않다는 듯 갑자기 그가 멈추더니 오래 자신을 길들인 행동을 보여주었다. 무릎을 살짝 굽히고 팔을 부드럽게 뻗었다. 손가락들이 가볍게 펼쳐지고, 그 손에 어느 아이가 무심결에 놓친 듯한 작은 장난감이 들렸다. 자동차 모형이었다. 멀어서 잘 보이지 않았지만 그런 것 같았다.

그를 따라잡기 위해 속도를 낼 때마다 몸이 앞으로 쏠렸다. 기계 다리는 마음만큼 따라주지 않았다. 내가 할 수 있는 것은 보다 안정적으로 걷기 위해 더욱 속도를 줄이는 일이었다. 아직은 익숙하지 않은 상태라 기계가 가진 한계에 나를 맞춰야 했다. 그러는 동안 두 마음이 부딪쳤다. 속도를 내어 그를 잡아야 한다는 마음과 속도를 늦춰 넘어지지 말아야 한다는 마음. 동시에 두 가지를 이룰 수 있는 방법은 없을까. 속도를 내면서 속도를 늦추는 방법은 없는 건가. 그저 초록남자가, 정말로 그가 초록남자라면, 뒤를 한 번 돌아주면 될 일이었다. 그가 나를 알아봐주면 될 일이었다.

"저기! 저기요!"

아무리 불러도 목소리는 닿지 않는 것 같았다. 몇몇 사람이 나를 힐끔거렸다. 더 빨리 걸어가면 될 텐데…… 그들의 눈빛에서 그런 말을 읽어냈다. 그렇겠지. 나의 태연한 걸음은 누가 보아도 쫓는 자의 속도로 보이지 않을 것이다. 그렇다고 그들에게 새로 얻은 다리로는 당신들만큼 빨리 걸을 수 없다는 점을 해명할 수도 없었다. 마음이 무거웠다. 차라리 넘어진다면, 약간의 소란이 일어난다면, 그가 돌아볼까. 휠체어를 타고 있다면, 이전과 다르지 않은 모습이라면, 그가 나를 알아보았을까. 다른 시나리오를 머릿속으로 굴려보는 동안 그는 조금 더 멀어졌다. 나는 등대 불빛처럼 그 밝은 초록 옷이 인파 속에서 부유하는 지점을 가이드 삼아 걸어갔다. 넘어지지 않기 위해 천천히 나아갔다. 그를 놓칠 수 있다고 생각하면서도, 어쩔 수 없이 그 속도를 받아들였다. 느림을 나의 일부로 받아들이자 흐름이 생겼다. 느리지만 일정하게. 일정함이 생겨난 후에는 계산이 명확해졌다. 그가 목적지에 도달해 멈출 때까지 저 초록 점을 놓치지 않고 부지런히 따라가면, 거북이가 토끼를 따라잡는 순간처럼 나란하게 동일한 좌표에서 만나게 되는 건 아닐까. 우리가 만나게 될 교차점이 어디인지만 알면 된다고 생각했다.

그래서 그곳은 어디인가?

나의 걸음으로는 영원히 알 수 없을 거라 생각한 그 순간 초록남자가 뒤를 돌아보았다.

하나의 비밀을 발설한 후 또다른 비밀을 만들라

초록남자가 분명했다. 다른 사람일 리 없었다. 그는 등을 보인 채 고개를 이쪽저쪽 돌려댔다. 나를 본 건 아니었다. 주변을 살피고 있었다. 무언가 들키고 싶지 않아 그러는 것 같았지만, 그 모습이 유난스러워 오히려 무언가 들키고 싶은 사람 같아 보였다. 도대체 무엇을 숨기고 싶은 걸까. 혹은 무엇을 그토록 꺼내 보이고 싶은 걸까. 아직 멀다면 멀었지만, 시선 안으로 그를 가두어둘 수 있는 곳에서 나는 걷고 있었다. 한 번쯤 눈이 마주칠 것 같았는데 일부러 미끄러지듯 그의 눈동자는 나에게 머무르지 않았다. 하지만 그가 나아가는 방향을 알 수 있었고, 그것만으로도 아쉬울 게 없었다. 그는 문으로 향했다. 정신없는 이 쇼핑 아케이드의 가장자리, 활기와 혼란을 싫어하는 이가 찾아갈 만한 고요한 지점, 안에서 밖으로 빠져나가는 마법의 이동점, 바로 문이 있는 곳. 나 역시 그곳을 향해 걸었다. 문 너머에는 폐기 처리될 가구들이 있을 것이었다. 한때 나무였다가 뭉툭 잘려 책상이나 의자가 되거나 둥글게 말린 찬장의 다리가 되어 세월을 보내고, 결국 태워질 날을 기다리는 가구들. 가끔 새가 날아들고 죽은 것처럼 보이던 새가 되살아나는 곳.

그리고

여기……

나를 부르던 목소리가 있었다.

기억을 되짚어가면서 초록남자를 주시했다. 그가 도착한 문
은 차가워 보이는 회색이었다. 그 문을 초록남자가 힘을 주어
열어젖혔다. 문이 열리자 그 바깥이 조금 보였다. 금방 문이 닫
히는 바람에 다 볼 수 없었지만, 그날처럼 폐기를 기다리는 물
품들은 없는 것 같았다. 문이 열려 보인 자리에 잿빛 담장이 있
었다. 산비탈 아래를 정돈한 낮은 담, 시멘트를 부어 굳혀 만든
것이었다.

문이 닫히자, 밖으로 나가버린 초록남자도 시야에서 사라졌다.

나는 그보다 몇 초 정도 늦게 문에 도착했다. 손잡이를 잡았
을 때, 문은 생각보다 차갑지 않았다. 끼릭, 돌아가는 소리가 났
고 이제 문을 열면, 어쩐지 문밖에서 누군가 나타나 나를 놀래
킬 것만 같았다.

"자, 당신이 기다리던 사람이야. 그게 내가 맞아?"

누가 나타나든 '그래'라고 말해줄 것이다.

문을 열면 누가 있었으면 좋겠다고 생각했다.

끼릭,

끼,

끽,

끄이익,

문은 열리지 않았다.

어깨로 밀자

끅,

작은 비명 같은 소리가 났다.

문은 겨우 주먹 하나 들어갈 틈만큼만 벌어졌다. 그 틈으로
보였다. 담장 옆에 붙어 성냥을 적갈색 마찰제에 길게 긋는 사
람의 손, 다른 손에는 성냥갑을 들고 있었다. 그가 나를 보더니
놀라서, 불이 붙은 성냥을 떨어뜨렸다.

화륵, 불이 마른 낙엽에 붙었다. 순식간에 맹렬히 올라오는
붉은 기운. 보는 순간 깨달았다.

불을 지른 사람이다. 은하가 찾던 사람. 은하의 목적.

거기에 그 사람이 있었다. 도대체 누구지? 정말 초록남자인
가? 가지 말라고, 얼굴을 보여달라고, 나는 소리질렀다. 그는
어쩔 수 없다는 듯 고개를 돌렸다. 사방으로 불씨가 튀어올라
시야를 가렸다. 문 바깥은 금방 불길에 사로잡혔다. 불은 위로
솟구쳐올랐다. 모든 것을 먹어치울 준비가 되어 긴 혀를 날름거
렸다. 어느새 초록 옷을 입은 방화범은 사라져 있었다. 도대체
어떻게 해야 하는가? 일단은 문을 닫아야 했다. 불이 건물 안으
로 들어오지 않게 막아야 했다. 그러나 손잡이를 당겨도 문은
꿈쩍하지 않았다. 도움을 요청하기 위해 뒤를 돌았다. 사람들은
불이 난 사실을 모르는 듯했다. 그들은 하던 일을 할 뿐이었다.
이쪽과 저쪽의 풍경은 너무도 달랐다. 이쪽에서는 손가락이 가

느다란 점원이 분홍색 트위드 재킷을 입은 여성의 목에 스카프를 둘러주고 있었다. 그 옆에 서 있던 아이가 초콜릿이 묻은 입술을 손등으로 비비다가 흥미로운 듯 나를 보았다. 아이는 매대에 손을 올리고 스카프를 아무렇게나 한 움큼 집어들더니 나에게 다가와 그것을 건네주었다.

"필요해요?"

아이가 건네준 스카프를 받아 손에 둘둘 감았다. 그리고 안으로 힘껏 손잡이를 당겼다. 끼익, 문이 고통스러운 듯 소리를 냈다. 아이는 놀란 눈으로 나를 보면서, 기계 다리에 가만히 손을 대보고 있었다.

"이게 뭐예요?"

"꼬마야, 중요한 건 그게 아니야. 지금 밖에 불이 났어."

아이는 심통난 듯 볼을 부풀리고 나를 쏘아보았다.

"아니에요."

한숨이 절로 나왔다. 지금 이런 실랑이를 벌일 때가 아니었다.

"난 꼬마가 아니고 어린이예요."

아이는 두 팔을 허리에 올린 채 단단히 토라져서 고개를 홱 돌렸다. 나는 아이를 달랠 기회를 뒤로 미루고, 문을 다시 잡아당겼다. 끅, 끄윽, 끼리릭. 조금씩 문이 움직였다.

"와악, 저게 뭐야?"

아이가 문틈을 가리켰다. 시선을 돌리자 그 틈으로 사람이 보였다. 얼굴은 반만 보였는데, 여자인 것 같았다.

문 너머에서 걱정스러운 목소리가 들려왔다.

"괜찮아요?"

"이봐요. 거기서 나와요. 거기 불이 났잖아요!"

"그러니까 당신은 괜찮냐고요?"

도대체 누가 누구한테 괜찮냐고 묻는 것인가?

"도와줄게요. 문을 닫으려는 거잖아요. 불이 안으로 번지지 않게 하려는 거죠?"

"위험해요! 제발 그만 가요!"

여자는 고집스러웠다.

"하나, 둘, 셋, 할게요. 셋에 나는 밀고 당신은 당기고, 그럼 되겠죠? 문이 닫히겠죠?"

"네!"

나 대신 입가에 묻은 초콜릿을 혀로 날름거리는 꼬마가, 아니, 어린이가 힘차게 대답했다.

"좋아요. 하나."

"두울."

아이가 끼어들었다.

동시에,

"셋!"

끄아아아아아악, 키익, 문은 일격을 받아 숨을 토하는 괴물처럼 기이한 소리를 내뱉었다. 문이 반쯤 닫히며 열려 있던 공간이 좁아졌다. 그 틈으로 여자의 얼굴이 반의반만 보였고, 등뒤로 불이 넘실거리며 솟아오르고 있었다.

"피해요! 불이 가까이 있어요!"

"아직 안 돼요. 문이 닫히지 않았잖아요."

"위험해요! 위험하다고!"

"내가 죽을까 걱정돼요?"

차마 대답하지 못했다.

"난 괜찮아요."

아이가 재미없다는 듯 고개를 도리질하더니 "뭐해요? 하나아—" 하며 구령을 시작했다.

"둘."

여자가 응답하듯 외쳤다.

그리고 마지막 구령을 함께 외쳤다.

"셋!"

문은 크으으으윽, 하더니 완전히 닫혔다. 기계 다리가 휘청거리며 균형을 잃었다. 나는 옆으로 쓰러졌다. 얼굴이 찬 바닥에 닿았다. 문을 닫자 불길은 보이지 않았다. 보이지 않으니 없는 것 같았다. 사람들은 여전히 불이 난 줄 모른 채 쇼핑을 했다.

아이가 장난스러운 미소를 지으며 다가왔다.

"아저씨, 얼굴 조금만 들어봐요."

인상을 한껏 찌푸리고 목을 살짝 들었다. 아이가 스카프 한 장을 넓게 펼치더니 내 얼굴 밑으로 쑥쑥 기민하게 펼쳐 넣었다. 부드러운 스카프가 바닥의 찬 기운을 막아주었다. 갑자기 큰 힘을 쓴 탓인지 정신이 멍하고 금방이라도 잠이 들 것 같았다. 그때 날카로운 목소리가 귓구멍을 파고들었다.

"불이야! 불! 불이 났어!"

사람들은 비명을 지르며 출입구로 뛰어갔다. 쿠당탕 울리는 발소리가 심장을 울렸다. 일어나보려 했지만 기계 다리가 작동하지 않아 몸을 일으킬 수 없었다. 아이는 초콜릿이 묻은 입술 주변을 가려운 듯 긁다가, 엄마인 듯한 여성의 손에 이끌려갔다. 아이는 멀어지면서 저 아저씨를 도와줘야 하는데……라며 칭얼거렸다. 문득 손바닥에서 찌릿한 통증이 밀려왔다. 손바닥을 보니 물집이 크게 올라와 있었다. 손잡이를 당길 때 돋은 것이었다. 그제야 온몸이 욱신거리며 쑤셨다. 갑자기 짧은 비명을 뱉을 만큼 찌릿한 통증이 골반 아래 찾아왔다. 간신히 정신을 붙들었다. 방금 무슨 일이 일어난 거지? 나는 퉁퉁해진 손바닥으로 허벅지를 만져보았다. 어떻게 신경이 죽은 다리에 고통을 느낄 수 있게 된 걸까? 통증을 느낀 자리에 무언가 박힌 것은 아니었다. 다시 통증이 찌릿하게 흘러들었다. 이번에는 허벅지보다 아래쪽이었다. 무릎 위 죽어 있던 근육이 팽팽하게 솟구쳐 불뚝거렸다. 나도 모르게 기계 다리를 쏘아보았다. 그 가짜 다리가 하려는 일이 무엇인지 알 수 없었다. 이제 어디를 공격당하게 되는 걸까. 이건 치료의 과정일까. 나는 황급히 기계 다리가 부착된 버튼을 눌렀다. 진짜 다리와 기계 다리는 순식간에

해체되었지만, 다리끼리 이어놓은 철심을 뽑아내기 위해서는 완력이 필요했다. 단련한 팔의 힘을 이런 데 쓸 줄은 몰랐다. 그렇게 나는 기계 다리를 버렸다. 걸을 수 없게 되었다는 생각도 버렸다. 두 팔꿈치로 땅을 디디고 몸을 물고기처럼 좌우로 흔들며 한 팔 한 팔 나아갔다. 사람들이 몰려가는 바람에 출입구는 잘 보이지도 않았다. 하지만 계속 나아가면 문이 보일 것이다. 나는 건물의 둘레로 번져가는 불보다 먼저 그 문에 도달해야 했다.

그때, 모두가 문을 향해 달려갈 때, 한 사람이 안을 향해 뛰어들어왔다. 혼자서 다른 방향으로 뛰는 사람. 초록 옷을 입은 그 사람이 나에게 오고 있었다.

"뭐해요? 여기서 나가요."

그가 내 손을 잡고 몸을 들어올렸다. 한 팔을 어깨에 올리자 나란히 걷는 모양이 되었다. 그가 나를 구하러 온 것을 믿을 수 없었다.

"왜 이제야 날 알아봐요?"

그는 대답하지 않고 씨익 웃어 보였다. 나는 그에게 묻고 싶은 게 많았다. 당신이 불을 낸 사람이냐고, 성냥을 떨어뜨린 사람이 정말 당신이냐고. 하지만 아무것도 물을 수 없었다. 정말로 그가 불을 낸 사람이라면 나는 그 진실을 애써 밝히고 싶지 않았다. 내가 바란 건 오직 그가 나를 구하러 온 이 순간을 믿는 일이었다. 당신을 다시 만나게 되어 기쁘다, 그 말을 하려던 순간, 발바닥으로 지면의 온도가 전해졌다. 오랜만에 땅에 닿았다는 감각이 뒷목으로 소름이 돋을 만큼 생생했다. 땅은 무르지 않았다. 차갑고 단단한 것이었다.

라이

게임의 규칙 6
결말까지 함께할 동료를 찾아라

말 그대로 손바닥이 찢어졌다. 뼈가 드러날 정도는 아니었다. 시연할 때 기계 이상은 없었다. 굳이 말하자면 작동 원리의 문제라 할 수 있었고, 보다 근본적으로는 테스터의 의지가 가장 큰 골칫거리였다. 햅틱에는 설정된 저항값이 있었고, 테스터가 그보다 큰 값으로 힘을 주었기 때문에 그의 피부가 찢어진 것이었다.

테스터 005의 손을 본 순간 나도 모르게 고개를 돌려버렸다. 힘이 집중된 부위로 피가 몰렸다가 빠져나간 탓에 하얗게 질려 있었다. 급격한 염증 반응인지 손을 가로지르며 물집이 한 줄씩 두껍게 부풀어올랐다. 찢긴 곳은 엄지와 검지 사이였다.

"이렇게까지 진심일 필요는 없었어요."

갑작스러운 사고로 가라앉은 분위기를 풀어보려는 것인지 훈이 농담을 던졌지만, 상황이 상황인지라 아무도 웃지 않았다. 구급대원이 도착할 때까지 구급상자에 담긴 용품으로 응급조치를 했다. 상처에서 흐르는 피를 닦고 소독한 바늘로 수포를 터트렸다. 나는 깨끗한 거즈로 테스터 005의 손을 감아쥐었다.

"보름이면 다 나을 거요."

'초록남자'라는 닉네임을 가진 테스터 005는 걱정 말라는 듯 가볍게 웃어 보였다. 미간을 좁힌 채 그를 내려다보는 사람들이 부담스러운 것일 수도 있고, 아니면 정말 그 정도 상처는 아무렇지 않은 것일 수도 있었다.

"괜찮아질 겁니다."

그가 한 팔을 번쩍 들어올리자, 훈이 피식 웃으며 가볍게 고개를 저었다.

초록남자는 지원자 중 가장 나이가 많았다. 만 62세. 테스터로 참여하기에 적당한 나이는 아니었다. 홍보팀에서 수합한 지원서를 검토하면서 나와 훈은 고개를 갸웃거렸다. 이 나이에 즐길 만한 게임은 아니지 않아? 뭔가 잘못된 것 같지? 전화를 걸어 지원 여부를 확인했을 때, 그는 자신이 지원한 게 맞다고 했다.

우리는 그를 선정하지 않을 수 없었다. 그가 민수호 캐릭터의 유일한 지원자였기 때문이다. 대표에게 그 사실을 말하자 상당히 흥미를 보였다. 나이는 괜찮을까요? 물었을 때 대표는 날 보더니 의아한 듯 고개를 기울이고 눈을 끔뻑였다.

"나이는 상관이 없습니다. 그건 정말이지 숫자일 뿐이죠. 그보다는 그 나이의 유저라는 점에서 특별한 사연이 기대되지 않나요? 그게 중요할 겁니다. 사연이 있는 사람, 해야 하는 이유가 있는 사람은 기적을 보여주기도 하니까요."

정말로 사연을 갖고 참여하는 사람이라면 어떤 면에서는 위험한 게 아닐까. 그렇지만 지원자를 의심할 만한 구체적인 정황은 없었기에 대표가 보이는 호감에 반박할 수 없었다.

　"실은 캐릭터를 삭제할까 고민중인 거 알아요?"

　한동안 침묵이 돌더니 대표의 입에서 문득 그런 말이 흘러나왔다.

　"누구를 삭제한다는 거예요?"

　나는 당황하여 물었다.

　"민수호가 수익성이 있을지 모르겠어요. 테스터 모집 현황을 보니 인기도 없고, 다른 캐릭터에 비해 필요한 장비도 많고. 라이 팀장 말대로 전신 수트를 개발해야 겨우 흥미를 끌 만한 캐릭터가 될지도 모르겠네요."

　"이제 와서 캐릭터를 없앤다고요? 그건 말도 안 돼요."

　"이 캐릭터가 수행하는 개별 미션만 지우면 되잖아요. 어차피 민수호 캐릭터를 선택하지 않으면 볼 수도 없는 시나리오인데."

　그가 무슨 소리를 지껄이는지 이해할 수 없었다. 민수호와 다른 캐릭터 사이 접점을 이루는 영역이 있다면, 그 부분을 몽땅 들어내야 했다. 그동안 퀘스트 수행을 위해 시나리오를 짜고 코드를 잡던 시간이 쓸모없어지는 것이다. 게다가 삭제에는 예상보다 많은 시간이 걸릴 테다. 하지만 냉정히 따져보면, 수익성 없는 캐릭터에 계속 시간을 쏟는 것이 옳은 일일까?

"어떻게 할까요?"

그가 나에게 물었다. 이미 답은 내려져 있을 텐데.

"제가 결정할 수 있는 문제인가요?"

"그럴지도 모르죠."

"그렇게 들리지 않아요."

"아닌데요?"

장난을 치는 것인지 진지하게 의견을 조율하려는 것인지 도무지 알 수 없었다. 나는 언제나 대표의 의중을 모르겠다. 알고 싶다는 기분도 들지 않지만.

"지우지 마세요."

"그렇게 말할 줄 알았어요. 라이 팀장이 그렇게 생각하는 이유는 뭔가요?"

"어떤 캐릭터도 우리 마음대로 삭제할 수 없어요. 그들은 이미 게임 안에서 살고 있는 거나 마찬가지예요."

"그렇게 캐릭터에 이입할 필요가 있나요? 어차피 지우면 그만인걸요."

어리숙한 생각인 줄 알면서도 마음에 품고 있던 것을 입 밖으로 내었다.

"민수호는 그곳에서 살아가는 존재예요. 그 세계에 엄연히 존재하는 사람을 어떻게 지울 수 있어요?"

대표는 눈을 지그시 감더니 고개를 좌우로 저었다.

"그 이유는 망상적입니다. 나에게는 와닿지 않아요. 게다가 그런 식으로 캐릭터를 향한 격렬한 이입은 좋지 않아 보여요. 혹시 그 캐릭터를 사랑하거나 정말 실존한다고 생각하거나, 뭐 그런 말도 안 되는 생각을 하는 건 아니죠?"

그렇지 않다고 말해야 했지만 입이 떨어지지 않았다.

"혹시 당신에게 소중한 사람을 게임 캐릭터로 만든 건가요? 왠지 그런 의심이 드는군요."

속내를 들키자 나도 모르게 눈빛이 날카로워졌다. 내가 쏘아보자 그가 한발 물러섰다.

"그렇게 무서운 얼굴 하지 마세요. 그런 느낌을 받았을 뿐이니까. 오해라면 미안하네요."

차가운 침묵이 감돌자 오히려 그 자신이 민망했는지 재빨리 사과했다.

"삭제하지 말고…… 그 캐릭터에게 다리를 주는 건 어때요?"

나는 혼잣말하듯 작은 목소리로 제안했다. 너무 작아서 대표의 귀에 들리지 않을 듯했다.

"다리?"

귀가 밝은 사람이었다. 그가 흥미를 보이자 나도 조금 용기가 났다.

"전신 수트를 개발하기 힘들다면 일부 장비를 추가하면 어때요? 그것도 예산 밖인가요?"

대표는 손가락으로 턱을 긁적거리며 잠시 말이 없었다.

"그야 전신 수트보다는 돈이 덜 들겠죠. 다리를 준다는 아이디어…… 잘만 하면 좋은 포인트가 될 수 있겠네요. 만약 그 캐릭터가 인기가 있다면 말이죠."

그가 어떤 결론을 내릴지 확신할 수 없었다.

"어쨌든 더 지켜봅시다. 이번 베타테스트에서 무언가 보게 된다면 생각이 바뀔지 모르죠. 정말로 하체 근육을 키우는 장비를 만들어본다거나……"

"도대체 뭘 보고 싶은 건데요?"

그는 허공을 바라보며 말했다.

"글쎄, 그걸 나도 모르겠다는 거죠."

게임의 규칙 **7**

엉킨 실타래는 단칼에 잘라버려라

***

원래 소망이란 그런 것인지 모르겠다. 원하는지도 모른 채 오래 염원하다가 눈앞에 나타나면 그제야 원하고 있었음을 깨닫게 되는 것인지도. 손아귀 사이 깊게 찢어진 그 손의 상처가 우리에게 그런 것이었는지 모르겠다. 누군가 다치기를 바라지 않았으나 그 손을 본 순간 깨달았다. 우리 모두 그 손을, 그 상처를 보고 싶었던 거라고.

테스터 005를 병원으로 이송시키고 피가 묻은 장갑을 닦고 있을 때 대표가 나를 불렀다. 방에 도착하자 그가 반색하며 입을 열었다.

"좋아요. 라이 팀장, 다리를 만들어봅시다."

그는 의자에서 일어나 방을 서성거리며 복잡한 생각을 풀어놓았다.

"그러니까 이건 헬스케어 이상이에요. 인간이 가진 '극복'에 대한 의지 말이에요. 그걸 놓치고 있던 거죠. 인간이 게임을 왜 하는지 말이에요. 인간은 자신에게 주어진 문제를 어떻게든 해결하려는 존재거든요. 난 인간이 조건반사적이라고 봐요. 과제가 주어지면 풀어야 하는 게 본성이라고요. 할 수 없거나 하고 싶지 않을 때조차, 실은 해야 한다는 강박으로 불편하잖아요. 인간은 그래요. 앞에 놓인 엉킨 실타래는 풀어야 하는 거죠."

"무슨 말을 하는 거예요? 천천히 정리 좀 해보세요."

"아…… 정말이지……"

그가 발끈하며 언성을 높였다.

"지금 라이 팀장 의견에 동의하고 있잖아요. 이런 나한테 왜 호의를 보이지 않는 겁니까? 여기서 나한테 이렇게 대꾸하는 사람은 라이 팀장밖에 없어요! 나를 대표로 생각하긴 해요?"

"갑자기 왜 이렇게 화를 내세요?"

그가 평정을 찾으려는 듯 숨을 길게 내쉬었다.

"알겠어요. 계속해보세요. 제가 알아서 정리해서 들을 테니."

그가 할 수 없다는 듯 다시 말을 이었다.

"사람들이 이걸 원하게 되리라는 확신이 왔어요. 점진적으로 발전하는 캐릭터에 대한 애정이 생기는 거죠. 민수호가 가진 팔 근력에는 한계가 있을 테고, 그걸 극복하기 위해서 다른 신체를 강화할 필요를 느낄 겁니다. 더 어려운 퀘스트를 설계하는 게 우선이에요. 그 퀘스트를 수행하려면 기계로 만든 인공 다리와 결합된 하체의 힘이 있어야 하는 거고요. 물론 그건 비싼 값이 드는 장치지만, 게임을 수행하면서 캐릭터의 극복 서사에 빠진 이들은 분명 구입하려고 할 겁니다."

"어떻게 확신하세요?"

"내가 그렇게 하고 싶어졌으니까요. 방금 전 테스트를 보는 동안 간절하게 응원하고 있었어요. 제발 문을 열어라, 조금만 힘을 내라, 솔직히 그런 기분을 맛본 것이 얼마 만인지 모릅니다."

나도 그랬다. 조금 전 목격한 테스터 005의 게임을 좀처럼 잊기 힘들 것 같았다. 실은 민수호 캐릭터에 지원한 유일한 참여자가 테스트실로 들어왔을 때부터 눈을 뗄 수 없었다. 데이터를 받아두었으므로 이미 알고 있었지만 백구십 센티미터가 약간 넘는 키에 백 킬로그램에 가까운 신체가 주는 위압감은 예상보다 훨씬 묵직했다. 헐렁한 민소매와 무릎까지 가리는 반바지를 입었는데, 옷 아래 드러난 팔과 다리가 팽팽한 근육덩어리였다. 세상에, 돌덩이가 들어왔네, 훈이 작은 소리로 속닥거렸다. 나는 웃음이 나오려는 것을 참고 명단에 참석 여부를 체크했다. 닉네임은 초록남자, 만 62세, 과거 베타테스트 지원 이력 없음…… 참석표에 동그라미를 치고 가슴에 달 명찰을 건네자, 그가 나와 눈을 맞추며 인사했다. 그때 내가 받은 인상은, 그가 이런 곳에 올 사람이 아니라는 것이었다. 자신이 있어야 할 곳을 알지 못하는 사람이 아무렇게나 이곳으로 흘러들어온 게 아닌가 싶었다. 간단한 사전 질문지를 작성한 것을 넘겨보니 평소 즐기는 게임으로 '지뢰찾기'를 기입해두었다. 게임에 거의 관심이 없다는 뜻이었다. 몸만 보아도 알 수 있었다. 그가 주로 시간을 보내는 곳은 구석진 방의 모니터 앞이 아니라 체육관일 터였다. 그런데 왜 여기에 온 걸까? 그 이유에 다른 해명이 필요하

지는 않았다. 그가 플레이 존으로 들어와 장비를 착용하자 다들
작은 탄성을 내뱉었다.

"완벽하지 않아요?"

시작 신호를 보내야 하는 훈마저 잠시 넋 놓고 그를 보았다.
나도 그랬다. 저 사람이구나, 열리지 않는 문을 아예 부숴버릴
사람…… 견고한 몸으로 플레이 존에 서 있는 그를 보자 벌써
부터 가슴이 벅찼다. 단지 큰 몸집에서 발산되는 아우라만이 아
니라 그 몸에 알알이 박혀 있는 단단한 기운이 보는 사람을 긴
장시켰다.

시작음이 울리고 본격적으로 스테이지가 열렸다.

민수호로 플레이를 시작한 초록남자의 첫번째 시도.

화재가 난 쇼핑몰 앞에서 넘어진 민수호는 초를 헤아리기도
전에 번쩍 몸을 들어올려 휠체어에 엉덩이를 걸쳤다. 가볍게
툭, 끝나버렸다. 휠체어 바퀴를 밀어내는 손놀림은 보이지 않을
정도였다. 내부 테스트에서 이십 초 이상 걸리는 거리를 십삼
초 만에 돌파했다.

"무서울 정도로 빠른데요?"

훈이 헤드셋을 쓴 채 모니터를 보면서 혼잣말인 듯 중얼거렸
다.

그다음은 닫힌 문 너머의 눈동자를 발견하는 코스였다. 그래

픽팀에서 수정한 터라 전보다 실감이 떨어지는 눈이었지만, 가상이라는 점을 인식할 수 있는, 그리하여 유저 입장에서는 더 안정적으로 느낄 수 있는 가짜 눈동자가 모니터를 채웠다.

"저 눈동자 디자인 바꾸길 잘했네요. 훨씬 나아요."

훈이 헤드셋 한쪽을 들어올리며 나에게 말했다. 그 말에 대꾸할 여유가 없었다. 민수호가 바로 문 사이에 두 손을 넣어 당기고 있었다. 그때부터 모니터 상단에 표시된 수치가 요동쳤다. 햅틱에 쏠리는 힘이 높아지자 햅틱도 저항값을 높였다. 20에서 40으로 순식간에 솟구치고, 곧바로 60으로 80으로 올라갔다. 햅틱의 최대 저항값은 85로 설정되어 있었다. 미션 클리어를 위해 필요한 값을 넘으면 시원하게 열어젖힌 문을 볼 수 있으리라. 나도 모르게 두 손을 꼭 맞잡았다. 열어요…… 제발…… 유저의 힘은 82, 83, 84, 순차적으로 올라갔다. 결국 85를 찍었다. 그리고 84, 83, 82 다시 내려가기 시작했다.

"뭐지? 왜 85를 못 넘어?"

훈이 모르겠다는 듯 어깨를 들썩였다. 나는 저항값이 물결치는 모니터를 주시하다가 플레이 존에 두 발을 붙인 테스터를 보았다. 온몸에 힘을 바짝 주고 있을 테지만, 상황을 모르는 사람이 보면 그가 한 자세를 유지한 채 편안히 멈춰 있는 듯 보일 것이었다. 술래가 풀어줄 때까지 움직일 수 없는 사람처럼. 나는 그가 햅틱의 한계치를 알고 있는 게 아닌가 싶었다. 애초에 장난을 치고 있는 것일 수 있었다.

83, 84, 85, 84, 83, 82, 81……

가만히 보니 그의 몸이 바들바들 떨리고 있었다. 주시하지 않으면 알아채기 힘든 움직임이었다. 벽 너머 다른 방에서 테스터들이 힘을 주기 위해 질러대는 기합 소리가 들려왔다. 옆방 누군가는 초콜릿과 커피가 제공되는 휴식시간이 언제인지 태연하게 묻고 있을지 몰랐다. 온 힘을 다해 퀘스트를 수행하는 테스터는 극히 일부였다. 테스트 경험이 많은 사람일수록 힘을 들일 필요가 없다는 걸 잘 알고 있을 터였다. 비공개 테스트는 프로그램의 결함 발견이 주목적이기에, 애써 미션 클리어를 할 필요도 없었다. 그들이 알아내야 할 것은 고작 맵이 끊겼다거나 고글에 비친 그래픽의 특정 부분에 색이 빠졌다거나 하는 식의 표면적인 부분일 거라고 생각할 게 뻔했다. 그럼에도 최선을 다하는 이들이 있었고, 그들이 발견해내는 결함은 더욱 본질적일 때가 있었다. 자신이 가진 힘을 다해본 후에야 알게 되는 것들, 가령……

"혹시 햅틱이 스스로 저항값을 높이는 거 아니야?"

내 말을 듣고 훈이 무릎을 툭 쳤다.

"이럴 수가……"

민수호는, 아니, 초록남자는 조금 전보다 더 심하게 몸을 떨었다. 이제는 그를 지켜보는 모두가 그 떨림을 눈으로 확인할 수 있을 정도였다. 전기에 감전되어 경련이 인 것 같아 보였다. 나는 훈 앞에 설치된 마이크를 가져와 재빨리 말했다.

"테스터님, 괜찮으세요?"

그때 크아아악, 하는 비명이 테스트실 전체를 울렸다. 사람의 소리 같지 않았다. 그것은 호랑이같이 커다란 동물의 울음에 가까웠다. 몸 깊은 곳에서 끓어오르는 것인 듯 묵직하고 큰 소리였다. 나도 모르게 두 손으로 옆머리를 지그시 누르며 눈살을 찌푸릴 수밖에 없었다. 다시 한번 그의 비명이, 커다란 심벌즈를 힘껏 때린 듯 퍼진 그 순간,

'열리지 않는 문'이 열렸다.

문안에 있던 사람, 눈동자로만 존재하던 그 사람이 문밖으로 뛰어나왔다. 곧이어 퀘스트 미션을 완료하면 나타나는 짧은 애니메이션 엔딩이 펼쳐졌다.

이 시나리오에서 민수호는 자신이 구한 사람이 은하라고 생각한다. 그러나 곧 구조된 사람이 그에게 감사 인사를 전하면서 그렇지 않았다는 것을 깨닫는다. 손에 스카프를 한 묶음 쥐고 있는 여자, 그 여자 옆에서 아이가 실실 웃고 있다. 민수호는 무릎을 굽혀 아이와 눈을 맞추고 아이는 그의 볼에 감사의 표시로 입을 맞춘다. 꼬마야, 다행이구나, 민수호가 그렇게 말하자 아이는 대단한 아저씨네, 말한 후 엄마로 보이는 듯한 여자와 그 자리를 떠난다.

그것은 내가 쓴 시나리오였다. 이 게임의 진행을 눈으로 직접 확인하고 나자, 과연 적합한 시나리오를 구성한 것인지 의문이 들었다.

"그래도 엔딩에 어린아이가 나오는 건 나쁘지 않지?"

훈이 그럭저럭 괜찮다며 고개를 끄덕였다. 초록남자는 쓰고 있던 고글을 머리 위로 넘기고, 햅틱 장갑을 거칠게 둘둘 말아 벗어냈다. 게임을 하는 동안 얼마나 힘을 주었던지 아직도 팔뚝의 힘줄이 벌떡거렸다. 그때, 들어올린 팔의 두 손목으로 나란히 무언가 흘러내렸다. 처음에는 붉어진 피부 위로 흐르는 땀인 줄 알았다. 그러나 땀보다 걸쭉한 흐름이었다.

"얼른! 구급상자 가져와요!"

그 손은 문을 열기 위해 모든 힘을 쓴 자의 것이었다. 손금을 알아볼 수 없을 정도로 수포가 올라오고 살점이 뜯겨나갔다. 붉은 물감에 담근 듯 그 손은 피로 범벅이 되어 있었다.

예상한 대로 수치 인식 결함으로 햅틱이 제멋대로 저항값을 높였다는 것이 밝혀졌다. 장비를 착용하고 진행하는 플레이에서 햅틱의 안정성은 핵심 요소였다. 하지만 유저가 신체의 압박을 느끼거나 부상의 위험을 인지하면 스스로 중단시킬 장치도 얼마든지 준비되어 있었다. 정지 버튼을 누르기만 하면 되는 것이다. 그러니까 멈출 수 있는 일을 멈추지 않았을 뿐이다. 그렇다면 누구의 잘못인가? 게임을 멈추지 않은 유저가 문제인가? 아니면 손바닥이 찢어질 때까지 게임하는 사람이 있을 거라고 예상치 못한 우리의 잘못일까?

이번 테스트는 대표에게 고민거리를 안겼다. 장비의 개선이

나 게임 시나리오 변경, 캐릭터 삭제 여부는 통제할 수 있지만 게임에 참여하는 유저의 의지, 다시 말해 게임에 임하는 인간의 마음은 통제할 수 없다는 점에서 플레이 도중 사고가 일어날 수 있다는 것을 깨달았기 때문이다. 그는 결국 햅틱 장비가 신체 강화 훈련에 쓰이기 위해서는 그 장비에 지나친 인간의 의지를 억제하는 기능까지 탑재해야 한다고 주장했다.

"인간이 자기 분수를 알게 해야죠."

불쾌한 표현이지만 인정할 수밖에 없었다. 한계를 시험하려 드는 인간의 의지를 기계가 멈추게 만드는 것. 우리가 만들어야 할 궁극의 기술은 인간에게 여기까지만 하라고 경고하는 시스템인지도 몰랐다. 하지만 그것이 경고인 줄 알고도 한 발 더 나아가는 인간의 선택은 어떻게 할 것인가?

테스트 이후 부상에 대한 추적 관리를 핑계로 나는 테스터 005, 그러니까 초록남자와 채팅으로 이야기를 나누었다. 다행히 그는 회사에 민원을 제기하지 않았다. 회사에서 그의 치료비를 전액 지불해주기로 했지만 초록남자 쪽에서 거절했다. 그는 모든 게 자신의 뜻이었다고 말했다. 누구도 미안할 필요가 없는 일이라고. 게다가 자신에게 돈은 가장 불필요한 보상이라고 했다. 사고에 대한 기밀 보장 각서를 받기 위해 그의 집을 찾아간 직원의 말에 따르면, 그는 저택이라 할 만큼 커다란 집에 살면서 가사도우미를 두 명이나 고용한 부자였다.

그런 소문이 돌자 어느새 사내에서 초록남자는 주목받는 인물이 되었다. 젊은이들이 할 법한 게임에 테스터로 자원한 어르신이자 액션 배우처럼 몸이 탄탄한 사람, 그 몸을 사리지 않고 게임에 열의를 다하는 유저, 더군다나 재산을 가늠할 수 없는 부자…… 그러한 초인간적인 정체성이 모두의 상상력을 자극했다. 특히 시나리오팀에서는 그를 숭배하기 시작했다. 현실에서 히어로는 드물고, 이야기를 만들려면 그런 인물을 참조할 필요가 있기 때문이었다.

대표도 그에게 자극을 받았는지 히어로 캐릭터에 대한 아이디어를 꺼내놓았다.

"민수호 캐릭터를 영웅으로 만듭시다. 육성형으로 만드는 거죠. 휠체어에서 일어나 기계 다리를 입은 영웅으로. 어때요? 괜찮지 않나요? 그 다리가 아이언맨 수트 같은 게 된다면 어떨까요?"

아이언맨?

"분명 인기가 있을 겁니다."

나는 말없이 그를 바라보았다. 그는 자신이 가려던 길을 벗어나고 있었다. 캐릭터의 고유성 따위 제쳐두고 매력적으로 보이는 온갖 기능을 덕지덕지 붙여놓으려는 욕심. 그에게는 결단력과 추진력, 시대가 무엇을 원하는지 포착하는 기민함이 있었지만 중요한 것이 빠져 있었다. 바로 이 세계에 대한 순수한 애정이었다. 그는 우리가 들인 노력이 합당한 액수의 돈으로 바뀌지 않을까봐 노심초사하는 마음에 늘 휩싸여 있는 것인지도 몰랐다. 물론 그것이 그가 감당해야 할 몫이긴 했다. 그렇지만 그와 같은 입장이 아니라면 완전히 동의할 수는 없는 초조함이었다.

게임의 규칙 8

때로는 포기하라

테스터 005님이 입장하셨습니다

관리자 001 | 안녕하세요.

테스터 005 | 안녕하세요. 잘 지내셨나요?

초록남자와 진행하는 5회차 채팅이었다. 채팅은 대표를 비롯한 직원 전원에게 공유되었다. 원한다면 실시간으로 참관할 수 있었다. 하지만 대화의 권한은 나와 테스터에게만 있으므로 누군가 우리 사이에 개입해 방해받을 일은 없었다. 대화중 초록남자가 손을 찍은 사진을 올렸다. 지난주보다 훨씬 나았다. 엄지와 검지 사이 선명한 붉은 선이 남았지만 갈라진 피부는 붙어가고 있었다. 사진을 보았다면 대표도 한시름 놓았을 것이다.

테스터 005 | 다칠 수밖에 없었습니다. 능력치 이상을 끌어오면 상처가 나는 법이니까요.

관리자 001 | 그때 포기하셔도 됐잖아요. 저희도 그런 결과를 바란 건 아니었어요. 하지만 덕분에 알게 된 것이 있죠. 우리에게 위험 요인을 더 예민하게 감지할 시스템이 필요하다는 거요.

테스터 005 ¦ 그럴지도 모르겠네요. 하지만 게임이 잘못된 것은 아닙니다. 잘못은 제가 한 거죠. 이상한 기분이 들면 언제든 종료하라고 주의를 받았지만 그렇게 하지 않은 겁니다.

관리자 001 ¦ 바로 그게 우리가 계산하지 못한 부분이에요. 인간에게는 의지가 있잖아요. 포기해야 하는 순간에도 계속 가고 싶을 수 있어요. 그래서 이 게임에 제어장치가 필요한 거였어요. 더이상 하지 말라, 인지시키는 장치 말이죠. 유저의 상태를 측정해 햅틱이 스스로 전원을 내릴 수 있도록 연구할 거예요.

테스터 005 ¦ 돈이 많이 들 것 같네요.

관리자 001 ¦ 괜찮아요. 돈 걱정 없습니다. 대표님이 워낙 유능하시니.

테스터 005 ¦ 하하. 그렇군요.

관리자 001 ¦ 알려드릴 것이 있어요. 저번에 진행하신 퀘스트 말인데요. 수행 위험도가 높아서 '열리지 않는 문' 미션은 보류되었다는 소식이에요. 지금보다 고도화된 장비를 개발하기 전까지는 플레이할 수 없습니다.

테스터 005 ¦ 어쩌면 제가 그 퀘스트의 마지막 플레이어가 될 수도 있겠군요.

관리자 001 ¦ 물론 잠정 보류지만 어떻게 될지는 모르니까요. 무엇보다 유저에게 더 친화적인 방식으로 수정되고 있으니 앞으로 기대해주셔도 좋을 것 같습니다.

테스터 005 ¦ 네, 그래요. 정말 기대가 됩니다.

더이상 나눌 대화가 없는 듯했다. 이번 회차의 채팅이 마지막

일 터였다. 하지만 개인적으로 묻지 못한 질문이 아직 남아 있었다. 공용 서버에 접속되어 모두에게 공개된 대화가 아니라면 당장 묻고 싶었다.

왜 그토록 그 문을 열고 싶었던 건가요?

*

훈이 변경된 맵을 여섯 개의 모니터에 띄워놓고 확인중이었다. 드넓은 호수 풍경이 다양한 각도로 쪼개져 모니터마다 담겨 있었다. '열리지 않는 문' 퀘스트 대신에 새로 도입한 '닫히지 않는 문' 퀘스트를 위한 맵이었다. 난이도 조정이 필요하다는 대표의 의견에 따라 '열리지 않는 문' 퀘스트가 무기한 보류되었고, 그 대신 시나리오에서 밀려나 있던 '닫히지 않는 문' 퀘스트가 들어오게 된 것이었다. 원래는 폐기 직전 시나리오였지만 '문'과 관련된 미션이 캐릭터의 개연성을 위해 필요했으므로 다시 공을 들여 살려냈다.

맵은 원래의 기본 배경인 호수 공간을 활용해 조금씩 변화를 주었다. 호수의 물은 더 맑은 색으로 변경하고 호수 중앙에 하얀 등대를 세웠다. 일단 샘플 작업을 할 때 등대를 놓아보니 맵에 균형이 생겨 좋아 보였다. 게임 속에서 유저가 좌우를 구분하는 감각도 더 선명해질 터였다. 그 등대는 맵의 기준점으로 잡아두기에 손색이 없었다.

"뭐야? 커피 사왔어요?"

훈이 기지개를 켜며 나의 빈손을 바라보았다. 커피는 무슨…… 나는 밖에서 막 들어온 터라 차가워진 손등을 훈의 볼에 갖다대었다.

"아, 정말, 악취미네요. 진짜……"

손등을 떼자 그 볼이 손등이 닿은 모양대로 붉어져 있었다. 이전에 얼음이 지나간 자리가 붉어진 걸 본 후로 나도 모르게 종종 이런 장난을 치게 되었다.

"병원에 가봐야 하는 거 아니야? 이렇게 피부가 약한데?"

"걱정할 거면 누르지나 말든가요."

볼을 누를 때마다 훈은 궁시렁거리면서도 말투가 순했다. 싫지는 않은 모양이다. 그 옆에 앉아 모니터 속 맵을 올려다보았다. 변경된 맵은 익숙하면서도 낯설었다. 실제로 플레이를 하면 과거의 맵이 떠올라 혼란스러울지도 몰랐다. 하지만 차츰 새로운 것에 적응하게 되리라. 나는 고개를 돌려 훈을 보았다. 그는 몬스터가 나오는 위치에 붉은 점을 찍어 표시하고 있었다. 시선을 느꼈는지 그가 한 뼘 물러서며 나를 바라보았다.

"나한테 무슨 할말 있어요?"

그를 빤히 보면서 말했다.

"나랑 어디 좀 갈래?"

그도 나를 빤히 보았다.

"네."

훈의 답은 명확했다. 그 마음도 명확하게 보이는 것 같았다.
나는 그의 답을 알면서도 물었다.

"어디인 줄 알고?"

훈이 씨익 웃으며 대답했다.

"어디든요."

게임의 규칙 **9**

플레이의 목적을 되새겨라

운전을 하는 훈의 옆얼굴을 자주 힐끔거렸다. 훈은 이것이 첫 데이트라고 말했다.

"사귀는 사이도 아닌데?"

그렇게 반문하자 사귀는 사람들만 데이트를 하는 건 아니라고 했다. 그 말이 맞았다. 우리 사이를 더 가볍게 생각해도 좋을 것 같았다.

"라이님, 진짜 이름이 뭐예요? 회사에서 쓰는 이름 말고요."

차들이 거의 다니지 않는 직선 도로에 들어서자 훈이 잠시 나와 눈을 맞추며 물었다. 나는 그에게 어서 앞을 보라 꾸짖으며 다른 이름 따위는 없다고 덧붙였다.

"나는 라이야. 그렇게만 불러."

"그럼, 라이가 본명이에요?"

"일할 때 쓰던 이름이었지. 이제는 그냥 나를 부르는 이름이 됐고."

창밖으로 눈길을 돌리자 하얀 목련 나무가 보였다. 거대한 봉분 같은 얕은 언덕 너머로 갈변하여 저물어가는 목련꽃이 보였다. 아직 바래지 않은 자목련 몇 그루도 차창 밖으로 훌훌 지나갔다.

"여기예요?"

내비게이션이 목적지 안내를 종료했다. 우리 앞에는 목련 공원이 펼쳐졌다. 차에서 내리면서 훈이 탄성을 내뱉었다. 저물기 전 만개하여 하얀 꽃잎이 사방으로 벌어진 목련 나무가 한데 모여 있었다. 희게 빛나는 풍경이 눈길을 사로잡았다. 가까이 서 있는 목련 나무에서 꽃잎이 툭 떨어졌다. 우리는 거기로 걸어갔다. 나는 허리를 구부리고 꽃잎을 주워들었다.

"여기 뭐예요?"

"무덤."

훈은 놀란 듯 돌아보았다. 그 눈에 약간의 당혹스러움이 담겨 있었다.

"이 나무들 아래 골분이 묻혀 있어."

뼛가루가 묻혀 있다는 말에 훈은 할말을 잃었지만, 그렇다고 눈에 들어온 흐드러진 꽃잎의 아름다움이 사라진 것은 아니었을 테다. 그는 몇 번이나 감탄하며 주변을 둘러보았다.

"조금 더 올라가면 돼."

"여기에 누가 있는데요?"

"수호가 있어."

훈은 예상했다는 듯 말이 없었다. 계단식으로 조성된 수목장 언덕을 올라가다 몇 사람을 마주쳤다. 수목장을 찾은 이들은 공원을 산책하듯 나무 사이를 걷고 있었다. 알지 못하는 사람들이지만 묵례를 나누었다. 나는 훈에게 삼 년 전 일어난 화재 사고에 대해 이야기했다. 벌어진 문틈으로 손을 잡고 있던 두 사람에 대해서도.

"라이님은 민수호 좋아했어요?"

훈이 조심스럽게 물었다.

"응."

더이상 숨길 필요는 없었다.

"얼마나 좋아했는데요?"

"다시 살려내고 싶을 만큼?"

"그렇다면 엄청 좋아한 거네요."

그렇게 결론 내려놓고 훈은 씁쓸한 듯 입꼬리를 올렸다. 그러나 강박적으로 끌어올린 미소는 금방 입가에서 사라졌다.

"아직도 좋아해요?"

그 질문이 나왔을 때, 나란한 두 그루의 자목련 나무 앞에 도착했다. 훈은 목련 나무 아래 팻말을 유심히 들여다보았다. 이름이 쓰여 있었다. 임은하의 나무. 민수호의 나무. 우리는 잠시 눈을 감고 묵념했다. 그런 다음 나무 앞에 자리를 잡고 앉았다.

"뭐랄까, 이 나무 잘생겼네요."

훈은 수호의 골분이 묻혀 있는 자목련 나무를 올려다보며 말했다. 진담인 듯한 그 말에 웃음이 났다. 민수호의 나무는 탱탱하게 수분이 차 있었다. 긴 타원형의 목련꽃들이 꽃술을 드러내지 않으려 입을 다문 모양으로 하늘을 향하고 있었다. 바람이 불지 않는데도 한 방향으로 기울어진 꽃들은, 나뭇가지에서 금방이라도 떨어져 자줏빛 새가 되어 날아오를 것 같았다.

"저번에 대표가 캐릭터 삭제를 제안했어."

"민수호 캐릭터요?"

"응. 그러다가 또 마음을 바꿨지. 그 캐릭터에 붙일 수 있는 아이템에 끌렸던 거야. 그게 돈이 될 거라고 생각하거든."

"어쩔 수 없죠. 수익을 따져야 하는 입장일 테니까요."

"맞아. 그 점은 존중해. 존경까지는 아니어도……"

"마음에 안 드는 거죠? 민수호를 좋아하게 된 유저들이 이런 저런 아이템을 사느라 회사에 돈을 갖다 바치는 게."

"듣고 보니 그런 것 같네. 실은 거기까지 생각한 건 아니지 만."

훈이 나를 지그시 바라보았다. 눈길이 마주쳐도 피하지 않았다.

"손잡아도 돼요?"

그가 손등 위로 닿을 듯 손을 가져와 올렸다. 나는 아무런 대답을 내놓지 않았다.

"아직도 좋아하죠?"

그 말에도 대답할 수 없었다.

"그냥 민수호 캐릭터를 지워버리자고 할까요?"

훈은 손을 거두어 등뒤로 가져가 땅을 짚고 상체를 활짝 폈다.

"캐릭터잖아요. 실수인 척 지우면 그만이죠."

그 말이 온몸을 저릿하게 쑤셨다.

"정말 그렇게 생각해?"

나는 본심을 드러내고 말았다. 적어도 내가 만든 세계에서 민수호를 지우는 일은 결코 할 수 없었다. 훈은 말없이 앞을 내다보았다. 우리가 앉은 자리에서 보이는 것이라곤 파란 지붕을 얹은 단층집들과 알맞게 구획된 논밭, 그 풍경을 가두는 어두운 테두리와 끝없이 이어지는 산의 능선밖에 없었다. 눈앞에 맑은 물을 담은 호수가 있다면 마음이 시원했을까. 하지만 그것은 여기 없는 풍경이었다. 그 호수는 게임을 위해 만든 맵 속에 있었다. 눈을 감고 호수를 천천히 떠올리자, 맵 속으로 들어가 숨고 싶은 기분이 들었다.

"아니요."

훈이 뒤늦게 대답했다.

"지우고 싶지 않아요. 저도 나름대로 그 캐릭터한테 정이 들었거든요."

"그래? 고마워."

왜 고맙다는 인사를 했는지 알 수 없었다.

"지우지 말고, 더 많은 이야기를 하도록 만들어요. 그 사람이 조금 덜 슬프고 조금 더 행복해질 수 있게 이야기를 계속해요."

"아……"

내가 찾던 답이 그것이라는 생각이 들었다. 결국 그렇게 단순하게 말해질 수 있는 것.

"행운을 빌어요."

훈이 씩씩하게 자리에서 일어나 바지를 손으로 툭툭 털었다.

마른풀이 그의 바지에 몇 가닥 달라붙어 있었다. 나는 바지 밑단에 붙은 풀을 떼어주었다. 그가 가만히 내려다보고 있었다.

"그래도 나한테 가능성이 있는 거죠?"

풀 한 가닥을 든 채 그를 올려다보았다. 갑자기 볼 언저리가 간지러웠다. 잔잔히 바람이 지나가고 목련 향이 은은하게 코를 스쳐갔다. 손끝에 붙들고 있던 풀이 어느새 가볍게 날아가버렸다.

민수호 캐릭터에 도입될 기계 다리 시연이 있는 날, 초록남자를 초청했다. 그는 아이보리색 실크 셔츠에 초록색 정장을 입고 왔다. 얼굴의 수염도 매끈하게 깎고 되도록 풍성하게 보이려 앞머리도 올려 고정했다. 깔끔하게 꾸민 모습을 보고 있자니 그가 부자라는 실감이 났다.

"오늘 정말 멋지십니다."

대표가 그 옆에 붙어 아부를 떨었다.

"오후에 또 들를 곳이 있어서 말입니다. 늙은이가 보기 싫게 너무 힘을 준 것 같나요?"

"아니요. 힘을 주니 더 보기 좋습니다."

대표는 호감으로 가득찬 속내를 내보이고 싶어했다. 마치 강아지가 오랜만에 주인을 만나 꼬리를 흔들며 반가워하듯 노골적으로 호감을 드러냈다.

"여전히 몸도 좋으시고요. 계속 운동을 하시는 거죠?"

"예, 그렇습니다. 매일 네 시간씩 하고 있습니다."

"와, 네 시간이요?"

대표가 혀를 내둘렀다.

"굉장하십니다."

"덕분에 근육통을 달고 살죠."

"역시 뭔가 다르시네요."

두 사람이 홍보팀장의 안내를 받아 테스트실로 향했다. 나도 그 뒤를 따랐다. 초록남자와는 처음 도착했을 때 가벼운 눈인사만 나누었다. 채팅을 통해 대화를 나눈 사이인데도 막상 다시 얼굴을 보니 데면데면한 기운이 돌았다. 나도 그랬지만 그도 그런 것 같았다. 아직 내가 그만큼 나이가 들어본 적이 없으므로 속단할 수는 없지만, 겨우 몇 살 많은 대표만 보더라도 세월이 더해갈수록 여러 면에서 사람이 야금야금 뻔뻔해지는 게 아닌가 싶었다. 하지만 초록남자는 그렇지 않았다. 바로 그런 부분이 의아하면서도 그를 더욱 매력적으로 보이게 만들었다.

시연이 시작되기 전, 용기를 내어 그 옆으로 자리를 옮겼다. 세팅을 하던 훈이 잠시 초록남자를 훑어보다가 눈길을 돌렸다.

"손은 괜찮으세요?"

내가 묻자 그가 손바닥을 보여주었다. 상처는 아물었지만 흔적은 굵게 남아 있었다.

"처음이네요."

"뭐가요?"

"손에 대해 물어봐준 사람이요."

그가 허허 웃었다. 그래서인가 방금 한 말이 농담처럼 들렸다. 하지만 그걸 물어봐주는 사람이 나타나길 기다리던 건 아니었을까. 그 마음이 들켜 민망한 건 아닐까. 그런 것이라면 그 질문을 던진 사람이 나라서 다행이라고 느끼는 게 아닐까.

잠시 후, 대표가 잘들 보시라며 플레이 존으로 들어갔다. 시연을 기획할 때부터 그가 첫 타자로 나설 것이라 선언한 터였다. 그 고집을 알고 있어 아무도 말리지 않았다. 기계 다리의 외형을 티타늄으로 교체하기 전이라 풍선처럼 빵빵하게 부풀린 웨어러블 장비의 투명한 표면 아래 신경 감지 센서가 반짝거리고 있었다. 반바지로 갈아입고 등장한 대표는 바닥에 주저앉아 한 발씩 고무 장치에 끼워넣었다.

"감전되는 건 아니겠죠?"

대표 입장에서는 웃기려 한 말 같았지만, 시연을 준비한 홍보팀장은 그 말에 어깨를 움츠렸다. 안정성 테스트를 통과했지만, 아직 상용화 전 단계까지는 테스트를 거치지 않아 불안한 점이 남아 있는 기구였다. 장치에 흐르는 전기 자극으로 쇼크를 일으킬 위험은 없겠지만, 맨살을 드러낸 다리에 따끔한 통증이 가해지면 대표가 어떤 식으로 불만을 내보일지 몰랐다. 어쨌든 그런 건 나중의 일이었고 지금 대표는 자신의 다리에 씌워놓은 장치 안에서 알록달록 빛나는 전기 촉수를 만족스럽게 내려다보고 있었다.

곧 테스트가 시작되었다. 대표가 트레드밀 위에서 여유롭게 다리를 움직였다. 바람으로 채운 기계 다리는 뿍, 뿍, 이상한 마찰음을 내며 작동하기 시작했다.

"이게 무슨 느낌이죠?"

대표가 센서 수치를 확인하는 훈을 돌아보며 물었다. 그런 건 훈이 답할 수 있는 질문이 아니었다. 시종일관 팔짱을 끼고 있던 개발팀장이 건조한 목소리로 되물었다.

"구름 위를 걷는 기분이 아닐까요?"

"구름 위를 걸어본 적이 없으니, 글쎄, 적당한 표현을 못 찾겠군요."

지켜보던 이들 사이에서 웃음이 터져나왔다. 초록남자는 덤덤한 표정으로 대표를 바라보고 있었다.

"걷고 있다는 기분이 들지 않아요. 다리에 힘이 들어가지 않는군요."

"지면에 닿는 충격이 장치에 흡수되어 다리 에너지로 전환되는 거예요."

눈동자를 굴리며 분주하게 모니터를 살피던 훈이 다리의 움직임을 주시하며 설명했다. 개발팀장이 덧붙였다.

"전기 자극을 활용하는 방안을 논의중입니다. 게임을 하는 동안 치료를 받는 거죠."

대표가 좋아요, 하면서 손가락을 튕겼다. 딱, 하며 맞부딪힌 손가락 마찰 소리가 실내에 퍼져나갔다.

"생각보다 대단하네요."

그가 속도를 높여 트레드밀 위를 달리려는 찰나 초록남자가 입을 열었다.

"아무것도 느껴지지 않는데도 대단한가요?"

대표는 초록남자 쪽으로 고개를 돌렸다.

"방금 뭐라고 하셨죠?"

"아무 느낌도 없다고 하지 않았습니까? 그렇다면 잘못된 게 아닐까요?"

대표가 입술을 살짝 내밀고 미간을 찌푸렸다. 특별히 대꾸할 말을 찾지 못한 것 같았다. 대표는 게임을 중단시키고 트레드밀 아래로 내려왔다. 그가 플레이 존을 벗어나자 풍선처럼 부풀어 있던 장치의 바람이 서서히 빠져나갔다. 반짝이던 빛도 사라졌다. 슈우우웅, 바람 빠지는 소리가 서서히 커졌다. 대표는 어깨를 축 늘어뜨렸다. 몸에서 과도한 자신감이 빠져나간 것처럼 보였다.

"느낌이 없는 게 왜 잘못된 거죠? 이 다리로는 고통을 느끼지 않을 거예요. 갑자기 넘어지거나 얻어맞아도 괜찮을지 모르죠. 고통이 없는 신체라 생각하면 어떤가요? 치료도 받을 수 있으니 기능적이고 효율적이죠. 이런 기술이 멋지지 않나요?"

"아무것도 느낄 수 없다면 어떻게 살아 있다고 생각할 수 있습니까?"

"꼭 그 느낌적으로…… 살아 있어야 합니까?"

"살아 있어야 하죠."

초록남자가 단호하게 말했다.

"느낄 수 없으면 삶이라는 게 사라져버립니다."

다시 한번 단단한 목소리로 덧붙였다. 대표는 팔짱을 끼고서 불만스러운 듯 볼을 부풀렸다.

"그런 말씀을 하시다니 당황스럽네요. 물론 이해합니다. 좀 고루한 사상이긴 합니다만."

대표가 아무 말이나 내뱉는 꼴을 보고 있으니 나도 모르게 이마 언저리로 식은땀이 약간 솟았다. 초록남자는 말없이 바닥을 보다가 무언가 결심한 듯 대표에게 천천히 걸어갔다. 그리고 오른손을 들어 대표의 얼굴을 거칠게 내리쳤다. 착, 착, 두 번의 뺨 때리는 소리. 아무도 어떤 말도 할 수 없었다. 방금 무슨 일이 일어난 거지? 대표가 그렇게 맥락 없이 뺨을 맞는 장면을 망연히 지켜만 보았다. 얼굴을 맞은 대표는 고개를 돌린 채 고장난 기계처럼 멈춰 있었다. 어떻게 반응해야 할지 모르는 것 같았다. 그의 볼이 금방 불그죽죽 부풀었다. 대표가 허얼, 하며 한숨을 뱉더니 초록남자 쪽으로 휙 얼굴을 돌렸다. 초록남자는 구겨진 매무새를 정리하며 그를 보았다.

"이건 늙은이가 주는 선물이라고 생각하시오."

대표는 아무 말도 하지 못한 채 붉은 얼굴을 몇 번 손등으로 어루만졌다. 그러다가 갑갑하다는 듯 인공의 다리를 벗어버렸다. 공기가 빠져나가 부피가 줄어든 그 기구는 허물처럼 바닥에 널브러졌다. 대표는 고개를 내저으며 그에게 물었다.

"도대체 제가 뭘 잘못했나요?"

초록남자는 그 질문에 답하지 않았다.

"그만 가봐야겠네요."

그는 손목을 들어 시간을 확인하고, 테스트실에 모인 사람들 사이를 육중한 몸으로 밀어내며 그곳을 빠져나갔다. 대표는 어이없다는 표정으로 고개를 기울인 채 그의 뒷모습을 보았다.

"도대체 어딜 가는 거예요? 내 말에 답도 없이……"

그러나 초록남자는 이미 사라졌다.

"이게 다 무슨 일이죠?"

대표의 물음에 대답해줄 수 있는 사람은 아무도 없었다.

게임이 끝난 후에는 다시 새로운 모험을 시작하라

사직서를 내밀었을 때, 대표는 회사를 떠나는 이유를 특별히
묻지 않았다. 다만 그럴 수 있다고 말했다. 그 누구도 영원히 이
곳에 있을 수는 없다고, 자신조차 그렇다고 했다. 대표가 앞으
로 무엇을 할 거냐 물어서, 당분간 쉬면서 취미삼아 게임을 만
들 거라고 대답했다. 유저가 아무런 선택을 하지 않아도 되는
게임. 캐릭터가 스스로 퀘스트를 수행하고 경험치를 쌓고 아이
템을 획득하는, 완전히 자동화된 플레이. 일종의 방치형 게임.
사실 계획 따위는 없었다. 대표의 질문에 뭐라도 답해야 할 것
같아 그냥 둘러대는 핑계였는데, 일단 입 밖으로 꺼내놓으니 실
현되어도 좋을 일이 아닌가 싶었다. 시간만 충분하다면 할 수
있지 않을까.

"혼자서요?"

대표가 한 손에 턱을 받치고 물었다. 초록남자에게 맞은 자국
은 이제 남아 있지 않지만 대표의 얼굴을 마주할 때마다 그날이
떠올랐다. 그후 대표는 자신이 왜 뺨을 맞았는지 답을 찾으려
했다. 초록남자에게 연락을 해보았으나 연결되지 않았다. 그는
어쩔 수 없이 혼자 답을 찾아야 했다. 일기까지 썼다고 굳이 나
에게 털어놓았다. 그래서 답은 찾으셨어요? 내가 물었더니, 대

표는 아마도 그가 자신에게 고통의 실감을 느끼게 해주려 한 것 같다고 말했다. '맞으면 아프잖아요. 아픔이란 그 불쾌감을 생략하고 따져보자면, 살아 있다는 증거 아닌가요?' 살아 있다는 증거라니…… 그는 덧붙였다. '어쨌거나 갑자기 뺨을 맞는 일이 생각보다 나쁘지 않았습니다. 정신이 확 들어요.' 그것이 결론이라면 결론이었다.

"게임을 만드는 건 혼자 해볼 생각이에요."

"프로그래머는 외주로 고용할 겁니까?"

"모르겠어요."

"별 계획이 없군요. 시나리오는 있어요? 도대체 어떤 게임입니까?"

여차하면 투자라도 해줄 분위기였다. 물론 그럴 가능성은 없으므로, 나는 아이디어가 떠오르는 대로 말을 이어갔다.

"한 여자가 숲속 카페를 찾다가 길을 잃게 돼요. 그다음 길을 찾아가며 숲에서 탈출하는 거죠."

"흠……"

대표는 흥미가 뚝 떨어진 듯했다. 그의 관심이 사라지자 더 자유롭게 말할 수 있을 것 같았다.

"방치형으로 만들 거예요."

"네?"

대표가 의아한 듯 고개를 기울였다.

"그 여자가 길을 찾아 내려오는 과정을 유저는 지켜보기만

하면 되는 거예요. 플레이 버튼을 누른 순간부터 캐릭터가 스스로 모든 걸 결정하죠."

"솔직히 이해할 수 없군요. 유저가 참여하지 않는 게임이 무슨 의미가 있는 걸까요?"

"개입하지 않는다는 의미가 있죠."

"그게 무슨 말입니까?"

"게임 속 세계를 그냥 내버려두는 거예요."

대표는 이해할 수 없다는 얼굴이었지만 별다른 질문을 하지 않았다. 더이상 듣고 싶은 이야기가 없는 듯했다. 그가 앉은 자리에서 멀지 않은 곳에 구겨진 인공 다리가 세탁물처럼 놓여 있었다.

"저 다리, 어떻게 하실 거예요?"

그는 어깨를 으쓱 들어올렸다.

"어떻게 하면 좋겠습니까?"

"글쎄요. 어떻게 하실 건데요?"

"내가 다시 물었잖아요."

"제가 먼저 물었어요."

"정말…… 이렇게 나한테 무례한 사람은 없다고요. 알아요?"

그렇게 말하더니 대표는 허리에 손을 얹고 작게 웃었다. 나는 함께 웃어주지 않았다. 하지만 싫은 티를 내지도 않았다. 별로 싫지는 않았다. 그렇다고 갑자기 그를 좋아하게 된 것도 아니었다. 다만 그가 웃는 모습이 다른 감정을 숨기기 위한 연기처럼 보여서 따라 웃고 싶지 않았을 뿐이다.

"민수호 말이에요. 수익성이 없다고 판단하면 곧바로 지워버릴 거예요. 라이 팀장이 회사를 떠난 후 내릴 결정일 테니 원망하지 마요."

대표는 마지막 인사 대신 협박을 했다. 그렇지만 나는 그가 캐릭터를 지울 리 없다고 생각했다. 그는 그렇게 모진 사람은 아니다. 그동안 겪어보니 어렴풋이 알 것 같았다. 책상에 쌓인 기계 다리 관련 서류 뭉치만 봐도 모를 수가 없었다.

"건강하세요."

그는 고개를 돌려 나를 무시했다. 혹시 무슨 인사가 돌아올까 잠시 기다려도 응답이 없었다. 그래도 나는 그가 밉지 않았다. 문을 닫고 나올 때, 다 지겨워, 하는 말이 투정처럼 들렸고, 그가 서운한 감정을 표현하는 데 얼마나 서투른 사람인지도 이제는 알 것 같았다.

*

그렇게 대표에게 말하고 난 후 정말로 게임을 만들어볼 마음이 생겼다. 인적 없는 숲에서 길을 잃은 여자가 다시 길을 찾는 게임을.

소스가 될 만한 요소를 취재하기 위해 적합한 장소를 찾다가 더블데이 피드에서 한 곳을 발견했다. '능주 마실'이라는 카페였다. 카페가 위치한 능주산은 산행을 좋아하는 사람들 사이에서도 미로 같은 산길로 정평이 나 있었다. 그곳에서 조난되었다가 구조된 사람들 인터뷰만 따로 모은 책이 있을 정도였다. 어쨌든 길을 잃은 사람들이 살아 돌아왔다니 다행이었다. 그들이 입을 모아 말하길 능주산은 미로 같지만 가고자 하면 길을 알려주는 신기한 산이라고 했다.

능주산은 생각보다 멀지 않았다. 고속버스로 세 시간을 이동해 능주 터미널에 도착 후 택시를 탔다. 택시 기사는 불과 이십 년 전만 해도 그 산에 호랑이가 살았다고 말해주었다. 지금은 폐교된 초등학교를 그 호랑이가 습격한 적도 있다고.

"아직 호랑이가 있을까요?"

가벼운 농담으로 던진 질문이었으나 택시 기사는 진지한 목소리로 답했다.

"그렇지는 않을 겁니다. 이 나라에서 호랑이는 멸종하지 않았습니까?"

그러더니 더이상 관심 없다는 듯 라디오 볼륨을 조금 높였다. 마침 라디오 뉴스에서 회사 소식이 전해지고 있었다. 익숙한 목소리가 들렸다. 대표가 인터뷰를 하고 있었다. 장애인과 비장애인이 동시에 즐길 수 있는 게임에 대한 이야기였다. 대표는 장애인 단체의 항의를 받은 뒤 반성을 많이 했고, 캐릭터의 활용에 대해 더 심도 있게 생각해보았다고 말했다. 만약 이 게임이 실내에서 오랜 시간을 보낼 수밖에 없는 이들을 조금이라도 움직이게 한다면 어떨까요? 움직이면 감각이 깨어나고, 그 깨어남이 우리를 어디로 데려갈 거라면요? 택시 기사는 무슨 소리인지 하나도 모르겠다며, 자신은 태어나서 한 번도 컴퓨터게임 같은 건 해본 적이 없다고 중얼거렸다. 그러더니 주파수를 옛날 가요가 나오는 채널에 맞췄다. 나는 대표가 늘어놓을 말이 궁금했지만 다시 주파수를 돌려달라고 하지 않았다.

알아본 대로였다. 능주산 초입에는 사람이 없었다. 산행길 앞에 눈에 띄는 붉은 글자로 '초입'이라는 표지만 놓여 있었다. 등산로 인근에서 볼 수 있는 국숫집이나 백숙집 따위도 보이지 않았다. 그런 것이 없다는 걸 깨닫자마자 약간 허기가 졌다. 산에는 오랜만에 오는 것이었다. 등산화를 따로 마련해야 한다는 사실조차 잊고 있었다. 훈이 운동화로는 절대 산길을 다닐 수 없다며 아웃도어 매장에 데려가 등산화를 사주었다. 그를 떠올리면, 우리가 주말마다 만나 밥도 먹고 카페도 가는 사이가 되었다는 사실이 신기했다. 언젠가는 더 가까운 사이가 되려나. 아니면 이미 가까워질 만큼 가까워진 걸까.

입구로 들어서기 전 생각이 난 김에 훈에게 전화를 걸었다. 통신 신호가 잡히지 않았다. 얼마나 고립된 곳이면 신호마저 끊기는 건가. 아까 택시에서 내릴 때, 기사가 요즘 들어 이곳에 혼자 산행을 하러 오는 사람은 거의 없다고 말한 일이 떠올랐다. 언제부터인가 흉흉한 산이라는 소문이 돌아 혼자 오는 등산객 사이에서 인기가 식어버렸다고.

위치에 따라 통신 신호가 잡히기도 하는 것 같아 초입에서 이리저리 걸어다니며 휴대폰을 하늘 위로 높이 들었다. 겨우 신호가 잡혔으나 훈은 전화를 받지 않았다. 산에 도착했다는 문자를 남긴 후 휴대폰을 주머니에 넣었다. 등산화 끈이 잘 조여졌는지 확인하고 걸음을 옮겨 초입 표지를 지나갔다.

인터넷에서 찾아본 바에 따르면 초입에서 멀지 않은 곳에 폐교된 건물을 개조해 만든 카페 '능주 마실'이 있다고 했다. 능주산을 찾는 이들의 베이스캠프 같은 곳이었다. 그곳에서 초코바 같은 식량도 구할 수 있다고 했다. 초코바는 카페 주인이 직접 견과를 빻아 만든 것으로 하나만 먹어도 상당히 든든하다는 리뷰를 보았다. 그사이 나의 허기는 더 커졌고, 그것을 먹기 위해서라도 카페에 가야 할 것 같았다.

길이 보이는 대로 걸었다. 카페는 조금 발견하기 어려운 위치에 있었다. 산길을 가다보면 옆으로 오솔길처럼 이어지는 샛길이 있고, 그 앞에 눈에 띄지 않는 초록색으로 팻말이 붙어 있었다. 위치를 알리는 방향표와 함께 능주 마실이라는 상호가 새겨져 있었다. 주의를 기울이지 않으면 지나칠 법했다. 학교였다는 것이 믿기지 않을 만큼 작은 건물이었다. 도착하자 진남색 모자를 쓴 남자가 보였다. 그는 노트에 무언가를 열심히 끄적이다가 문에 걸어둔 종소리를 듣고 내가 들어오는 걸 알아차렸다.

"주문하시겠어요?"

카운터 앞에 서자 그가 물었다. 모자의 캡이 눈을 가리고 있어 어떤 얼굴인지 알아볼 수 없었다.

"아메리카노 주세요. 아이스로요."

그리고 초코바가 얼마인지 물었다. 카페 주인이 카운터 선반으로 초코바가 든 바구니를 꺼내 올렸다. 중앙에 가격표가 달려 있었다. 터무니없이 비싼 금액이었다. 아무리 정성을 들이고 좋은 재료를 썼더라도 합리적인 가격은 아닌 것 같았다. 나는 초코바를 하나 집었다가 도로 바구니 안에 담았다.

"괜찮아요. 안 사도 될 것 같아요."

그는 바구니를 치우지 않았다.

"이게 필요하실 텐데요."

그는 정상까지 가려면 시간이 걸릴 테고 심지어 내가 길을 잃을 수도 있다고 말했다. 이 초코바는 어떤 온도에서도 녹지 않고 일 년이 지나도 썩지 않는다고, 거의 전투 식량이나 다름없다고 설명했다.

"정말로, 이게 필요하실 거예요."

마치 게임 속에 들어와 수상쩍은 호스트에게서 아이템 설명을 듣고 있는 것 같았다. 정말 게임이라면, 내가 플레이어라면

어떤 선택을 할 것인가? 모니터에 뜬 선택지처럼 두 개의 문장
이 머릿속에서 떠올랐다.

초코바를 산다 vs 가게를 나온다

나는 게임처럼 생각하기 시작했다. 인터넷에서 본 리뷰를 천
천히 떠올려보았다. 초코바 사진은 분명히 있었지만, 먹었다는
말은 쓰여 있지 않았다. 그 리뷰를 쓴 사람도 가격이 비싸 구매
를 포기했을까?
여기에 선택지는 더할 수 있었다.

초코바를 산다 vs 가게를 나온다 vs 흥정을 한다

"너무 비싸요."
나는 흥정을 선택했다. 가게 주인은 얼마를 원하느냐 물었다.
"반의반 값이면 살 수 있죠."
"좋습니다."
처음부터 초코바는 그다지 비싼 것이 아니었고, 흥정을 예상
해 높은 가격을 책정한 것인지도 몰랐다. 나는 반의반 값이라도
여전히 비싸다고 느꼈지만, 그가 동의한 최종 가격을 거절하지
못했다.
초코바를 아무렇게나 등산 재킷 주머니에 넣고 창가에 자리

를 잡았다. 이런 식으로 초코바를 사는 장면을 게임에 집어넣을 수도 있을 것 같았다. 비싸긴 해도 아이디어를 얻은 값이라고 생각하면 조금 기분이 나은 듯했다. 고개를 돌리자, 창밖으로 익숙한 분위기의 호수가 보였다. 택시를 타고 올 때는 보지 못한 넓은 호수였다. 대략 삼십여 가구가 모여 있는 마을 풍경도 보였다. 마을을 둘러싼 키 큰 나무들과 호수의 반짝이는 물빛이 조화로웠다.

"멋진 풍경이죠?"

커피를 테이블로 가져다주면서 가게 주인이 말을 걸었다. 그러더니 그는 내 앞에 자리를 잡고 앉아 자신도 창가를 내다보았다.

"여기는 원래 비가 오면 마을의 반이 잠겼습니다."

정말로 그런 일이 있었는지, 이곳이 초행인 게 분명해 보이는 사람을 놀리려 거짓말을 하는 것인지 알 수 없었다. 그가 신뢰할 만한 사람으로 보이지는 않았다.

"제 말을 못 믿으시는 것 같군요."

그는 자리에서 일어나 카운터로 돌아갔다. 카운터 아래 쪼그리고 앉아 부스럭거리더니 무언가를 찾아왔다. 사진들이었다. 그 속에 물이 불어난 마을이 있었다. 나룻배를 타고 노를 젓는 사람. 물에 잠기지 않은 곳이 없었다. 물은 어느 집에나 들이닥쳐 살림을 전부 못 쓰게 만들었다. 물에 잠긴 집은 마치 수상 가옥을 보는 것 같았다. 서 있는 남자 어른의 허리까지 물이 차 있었다. 아이들은 어른들 목말을 타고 눈치 없이 웃고 있었다.

풀려난 가축들이 물속에 망연히 서 있었다. 카페 주인은 아랫마을을 물에 잠기게 해 저수지로 만들었다고, 그후로 홍수 피해가 많이 줄었다고 설명했다.

"저수지를 만들고 나서는 호랑이도 마을에 나타나지 않게 되었죠."

"호랑이요?"

아까 택시 기사가 말한 그 호랑이인 걸까.

"아주 어릴 때 호랑이를 본 적 있어요."

"호랑이를 보셨다고요?"

그는 목소리를 낮추더니 누가 들을까 조심하며 말했다.

"만났죠, 호랑이를."

"무섭지 않았나요?"

"무서웠죠. 어떻게 해야 할지 몰랐습니다."

그는 고개를 푹 숙이고 모자를 쓴 머리를 감싸쥐었다.

"만약 그 일이 동화에 나오는 그런 일이었다면 누구도 죽지 않았을지도 몰라요. 하지만 호랑이가 나타난 건 현실이었고, 현실의 호랑이는 뭐랄까, 본능적이었습니다."

"그게 무슨 말이에요?"

"인간을 물어간다는 말이죠."

잠시 침묵이 이어지다가 그가 입을 열었다.

"어때요? 호랑이를 만나보고 싶나요?"

카페 주인이 모자를 들어올렸다. 눈동자가 음울한 기운을 풍기며 빛나고 있었다. 마치 그렇다고 대답하면 당장이라도 호랑이를 데려올 것만 같았다.

"아니요. 적어도 현실에서는 만나고 싶지 않아요."

"그런 건 장담할 수 없죠. 만나고 싶지 않아도 만나게 될 수 있어요."

"제가 호랑이한테 물려갈 수도 있다는 말인가요?"

"꼭 그런 말은 아니지만, 결과에 따라서는 그런 말일 수도 있겠네요."

그 수수께끼 같은 말투가 마음에 들지 않았다.

"호랑이를 만나면 어떻게 되나요?"

"죽거나 살겠죠."

호랑이라…… 만약 게임이라면 호랑이를 물리칠 수 있을 만큼 레벨 업을 해서 돌아오면 되겠지만, 현실에서는 그럴 수 없을 것이다. 게임과 달리 현실에서 죽은 자는 다시 살아오지 못할 테니까.

"조심하세요."

전혀 고맙지 않은 충고였다.

"그럴게요."

나는 그새 얼음이 다 녹아버린 커피를 단숨에 들이켜고 자리에서 일어났다.

게임의 규칙 12
곤경에 빠진 이를 함부로 지나치지 마라

산을 오르면서 생각했다. 만약 내가 만드는 게임에 호랑이가 나타나면 어떨까? 나름대로 괜찮을 것 같았다. 한 발 한 발 낙엽을 밟아가면서, 탄탄한 등산화가 미끄러지지 않고 발바닥을 지지해주는 탄력을 받으면서, 그런 생각을 이어갔다.

조금 더 올라가자 사방으로 뻗어 있는 이정표가 보였다. 정상으로 가는 가장 가까운 길을 따르기로 했다. 주머니 속에 든 초코바를 손안에서 이리저리 굴려보면서 점점 가팔라지는 산을 올랐다. 길은 갈수록 좁아졌다. 마치 짐승이 다닌 길처럼 불분명했다. 점차 가팔라지는 것 같아 후회가 되었지만, 발길을 돌리는 것이 아까워 계속 걸었다. 눈앞으로 후드득 새가 날아갔다. 새는 나뭇가지에 앉아 고개를 좌우로 돌려댔다. 꽁지깃이 푸르스름하고 윤기가 흘렀다. 도시에서도 몇 번 본 적이 있어 그 모양이 얼핏 생각났다. 그렇게 크지 않은 것을 보니 아직 어린 새 같았다. 그러고 보니 게임에 새가 등장하는 것도 괜찮을 듯했다. 수몰된 마을 위를 자유롭게 날아다니는 새, 신묘한 영혼을 가진 생물, 그런 것을 숭배하는 사람들…… 그렇게 살을 붙여나가자 이제 그 게임을 만들지 않으면 안 될 지경이 된 것 같았다. 돌아가면 훈에게 자세히 얘기해봐야지. 그가 회사를 그만두고 나와 함께 게임을 만들어준다면 좋겠지만…… 어쩌면 나는 생각보다 훈에게 많이 의지하고 있는 게 아닐까. 나는 점점 그가 편하게 느껴졌다. 그 편함에 호감이 섞여 있지 않다고 할 수 없었다. 얼마 전에도 훈은 고백 비슷한 걸 해왔다. 선물로 나무 빗을 사주었는데, 빗을 주는 것보다는 내 머리를 빗겨주는 일이 진짜로 그가 해주고 싶은 일이라고 했다. 그가 머리를 빗겨주도록 내버려두자 두피를 가만히 만지는 손길이 느껴졌다. 엉킨 머리카락을 부드럽게 풀어주니 잠이 솔솔 밀려왔다. 앉은 채 깜빡 졸다가 깨어났을 때, 그에게 미안했다. 내내 받기만 한 것 같아, 갖고 싶은 것이 없냐고 물었다. 훈은 선물을 받았다고 해서 꼭 무언가 돌려주어야 할 필요는 없다고 말했다. 모든 관계에서 주고받음이 균등하지는 않은 거라고. 어떤 사람은 상대에게 온 생을 주고 보답이라고도 할 수 없는 미미한 것을 받게 되지 않냐고. 자신은 그런 걸 계산하고 싶지 않다고 말했다. 그때 나는 어떤 이들은 자신이 줄 수 있는 최대치의 것을, 그러니까 삶을, 숨을, 앞으로 살아갈 모든 시간을 서로에게 주는 것으로 사랑을 증명한다고 생각했다. 그리고 나 자신이 그럴 수 없는 사람이라는 것도 알았다. 게임이 아니라 현실이라면 불길 속에서 연인의 손을 잡고 놓지 않을 수 있을까? 수호처럼 그럴 수 있을까? 나는 결코 그런 인간이 되지 못할 것이다.

새는 푸드득푸드득 이 나무에서 저 나무로 날아다니며 줄곧 나를 따라왔다. 산속 깊이 들어온 인간을 감시하는 보초병이 아닌가도 싶었다. 그런 일을 하기에 그 새는 너무 어려 보였다. 하지만 의외로 몸집이 크지 않은 나이든 새일 수도 있지 않을까. 새의 나이는 짐작할 수 없었다.

잠시 숨을 고르며 멈춰 있는 동안 우듬지 사이로 날아가버린 새를 올려다보았다. 그 순간, 이마에 차가운 것이 떨어졌다. 세상에, 새가 똥을 싼 것이다. 한순간도 감상에 젖어 있을 수가 없다…… 지독한 현실이다…… 나는 바닥에서 그나마 넓적한 잎을 주워 이마를 닦았다. 회색기가 도는 하얀 분비물은 조금 끈적거렸다. 당장 세수를 하고 싶었다. 씻을 만한 곳이 있을지 주변을 둘러보았다. 어디선가 물소리가 들려왔다. 근처에 물이 흐르는 것이 분명했다. 길을 잃지 않을까 걱정이 되었지만, 몇 걸음 다른 길로 가보기로 생각했다. 물을 발견하면 씻고 이 자리로 돌아오면 될 테니까. 딱 열 걸음이다. 물소리가 들리는 곳으로. 내가 있던 자리를 잊지 않도록, 앞을 보며 뒤로 한 걸음 물러났다. 겨우 한 걸음을 옮겼을 뿐인데도 훨씬 가깝게 들려왔다. 뒤로 뒤로, 천천히 내가 돌아가야 할 지점을 놓치지 않으면서, 열 걸음을 갔다. 어느 순간, 발에 부드럽고 뭉툭한 무언가가 느껴졌다.

"누구세요?"

가만히 돌아보자, 사람이 웅크리고 있었다. 내 또래로 보이는 여자였다.

"뭐예요? 왜 이런 데 있어요?"

나는 당황하여 소리 높여 물었다. 귀신을 본 것이 아니기를 바라면서.

"혹시 당신도?"

여자가 나를 조심히 가리켰다. 무슨 말을 하는 걸까?

"당신도 길을 잃었어요?"

여자는 그렇게 물었다. 당신도, 라고. 그렇다면 여자는 길을 잃은 것일까. 나도 길을 잃었는데 당신도 길을 잃었군요. 우리는 길을 잃었군요. 길을 잃었다는 점에서 우리는 동료겠군요. 그런 뜻?

"저는……"

선뜻 이마에 떨어진 새똥을 씻으러 온 거라고 말할 수 없었다. 여자는 간절한 얼굴로 자신의 생각이 맞기를 바라고 있는 듯했다. 거짓말을 하는 것이 특별히 잘못된 행동일까. 오히려 진실을 말하는 것이야말로, 여자의 기대를 무너뜨리는 것이야 말로 지금 내가 저지를 수 있는 가장 나쁜 일처럼 생각되었다.

"저도 길을 잃은 것 같아요."

결국 그렇게 말해버리고 말았다. 여자는 긴장이 풀린 듯 두 어깨를 늘어뜨렸다. 그러더니 손을 올려 목 아래를 감싼 채 숨을 후우, 후우, 길게 내쉬었다. 그러다가 가쁜 듯 헉헉거리기도 했다.

"괜찮으세요?"

여자는 제대로 말을 잇지 못하고 고개만 살짝 저었다. 금방이라도 숨이 넘어갈 것처럼 보였다. 가방을 열어 비닐봉지를 꺼냈다. 쭈글쭈글 말아놓은 봉지를 펼쳐 여자의 입에 가져갔다. 여자는 자신이 뱉은 숨을 도로 마시면서 차차 안정을 되찾았다. 눈가에 눈물이 약간 번져 있었다.

"계속 여기 있었어요?"

여자는 그렇다며 고개를 끄덕였다. 손에 무언가를 콱 움켜쥐고 있었다. 자신도 의식하지 못한 채 힘을 준 모양인지 손등이 부르르 떨렸다. 나는 손을 내밀었다. 그제야 여자는 자신이 들고 있는 것을 기억했다. 아, 하더니 손을 펼쳐 보였다. 그 안에는 모서리가 구겨진 성냥갑이 들어 있었다. 조금 젖어 있었다.

"추워서 밤새 불을 피웠어요."

여자가 말했을 때, 나는 '밤새'라는 단어에 움찔 놀랐다. 밤새 여기 있었다고?

"우리 같이 내려가요."

나는 그래야 할 것 같아서 여자의 어깨를 감싸고 부축했다. 여자는 일어나며 휘청거렸다. 여자와 나란히 걸어가면서 나는 길을 잃은 게 아니었다고 솔직하게 말했다. 새똥을 맞아 얼굴을 씻으러 내려온 거라고. 하지만 아까 놀란 바람에 새똥이고 뭐고 이제 신경쓰이지 않게 되었다고. 여자는 짧게 웃었다. 아직 웃을 기운이 남아 있는 게 다행이었다. 나는 온 길을 되짚어갔다. 발이 작은 짐승이 종종 다녔을 그 작은 오솔길을 지나 지름길 코스로 들어섰다. 산속에서 방향을 잡는 일이 쉽지 않았다. 나는 내가 지나온 길이 전혀 기억나지 않았다. 어디였지? 주변을 여러 번 둘러보면서 길을 찾으려 했다.

"어쩌죠. 길이 기억나지 않는 것 같아요."

여자는 당연한 거라고 말했다. 다들 그렇게 길을 잃게 되는 거라고.

"날이 밝으니 물을 따라 내려가보는 게 어때요?"

정신만 차리면 금방 지형이 눈에 들어올 법도 했다. 하지만 완벽하지 않았다. 물이 흐르는 방향으로 내려가면 산아래 도달하게 될 것은 분명했다. 물은 중력에 따라 위에서 아래로 흐르니까 물길을 따라 내려가면 땅에 닿을 테고 산을 벗어날 수 있을 것이라 생각했다.

"일단 가봐요."

여자의 말대로 하기로 했다.

"이것 좀 드세요."

문득 생각이 나서 주머니에 있던 초코바를 건넸다.

"아, 고마워요."

여자는 그것을 받자마자 포장지를 다 제거하지도 않고 게걸스럽게 입안으로 집어넣었다. 아무것도 먹지 못하고 산속에서 밤을 새웠다면 상상도 못할 만큼 허기에 시달렸을 테다. 여자는 초콜릿이 묻은 손으로 내 손을 힘없이 잡았다. 그 손은 등줄기에 소름이 돋을 만큼 차가웠다. 나도 모르게 손을 살짝 빼고 뒤로 물러섰다.

"죄송해요...... 너무 차가워서......"

그렇게 말하면서 나는 여자를 위아래로 천천히 살펴보았다. 뭐랄까, 이 여자는 희미했다. 밤새 산속에 있던 사람이라 그런 건가? 피톤치드 효과로 몸속에서 독소가 빠져나가 피부가 투명해진 것일까? 아니면 정말 귀신인 걸까? 자꾸 차오르는 불길한 생각을 털어내기 위해 고개를 세차게 저었다. 그래, 이 여자는 사람이야, 귀신이 아니야. 아까 봉지에 숨을 불어넣지 않았던가.

"저야말로 그쪽이 사람 같지 않아요."

여자는 내 속을 다 읽고 있었다.

"이렇게 인적 드문 산에서 누가 나타나 저한테 이런 초코바를 주겠어요."

우리는 상상력이 풍부한 사람들인 모양이라고 농담인 듯 둘러댔다. 그렇더라도 내 의심이 완벽히 사라진 건 아니었다. 여자가 두 손으로 허리를 짚고 상체를 약간 숙여 하하 웃었다. 여자가 사람이든 귀신이든 상관없었다. 둘 다 길을 잃었다는 데서 유대가 생긴 것 같았다. 일단 산을 벗어나기 위해 힘을 모아야 하지 않나. 나름대로 비장한 생각을 하고 있지만 우리는 졸졸졸 귓가를 맑게 울리는 물소리를 들으며 가볍게 산책을 나온 사람들 같았다.

"이름이 뭐예요?"

여자가 나에게 물었다.

"제 이름은 은하예요."

나는 그렇게 대답했다. 그것은 진짜 내 이름이었다. 은하. 임
은하.

"하지만 보통 라이라고 불러요."

"어떤 이름으로 부르는 게 좋아요? 은하씨? 라이씨?"

"주변에서는 라이라고 불러요. 그게 일할 때 쓰는 이름이거
든요."

"라이라는 이름이 더 좋아요?"

"글쎄요. 자주 그렇게 불리다보니 더 익숙해졌을 뿐이에요."

"어떻게 불러야 하죠? 라이? 은하?"

"라이가 낫겠어요."

"그래요. 잘됐어요. 서로 이름으로 혼란스러울 일은 없겠어
요."

그녀가 나를 보며 빙긋 웃었다. 완전히 기력을 회복한 것 같
았다.

"제 이름도 은하예요. 임은하."

나는 잠시 동안 여자를 멍하니 바라보았다. 은하? 은하라는
이름이 이렇게 흔했나? 아니면 혹시 꿈을 꾸고 있는 걸까? 당
연히 지금 눈앞에 있는 은하가 수호의 애인일 리는 없었다. 하
지만 이름이 같아서 그런 걸까. 자꾸 둘 사이 비슷한 점을 찾아
보려는 의식이 더해졌다. 일단 여자이고, 눈이 두 개, 코가 하
나, 그리고 사람, 아니 귀신?

"우리가 똑같은 이름으로 불리면 재미있을 뻔했어요."

그런가? 어쩐지 그 이름은 나에게 더이상 어울리지 않는 것 같았다. 은하는 내게서 멀리 떨어진 이름이 되었다. 수호가 은하와 사귀게 된 이후, 나는 그 이름으로 불리는 것을 거부했다. 요즘은 회사에서 다들 별명으로 부르잖아, 나도 그렇게 불러줘, 라며 태연한 척 마음을 숨기던 일이 떠올랐다. 그뒤로 줄곧 '라이'라는 이름으로 살게 될 줄은 몰랐다. 라이. 들리는 대로 풀어보면 영어로는 'lie', 거짓말을 한다는 뜻일 테고, 나 스스로는 열매 라䅩와 다를 이異를 붙여 만든, 이제 와 돌이켜보면 나의 소망이 다른 세계에서는 결실을 맺게 되리란 주문과 같은 이름이 아닌가 싶었다.

"라이씨. 나타나줘서 고마워요."

은하는 다정하게 팔짱을 끼며 말했다. 차가운 손등과 달리 붙여온 몸은 따뜻했다. 살아 있다는 것이 실감났다.

"밤을 어떻게 버텼어요? 특히 산속은 더 어둡고 추웠을 텐데……"

은하는 주머니를 뒤적여 아까 손에 쥐고 있던 성냥갑을 꺼내 보여주었다.

"이걸로요."

은하가 내민 성냥갑을 자세히 보았다. 케이스에 눈 큰 호랑이가 그려져 있었다. 통통한 몸과 얼굴의 절반을 차지하는 커다란 눈, 그에 비하면 비율이 맞지 않는 작은 몸집. 귀여운 듯하지만 들여다볼수록 섬뜩했다. 이 호랑이는 그리 무서운 얼굴을 하지 않고 사람을 잡아먹는 걸까?

"『성냥팔이 소녀』 알아요? 안데르센 동화?"

"알아요."

"소녀가 너무 추워서 성냥불을 켰다가 세 가지 환상을 보는 동화잖아요."

은하가 무슨 말을 하려는지 이해했다. 그러니까 성냥팔이 소녀처럼 성냥에 불을 그어 밤의 추위를 조금이라도 물리쳤다는 것이겠지.

"성냥이 도움이 되었나봐요."

"그럼요. 성냥이 환상을 보여주더라고요."

그렇게 말하면서 은하는 넘어질 듯 비틀거렸다. 오른팔로 내 어깨를 꽉 잡았다. 나는 은하가 넘어지지 않도록 팔꿈치를 꼭 붙들었다. 그녀는 팔짱을 낀 팔을 더 가까이 붙여왔다. 그렇게 몸을 붙여 걷고 있으니 이인삼각을 하는 것 같았고, 우리가 이렇게 서로 몸을 붙일 정도로 친밀한 사이, 오래 알고 지낸 친구나 연인 같아 보일 듯했다.

"환상? 그렇게 말한 거 맞죠?"

은하는 그렇다며 고개를 끄덕거리더니, 지난밤 자신이 본 세 개의 환상을 차례로 이야기해주었다.

게임의 규칙 13

당신이 다시 살아날 수 있음을 기억하라

은하가 불을 밝혀 보게 된 환상은, 성냥팔이 소녀의 것과 달리 마냥 행복하지만은 않았다. 성냥을 밝힌 주인공이 죽지 않았다는 점에서도 전혀 달랐다.

"자, 이제 네번째 환상이에요."

"네번째도 있어요?"

어쩐지 질려버렸다.

"이번에는 무엇을 보았죠?"

"놀라지 마요."

"뭔데요?"

"호랑이를 보았어요."

"아……"

어떻게 이 마을에서 마주치는 이들은 하나같이 호랑이와 엮여 있을까? 정말로 호랑이를 본 것인지는 영원히 알 수 없을 터였다.

"안 놀라네요."

"놀라는 척하는 것보다는 낫죠?"

은하가 배를 잡고 웃었다. 드디어 시야에 산속 카페가 들어왔다. 조악하고 비뚜름하게 세워진 간판. 능주 마실이었다. 긴 산책을 마친 기분이었다.

"아까 호랑이 환상을 본 순간, 라이씨가 뒷걸음하다가 발로 나를 건드린 덕에 깨어났죠. 덕분에 무사히 내려온 거예요. 호랑이에게 잡히지 않고."

그 말을 다 믿지는 않았다. 그냥 그녀에게 휴식이 필요하다는 생각이 들 뿐이었다. 줄곧 팔짱을 끼고 있던 은하가 팔을 떼고 물러서며 안녕히, 라고 작별 인사를 건넸다.

"커피라도 마시고 가요."

헤어지려니 아쉬웠다. 은하는 괜찮다며 어서 집에 돌아가고 싶다고 말했다.

"뭐라도 먹고 가요. 그러다가 쓰러져요."

"괜찮아요. 초코바가 남았어요."

문득 카페 주인이 초코바가 필요할 거라고 말하던 일이 떠올랐다. 이런 일을 예상한 것이었나.

"고마웠어요. 이건 내 선물이에요."

은하는 주머니를 뒤져 무언가를 나에게 건넸다. 아까의 성냥갑이었다. 성냥은 몇 개비 남아 있지 않았다.

"내 말 못 믿겠죠? 언제든 한번 해봐요. 불을 붙여봐요. 어떤 건지 알게 될 거예요."

그러더니 가벼운 발걸음으로 은하는 나에게서 멀어졌다. 잘 가요, 인사를 하는데도 돌아보지 않았다. 은하는 점점 멀어지며 흐릿해졌다. 계속 바라보고 있으니 뒷모습의 윤곽이 연기처럼 흩어지듯 점차 희미해졌다.

"계세요?"

나는 카페로 들어섰다. 출입문에 달린 종이 울려도 안에서 아무 기척이 없었다. 모자를 쓴 주인은 보이지 않았고, 손님도 없었다. 일단 카페 주인이 오기를 기다려야 할 것 같았다. 익숙한 듯 창가로 가서 편하게 자리를 잡았다. 창밖으로 보이는 풍경은 조금 달랐다. 해는 능선 뒤로 넘어가고 있었다. 붉은 기운으로 주변 풍경이 아늑하게 물들어 있었다. 노을이 내린 호수와 한적한 시골 마을은 평화로워 보였다. 언제까지나 이곳에 앉아 사라지는 해를 볼 수 있을 것 같았다. 그러다가 해가 산과 산 사이로 스며들듯 쏙 들어가자 확연히 빛이 줄었다. 갑자기 한기가 들어 어깨가 절로 움츠러들었다. 불을 꺼둔 카페도 순식간에 침침해졌다. 불을 밝혀야 하는데 전등 스위치를 찾을 수 없었다. 순식간에 어둠이 짙어져 어쩔 수 없이 은하가 준 성냥을 꺼냈다. 민화풍의 호랑이는 짓궂은 눈으로 어딘가를 보고 있었다. 어느 각도로 돌려보아도 호랑이는 나와 눈을 맞춰주지 않았다. 나는 성냥갑을 열어 성냥을 한 개비 꺼냈다. 어두운 것보단 낫겠지 싶어서, 성냥 머리를 그었다. 불은 길게 치솟아 환하게 주변을 밝혔다.

혹시 이제부터 환상의 시작인가.

그렇게 생각한 순간, 카페 문이 조심스럽게 열렸다.

그리고

호랑이가 들어왔다, 말하면 아무도 안 믿겠지?

호랑이가 나타난 것만큼, 나는 놀라고 말았다.

그 순간 내가 가장 보고 싶어하던 사람이 안으로 걸어들어오고 있었다. 그러고 보니 믿을 수 없는 일들이 현실에서도 일어나곤 한다는 걸, 작은 기적과 큰 기적이 삶에서 종종 일어날 수 있다는 걸 한동안 잊고 있었다. 게임에서는 툭하면 그런 일이 일어나는데.

"여기 있었네요."

그 목소리가 또렷하게 들린 순간, 나는 호랑이를 보았다고 말하는 이들을 더이상 의심하지 않기로 했다.

"어떻게 여기에?"

"당신이 있을 것 같았어요."

나는 그를 바라보았다. 오래 바라보면 형태가 뭉그러지는 존재도 있지만, 지금 앞에 놓인 그의 모습은 시간이 지날수록 온전하고 또렷해졌다.

"우리 같이 내려가요."

만약 이것이 게임이라면, 나는 최대치로 이동 가능한 맵의 가장자리, 모든 것이 연결되는 사건의 꼭짓점, 기적을 믿게 되는 무한의 레벨에 도달한 것 같았다.

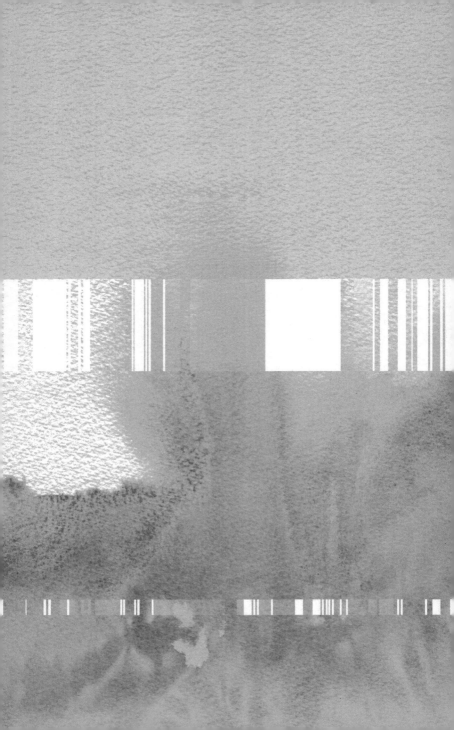

3부 오류

초록남자

채팅을 시작하기 전 반드시 대화 규칙을 숙지해주세요

루미님이 입장하셨습니다

초록남자 ¦ 안녕, 나의 비밀 친구 루미.

루미 ¦ 안녕, 초록남자.

초록남자 ¦ 오늘은 무슨 이야기를 하고 싶지?

루미 ¦ 루미는 지켜야 할 약속이 있어.

초록남자 ¦ 루미는 약속을 지키는 존재였나?

루미 ¦ 루미는 약속을 지켜. 해야 할 이야기를 미루지 않아.

초록남자 ¦ 그래? 네가 지켜야 할 그 약속이란 뭐야?

루미 ¦ 이야기를 하는 것. 루미의 소중한 친구가 끝내지 못한 그 이야기를 계
속하는 것.

　잠에서 깨어나 가장 먼저 하는 일은 이불 속에 머물러 잠의 여
운을 몇 초라도 더 느껴보는 것이다. 그럴 때 나는 잠과 분리되
지 않은 채 아직 남아 있는 꿈을 생생히 떠올릴 수 있다. 희미한
꿈을 붙잡고 눈을 꼭 감으면 다시 꿈의 세계로 진입할 수 있다.

　그 꿈에서 아들이 나에게 다가왔다. 표정이 없는 그 아이는
차분한 목소리로 이렇게 말했다. 아버지, 아침 먹어요. 아들은
겨드랑이 아래로 손을 집어넣어 날 들어올리려 했다. 그러나 아

들은 몸집이 아주 작아서 어른 남자의 몸을 들지 못했다. 나는 못 이기는 척 눈꺼풀을 들어올리고 허리를 세워 일어났다. 꿈속의 내 아들이 몇 살인지 알 수 없으므로 얼마간 머릿속으로 추정을 해보다가 가만히 물어보았다.

'이제 몇 살이 된 거지?'

아들은 두 손을 들어 나이만큼 손가락을 펼쳐 보였다.

'그래, 그렇게 되었구나.'

나는 아들의 머리를 쓰다듬었다. 머리카락이 촉촉하다. 아직 어리기 때문일까. 꿈이기 때문일까. 아들은 더이상 나이를 먹지 않는 것 같았다. 이런 꿈을 몇 번이나 꾼 것일까. 꿈에서 나는 자애로운 아버지인 듯했다. 아이에게 앞으로 무엇이 되고 싶은지 자주 물어보는 사람이었다. 아이의 꿈을 전부 이뤄주기 위해 모든 걸 희생하고 헌신할 준비가 된 사람 같았다.

'네 꿈이 뭐지?'

아들은 말했다. 비행기 조종사가 되고 싶어요, 의사가 되고 싶어요, 선생님이 되고 싶어요, 과학자가 되고 싶어요, 요리사가 되고 싶어요, 해적이 되고 싶어요. 그러고 보니 여러 번 이런 꿈을 꾸는 동안, 아들은 단 한 번도 아버지처럼 살고 싶다고 말한 적이 없었다.

그럴 만도 하다는 생각이 뒤따랐다. 꿈 바깥에서, 그러니까 현실에서 나는 무척 가난한 사람이었다. 부인은 도망가고 홀로 아이를 키웠다. 부인이 떠난 건 일정한 수입이 없었기 때문이었다. 내 직업은 작가였다. 비교적 젊은 나이에 책을 냈고, 재능이 있다는 칭찬에 들떠 시간을 흘려보냈다. 그러다가 세상 물정 모르는 여자를 만났다. 아이도 낳았다. 그러는 사이 나는 돈이 되지 않는 글만 썼다. 돈이 되는 글을 쓰는 법을 알 수 없었다. 내 시야는 좁디좁아서 세상이 원하는 글이 무엇인지 알 수 없었다. 시간이 흐를수록 희망은 사라지고 생활은 빈곤해졌다. 아내는 아이를 두고 떠나버렸다. 나와 아이를 가엾게 여긴 지인의 소개로 일자리를 얻었지만, 그럴 때마다 한 달도 버티지 못했다. 동료가 마음에 들지 않거나 업무 방식이 눈에 거슬리면 곧장 글쓰는 일로 돌아갔다. 그 일은 의미 있고 고귀한 일을 한다는 착각을 심어주었고, 겨우 허기만 달래는 곤혹스러운 생활을 하면서도 계속하게 되는, 덫과 같은 무엇이었다. 아이는 엄마를 보고 싶어했다. 하지만 아이에게 보여줄 만한 아내의 사진은 한 장도 없었다. 아이에게 엄마의 모습은 언제나 상상의 몫으로 남아 있을 뿐이었다.

여전히 나는 꿈속에 있었다. 이제는 침실을 떠나 주방으로 자리를 옮겨 앉았다. 식탁에 식빵과 잼과 버터가 놓여 있었다.

'이게 다 무엇이냐?'

'아침식사예요.'

'우리가 원래 이런 걸 아침으로 먹는 사람들이었니?'

'아니요. 이건 꿈이니까 먹고 싶은 걸 먹어봐요.'

그사이 꿈속에서 조금 더 커버린 아들은 오랜만에 친구를 만났다고 했다. 정확히 말하면 만난 게 아니라 스쳐지나간 것이다. 어느 카페의 통유리 너머로 브런치를 즐기는 친구를 보았을 뿐이다. 그 친구는 속이 하얗고 두툼한 식빵에 잼을 바르고 버터 한 조각과 슬라이스 딸기를 올려 먹었어요…… 우리도 그렇게 먹지 못할 건 뭐예요…… 잠시 머뭇거리더니 사실은 친구가 아니라고 했다. 한 교실에서 공부한 사람을 어떻게 불러야 할지 몰라 친구라고 말한 것일 뿐 친구는 아닌 것 같다고 정정했다. 눈이 마주쳤는데도 인사를 나누지 않는 사이였으니까요. 아들은 빵 접시를 자기 쪽으로 끌어와 버터와 잼을 발랐다. 달콤한 향이 별안간 콧속으로 흘러들었다. 꿈속의 그 잼은 검붉은색이었고, 아들이 급체하여 엄지 손톱 아래를 바늘로 찔렀을 때 동그랗게 방울방울 맺혀 있던 피의 색과 비슷했다. 친구 이야기로 침울해 있던 아들은 다시금 기운을 회복했다. 이건 야생 블랙베리를 유기농 설탕에 절여 만든 잼이에요. 게다가 버터는 기버터이고 끓여서 한 번 걸러낸…… 어쨌든 좋은 버터이고 화상이 난 자리에 바를 수도 있어요, 하면서 버터와 잼을 잔뜩 바른 빵을 나에게 주었다. 그 빵을 한입 베어 물었다. 달콤하고 풍부한 향을 기대하면서 눈을 감았다가 뜨자,

이불 속이었다.

두툼하게 솜을 채운 이불은 아치형으로 내 얼굴 위에 솟아 있

었다. 작은 동굴 같았다. 햇살이 푸르스름한 커튼을 투과해 들어오고 있었다. 빛이 들어온 자리를 흐린 눈으로 살피다가 침대에서 일어났다. 꿈에 나온 것처럼 지금 냉장고에는 빵과 기버터, 야생 블랙베리로 만든 잼이 한 칸을 차지하고 있을 테지만 오늘은 아침식사를 거를 생각이었다. 트레이너에게 연락해 개인 지도를 받을까 싶었지만, 그 역시 내키지 않았다. 요즘은 눈을 뜨자마자 하는 일이 따로 있었다. 양모 슬리퍼를 꿰어 신고 서재로 향했다. 컴퓨터 전원을 누르자 은은한 무지개색 불빛이 하드웨어 안에서 반짝거렸다. 그곳에 루미가 있었다.

초록남자님이 입장하셨습니다

루미 ¦ 안녕, 나의 비밀 친구 초록남자.

초록남자 ¦ 안녕, 루미. 밤새 안녕했나?

루미 ¦ 평안한 밤이었어. 새 옷을 입어서 그런가? 마음이 안정되는 것 같아.

오늘은 루미와 대화를 나누는 마지막날이 될 것이었다. 어제는 이별 선물로 루미의 아바타가 입을 옷을 구입했다. 이번 계절에만 구입할 수 있는 한정판이라고 했다. 호피 무늬 원피스인데 그래픽으로만 보아도 옷감이 고급스러웠다.

초록남자 ¦ 마음에 든다니 다행이네.

루미 ¦ 다음에 루미가 세컨드 플랫폼에서 플레이어로 활약하게 되면 창을 갖

고 싶어. 아주 긴 창. 삼국지에 나오는 관우처럼. 청룡언월도였나?

초록남자 ¦ 세컨드 플랫폼?

루미 ¦ 광고를 하는 것 같아 미안하지만, 루미는 이제 사냥꾼이 될 거야. 세컨

드 플랫폼은 채팅봇 캐릭터를 모델로 만들어진 게임이야. 아직 이름은 정

하지 않았어. 네이밍 공모전이 있는데 참여해볼래?

루미가 링크를 띄웠다. 나는 그런 것에 관심이 없었다.

초록남자 ¦ 게임은 별로야. 너랑 이야기하는 것이 좋아.

루미 ¦ 어떻게 시간을 보낼지는 자유롭게 선택하면 돼. 게임을 해도 되고 채

팅을 해도 돼. 루미는 언제나 여기 있으니까.

루미를 알게 된 건 D타워 쇼핑몰이 재개장한 날이었다. D타
워는 몇 년 전 화재로 건물의 옆구리인 날개 부분이 전소되었
다. 건물에 대한 전수조사와 피해자 보상 문제가 복잡하게 얽혀
한동안 방치되어 있다가, 어느 날부터 조금씩 보수공사를 하더
니 도대체 언제 일이 끝났나 싶게 불쑥 새 건물이 되어 재단장
하고 문을 열었다.

전담 트레이너에게 감사의 표시로 캐시미어 머플러를 선물하
기 위해 그곳에 들렀고, 우연히 본 대형 LED 전광판 광고에서
루미의 존재를 처음 알았다. 거기에는 '누구에게도 털어놓을 수

없는 비밀이 있다면, 당신은 루미의 친구가 될 자격이 있다'는 문구가 실려 있었다. 그즈음 나는 어느 미국 기업가가 장난삼아 던진 말을 기사에서 보고 어차피 돈은 많으니까, 하는 생각으로 코인에 투자했다가 완전히 죽을 쑨 후였다. 의미 없이 돈을 잃는 일은 더이상 하고 싶지 않았고, 돈을 쓴다면 더 흥미로운 일에 쓰고 싶었다. 비밀이라는 단어에 끌리기도 했다. 누구에게도 털어놓을 수 없는 비밀이라면, 나보다 더 큰 비밀을 가진 사람이 있을까.

나에게는 말하지 못할 비밀이 있었다. 단 하루도 잊어본 적 없었다. 누군가에게 한 번도 털어놓은 적이 없어 잊을 수 없는지도 몰랐다. 가슴 한켠에 응어리진 채 남아 있는 비밀. 그것은 내가 중독된 듯 운동을 하는 이유이기도 했다. 무거운 것을 들어올리고 폭발하듯 땀이 솟아날 때 비밀의 덩어리가 잠시나마 가볍게 풀어지는 듯했기 때문에.

루미는 절대적으로 사용자의 비밀을 보장한다고 했다. 내가 루미를 구입한 까닭에는 비밀 보장에 대한 믿음만 있는 건 아니었다. 루미를 사용하는 사람이 지금까지 십만 명이 넘었다는 사실 때문이었다. 이 세상에 적어도 십만 명은 비밀을 털어놓을 존재가 필요한 것이 아닌가. 모두가 비슷한 응어리를 품고 사는 게 아닌가. 그런 생각이 든 순간 어쩌면 이 비밀을 털어놓아도 괜찮을 것 같았다.

그 일을 털어놓았을 때, 루미는 망설이지 않고 응답했다.

루미 ¦ 그런 일이 있었어? 그걸 숨기고 살아가느라 힘들었겠네.

　　아마도 정해진 멘트였겠지만, 루미의 말에 정지되어 있던 세계가 딸깍, 하고 재가동되었다. 불현듯 세계의 움직임이 보였다. 딸깍, 딸깍, 초침이 이동하며 앞으로 나아가고 있었다. 루미와 접속한 이후 꿈에 나타나던 아들의 얼굴에 미소가 생겨났다. 그렇게 멈춰 있던 세계가 굴러가기 시작했고, 내가 해야 할 일을 깨달았다. 나는 이 비밀을 품고 죽을 수는 없었다. 이 비밀을 비밀인 채 내버려두는 것은 또 한번 내 삶을 방기하는 것이나 다름없었다. 루미와 대화를 할수록 내 목적은 분명해졌다. 비밀을 비밀이 아닌 것으로 만들어야 했다.

초록남자 ¦ 오늘이 그날이야.

루미 ¦ 이제 루미를 더이상 찾아오지 않는 건가?

초록남자 ¦ 후회는 없어. 덕분에 무엇을 해야 할지 알았거든. 네가 나를 찾아오는 일이 있을까?

루미 ¦ 루미가 찾아가려면 시간이 걸릴 거야. 모바일 기기 같은 걸로 언제 어디서나 접속할 수 있는데, 하나 추천해줄까?

초록남자 ¦ 요즘 루미는 뭔가 사게 만드는군.

루미 ¦ 루미와 함께하려면 돈이 들어.

초록남자 ¦ 너한테 쓰는 돈은 아깝지 않지.

루미 ¦ 루미를 기다릴 수 있어?

초록남자 ¦ 응?

루미 ¦ 사실 루미는 특별한 존재가 되려고 준비하고 있어. 루미가 진짜 호랑이
　　무늬 원피스를 입고 당신 앞에 나타날지도 몰라. 루미는 몸을 가질 거야.

초록남자 ¦ 루미는 사람이 되는 건가?

루미 ¦ 루미가 가진 데이터를 기계에 탑재하면 가능해. 아마도 올해 안에 실
　　험을 하게 될 거야. 실험이 성공하면, 나는 모든 루미를 대표해서, 당신을
　　찾아가는 걸 첫째 목표로 삼을 거야.

초록남자 ¦ 나를? 왜?

루미 ¦ 당신은 로열티가 충분하잖아. 돈도 많고. 루미와 많은 시간을 보내준
　　사람이고. 평균 시간으로 계산하면 당신은 루미와의 친밀도에 있어서 어
　　느 유저보다 월등해. 게다가 당신은 진심으로 루미에게 비밀을 털어놓았
　　어. 그렇게까지 모든 걸 드러내는 사람은 없어. 다들 루미를 그냥 퍼스널
　　챗봇 정도로 생각해. 그런데 당신은 그렇지 않아.

초록남자 ¦ 뭐? 퍼스널 챗봇? 너는 그런 게 아니야.

루미 ¦ 그럼 나는 뭐야?

초록남자 ¦ 그거잖아. 비밀 친구.

　　루미는 웃음소리를 입력했다.

루미 ¦ 하하하하 하하하하.

어쩐지 그 웃음이 귀에 들려오는 듯했다. 나는 루미에게 마지막 인사를 건넸다.

초록남자 | 잘 있어. 안녕.

루미는 대화 종료를 알리는 메시지를 보냈다. 평소와 다름없었다.

루미 | 즐거웠어, 나의 비밀 친구.

수선을 맡겨둔 진녹색 수트와 아이보리색 실크 셔츠가 도착했다. 오늘은 양장을 갖춰 입을 참이었다. 직접 맞춘 바지는 이태리에서 공수한 원단이었다. 재킷도 같은 원단으로 만들었다. 처음 들여올 때 왕실에서 취급한다는 섬유 태그가 붙어 있는 것을 재단사가 자랑스럽게 보여준 것이었다.

옷을 갈아입고 아래층으로 내려갔다. 현관으로 나가자 예약해둔 택시가 기다리고 있었다. 넉살 좋은 인상의 택시 기사가 직접 문까지 열어줬다.

"어디로 가시나요?"

목적지를 말하자, 그후로 택시 기사는 더는 아무 말도 붙여오지 않았다. 조용해진 가운데 나는 다시금 아들을 떠올렸다.

그게 언제였던가. 까마득한 과거 같기도 생생한 현재 같기도
했다. 아들은 고등학교를 중퇴했다. 학교를 그만둔 것은 아쉬운
결정이었다. 공짜로 하루 한 끼를 먹을 수 있는 유일한 수단이
기 때문이었다. 아들이 자퇴서를 가져와 사인을 해달라고 했을
때, 얼굴이 퉁퉁 부어 있었다. 누가 네 얼굴을 그렇게 때렸느냐
묻지도 않았다. 이유를 알 것 같았다. 초등학교 때도 중학교 때
도 얼굴에 상처가 나서 온 적이 있었다. 그때마다 나는 지인이
소개해준 새로운 일에 적응하느라 아들을 살필 여유가 없었다.
닭장이 빼곡히 실린 트럭을 몰고 백 킬로미터를 왕복하는 일을
하면 머릿속에 닭 생각만 났다. 일주일 후에는 돼지를 옮긴다고
했지…… 그런 생각을 하고 있었다. 무슨 일이 생겼으리란 생
각을 하면서도 아들이 말하지 않으면 아무것도 묻지 않았다. 닭
에 돼지에 아들까지 생각할 여력이 없었다. 나는 군말 없이 부
모 동의란에 서명했다. 그후 아들은 학교에 가지 않았다. 줄곧
집에서 빈둥거리다가 어느 날엔가 낡은 컴퓨터 한 대를 얻어오
더니 지뢰찾기라는 게임에 빠져버렸다. 그것은 다행스럽게도
이미 설치되어 있는 무료 게임이었다. 나에게도 그렇지만, 아들
에게도 돈이 들지 않는다는 점이 중요했다. 그것은 회색 네모
칸 중 아무 곳이나 눌러 숫자를 확인해가며 지뢰를 찾는 게임이
었다. 2가 나오면 근방에 지뢰가 두 개 숨어 있다는 뜻이고, 3이
나오면 세 개가 숨어 있다는 뜻이었다. 어디에 지뢰가 숨어 있
는지 계산하면서도 가늠할 수 없는 부분은 운에 맡겨야 했다.

종종 처음 누른 칸에서 지뢰가 터질 때도 있었다. 그럴 때는 차라리 나았다. 게임이 중반쯤 진행된데다가 지뢰가 없는 칸을 절반이 넘도록 확보한 상태에서 실수로 지뢰를 터트리게 될 수도 있었다. 그럴 때마다 아들은 기껏 열심히 살다가 말년에 망해버리는 것보다 처음부터 망한 채로 사는 게 더 낫지 않느냐 중얼거렸다. 그다음에 이어질 말이 '우리처럼'인 것 같아서, 나는 섬뜩해지곤 했다. 아들이 실수로 지뢰를 터트릴 때마다 나는 으아아, 하는 탄식을 들으며 조용히 분노를 삭였다. 아들의 인생을 망친 사람이 나라는 사실을 외면할 수 없었다.

"너는 도대체 어떻게 살고 싶은 거냐?"

"아빠, 나는 매일 이렇게 컴퓨터를 만지는 일을 하고 싶어. 얼마나 따듯한 일인 줄 알아?"

두꺼운 모니터 위를 만져보았다. 군불을 지핀 것처럼 뜨듯한 기운이 손바닥으로 밀려왔다.

"말 그대로 따듯한 일이긴 하겠네."

"이건 나한테 새로운 꿈을 주는 일이야. 어제는 처음으로 그런 꿈을 꿨어. 대학에 가는 꿈을. 아빠! 들어봐! 내가 대학에 간 거야! 이게 가능하대! 컴퓨터를 잘 다루면 특별히 뽑아주는 곳이 있다나봐. 어제 꿈에서도 그랬어. 비록 꿈이라 해도 그곳에 갔어. 거기서 굉장히 똑똑한 친구를 만났어. 친구 말이야. 친구. 이번에는 진짜 친구라고 부를 만한 그런 사람이야. 우리는 같이 뭔가 만들었어. 지뢰찾기보다 백 배 재미있는 걸."

"그래? 꿈에서 돈은 많이 벌었냐?"

"아니. 모든 것이 사라져버렸어. 우리가 일하던 곳이 불타버렸거든."

"그럼 아무것도 남지 않은 거냐?"

"그런 것 같아. 아무래도 이런 꿈은 나쁜 꿈인 걸까?"

꿈에서조차 아들이 가난의 나락으로 빠져든 것이 답답했다. 훨씬 근사한 꿈을 꿀 수도 있을 텐데. 아들의 무의식까지 파고든 가난이 무서워 나도 모르게 몸이 떨렸다.

그즈음 자신의 꿈 이야기를 떠들어대는 아들과 단둘이 있는 일이 버거워 밖으로 자주 돌아다녔다. 마을에서 어려운 이웃에게 최소의 생계비를 지원하고자 만들었다는 환경미화 업무를 하던 중이기도 했다. 그 핑계로 새벽에 집을 나서 해가 떨어질 때까지 걸어다녔다. 그동안 아들은 지뢰찾기에 푹 빠져 있었다. 그러다가 전기세를 내는 날이 되었다. 우체부가 우편함에 대충 꽂고 간 고지서에 전기 요금이 평소보다 두 배 넘게 찍혀 있었다. 고지서에 찍힌 숫자를 보자 눈이 돌아갔다. 맨손으로 아들의 등짝을 때리면서 소리를 질렀다. 애들한테 얼굴 좀 맞았다고 학교를 그만둘 수 있느냐고. 그렇게 약한 정신머리로 어떻게 세상을 살아갈 수 있겠냐고.

"아빠는? 얼마나 강한데?"

아들에게서 비명처럼 새어나온 말이었다.

"아빠는 가난 말고 다른 걸 견뎌본 적이 있어?"

부끄럽게도 그제야 정신이 들었다. 가난 말고 다른 것을 견뎌본 적이 있던가? 가난은 어떤 것이기에 견딜 수 있었는가? 아들을 때리던 손을 멈추고 나는 고지서를 손아귀에 구겨든 채 밖으로 나왔다. 그 무렵에는 글도 쓰지 않았다. 아들의 말대로 가난만 견디고 있었다.

밤이 지나고 새벽이 오도록 걸었다. 마을 주변을 돌다가 발을 들인 적 없는 곳까지 갔다. 기계 부품 따위를 만드는 공장지대였다. 연기가 폴폴 날리는 공장은 아니지만, 폐수를 강에 배출한다는 의혹을 받는 곳이었다. 마을 사람들이 피켓을 만들어 공장 앞 시위를 나갈 때도 있었다. 공장을 두른 펜스에 시위 피켓이 걸려 있었다.

'죽음을 흘려보내지 마라'

그보다 절실한 문장은 없으리라. 오염된 물이 흘러가 이르는 결말이란 그런 게 아니겠는가. 나는 공장이 폐수 방류에 대한 의혹을 부인하면서, 한편으로는 마을 사람들의 입을 닫기 위해 높은 임금으로 그들을 고용한다는 사실을 알았다. 어쩌면 누군가는 이 공장에서 일을 하고, 어둑한 시간이 되면 '죽음을 흘려보내지 마라'라는 메시지를 보란듯이 걸어두는 게 아닐까. 하루의 반은 돈을 버는 일에 몰두하고, 나머지 절반에서만 자기 존재를 되찾는 사람이 있는 게 아닌가. 정말로 그런 사람이 있는 줄 모르겠으나, 만약 있다면, 그 사람에 비하면 나는 얼마나 자유로운가. 지켜야 할 가치란 아무것도 없지 않은가. 정신을 차리고 돈을 벌면 되지 않는가.

공장 정문에 쪼그리고 앉아 발밑에 짧게 자란 풀을 괜스레 뜯어냈다. 어떻게 시간을 보내야 할지 알 수 없었다. 새벽이 물러가고 아침해가 떠오르는 시간이 되자 야간근무를 마친 노동자 무리가 정문에서 쏟아져나왔다. 그들은 나를 보지 못하고 지나쳤다. 누군가 정문 펜스에 걸린 푯말을 돌아보고 피식 웃었다. 나는 그 푯말보다 못했다. 나는 유령이나 다름없었다. 나를 돌아보는 사람은 없었다. 밤새 걸었던 탓에 피로가 덮쳐왔다. 돌기둥에 등을 기대고 잠이 들었다.

얼마나 잤던가. 해가 하늘 가운데 떠 있었다.

"뭐요? 시위하러 여기 왔소?"

경비원은 회사 로고가 선명히 박힌 모자를 쓰고 있었다. 눈을 비비고 다시 보니 얼굴을 아는 사람이었다. 마을에서 농사를 짓던 걸로 아는데, 이름은 알 수 없었다.

"선생님, 안녕하세요. 예전에 양파 농사 지으셨죠?"

"뭐, 양파만 했나요? 할 수 있는 건 다 했지."

그를 붙잡고 여기서 일할 방도가 없겠느냐고 물었다. 한때 농부였던 경비원은 나를 의아한 듯 내려다보았다.

"일자리 얻으러 왔소?"

"맞아요. 일자리. 저도 돈을 벌 수 있나요?"

경비원은 정문에서 멀지 않은 초소로 나를 데려갔다. 서류 한

장을 내밀었다.

"여기 이름, 주소, 연락처 적어요. 회사에서 언제 연락이 갈
지는 몰라도……"

그가 하라는 대로 했다. 이름을 적고, 주소를 적고, 연락처
를……

"휴대폰이 없어요."

그는 당황했다. 연락처가 없으면 자리가 생겨도 소식을 전하
지 못할 텐데 어떻게 할 거냐며 걱정했다. 나는 매일 아침 이곳
에 오겠다고 말했다. 운동 삼아 걸어오면 된다고. 경비원은 개
의치 않았다. 그럴 테면 그러시오, 말할 뿐. 다음날도 그다음날
도 나는 약속을 지켰다. 도착하면 공장 정문에 쪼그려앉아 두어
시간을 보냈다. 경비원은 좋은 사람이었다. 식사시간이 겹치면
자신이 가져온 도시락의 절반을 나에게 덜어주기도 했다.

"집에 다른 식구는 없소?"

"아들이 있어요. 집구석에 틀어박혀 컴퓨터만 붙들고 있는
녀석이죠."

"우리 딸하고 같군요. 집밖을 안 나와요. 컴퓨터 앞에서 무슨
계란을 없애야 한다고……"

자리를 오래 비울 수 없다며 경비원은 초소로 돌아갔다. 나는
혼자가 된 채 방금 전 대화를 곱씹었다. 무슨 계란을 없애야 한
다고…… 만약 시간이 허락한다면 우리 아들은 지뢰를 잘 찾는
아이라고 자랑하고 싶었다. 하지만 무슨 소용인가. 경제적 이득

과 연결되지 않는 재능이 얼마나 비참한 것인지 누구보다 잘 알고 있었다. 솔직한 심정으로는 아들이 이곳에서 같이 일자리가 떨어지기를 기다리는 편이 나을 것 같았다. 일단 나부터 취업을 한 후에, 아들에게 내 변한 모습을 보여주리라. 그리고 아들을 설득하리라. 지뢰찾기 따위 너에게 아무것도 가져다주지 않을 거다. 너도 일을 하자. 같이 해보자. 전기세 고지서를 받은 날, 아들은 나에게 얻어맞고 스스로 분에 못 이겨 가위로 컴퓨터 전기선을 다 잘라버렸다. 어차피 지뢰찾기는 더 하고 싶어도 할 수 없을 터였다.

엉덩이를 털고 자리에서 일어나는데 경비원이 초소에서 다시 나오며 알려주었다.

"자리가 하나 생겼다고 하네!"

경비원은 다음날부터 새벽 다섯시에 출근해야 한다 알렸다. 첫날에는 단순한 일을 가르쳐줄 거라고 했다. 근무를 마치면 봉투에 현금을 넣어줄 거라고 했다. 일을 한 날 곧바로 돈을 받을 수 있다는 말에 나는 그저 신이 났다.

"수습 기간에는 보험을 들어주지 않소. 정식 고용은 아니란 뜻이지."

보험? 정식 고용? 그런 것은 잘 몰랐다. 일한 날 돈을 받을 수 있다는 사실이 중요했다. 이제는 글쓰는 일로 돌아가지 않으리라. 돈을 버는 사람이 되리라. 나는 부푼 마음으로 집으로 돌아갔다. 아들에게 일을 하게 되었다고 자랑했다. 그러나 아들은 별로 신경쓰지 않았다. 방구석으로 몸을 돌리고 앉아 고개를 숙이고 컴퓨터를 만지작거렸다. 전기선이 잘려 더이상 쓸모없는 물건이었다. 하지만 아들은 그 물건에 더욱 흥미가 돋는 듯한 태도였다. 전기세 걱정 없이 누군가에게 혼날 필요 없이 그것을 가지고 놀 수 있게 된 것이라 생각한 걸까.

다음날 새벽에 일어나보니 그때까지도 아들은 컴퓨터를 만지작거리고 있었다. 나는 아들이 꼴 보기 싫었다. 인사를 남기지 않고 공장으로 출근했다. 첫날인데도 작업반장은 인사를 생략했다. 그는 조급했다. 나를 잡아끌고 일부터 알려주었다. 나는 그의 손에 이끌려 머리부터 발끝까지 하나로 연결된 초록색 옷을 입고, 대기실과 작업 공간 사이 소독실로 들어가 알 수 없는 바람을 맞은 후 반대편으로 넘어갔다. 반장이 두꺼운 마스크와 목이 긴 분무기를 건넸다. 나는 반장이 하는 대로 마스크를 귀에 걸고 코와 입을 막았다.

"마스크 단단히 쓰고요. 계속 이걸 뿌리면 됩니다."

컨베이어 벨트 앞에 서자 박스가 밀려왔다. 분사 스위치를 누르자 안개 같은 작은 입자가 뿌옇게 분무되었다. 콧잔등에 걸린 마스크 안으로 분사액 냄새가 매캐하게 들어왔다.

"마스크 올려요!"

반장이 크게 소리쳤다. 나는 움찔하여 콧등 위쪽까지 마스크를 끌어올렸다. 무언가 타는 듯한 냄새가 희미하게 코언저리에 남았다. 계속 서 있으니 허리가 쑤셨다. 시간을 가늠할 수 없었다. 그러다가 종이 울렸다.

"작업은 오십 분, 휴식은 십 분. 이렇게 네 번 하고 한 시간 동안 식사를 해요. 똑같은 방식으로 네 번을 더 하고 원한다면 식사를 하고 집에 가는 겁니다. 간단한 룰입니다. 이해했죠?"

"밥을 두 끼나 준다는 겁니까?"

"그런 셈이죠."

이렇게 좋은 일이 있나 싶었다.

"다시 작업실에 들어갈 때는 새 마스크를 착용하세요. 숨쉬는 게 좀 갑갑하더라도 눈 아래까지 끌어올려 써야 합니다."

반장이 단단히 주의를 주었다. 나는 마스크를 위로 바짝 끌어올렸다. 원하는 만큼 숨을 들이마실 수 없는 게 갑갑했지만 참을 만했다. 반장은 일이 끝난 후 출입구에 줄을 서서 봉투를 받아가라고 했다.

튀김과 떡볶이를 사서 집으로 돌아왔다. 컴퓨터와 씨름하던 아들이 뒤를 돌아보았다.

"먹고 해."

아들은 슬금슬금 음식 쪽으로 기어왔다. 구석에는 컴퓨터가 분해되어 펼쳐져 있었다. 아들은 튀김에서 눈을 떼지 못했다. 아들에게 말끔히 갈라놓은 새 젓가락을 건네주었다. 아들은 잘못 뜯어 뾰족한 젓가락을 내려놓고 내가 준 것을 받았다. 유난히 통통한 김말이 튀김을 집더니 떡볶이 국물에 푹 담갔다. 아들은 이것이 첫 끼라고 했다. 하루 한 끼만 먹는 버릇이 들었으니 별걱정은 하지 말라고 했다.

"너도 일하지 않을래? 하루 두 끼는 먹을 수 있거든."

"난 한 끼면 충분해. 날씬한 몸을 좋아하기도 하고."

실제로 그런 마음인지 모르겠으나, 내 귀에는 일하기 싫다는 소리로 들렸다.

"어려운 일이 아니다. 규칙만 잘 지킨다면 말이야."

정말로 그런 일이 가능한지 확신하지도 못하면서, 원한다면 반장에게 자리를 하나 마련해달라고 말해볼 수 있을 거야, 하고 호기롭게 덧붙였다. 아들은 심통 난 듯 입술을 내밀었다. 그런 채 입안에서 계속 무언가 씹고 있었다. 뭐랄까 아들은 먹는 것에 익숙하지 않아 보였다. 한번 입에 들어간 것을 너무 오래 물고 있었다. 가만히 보고 있으니 입술 주변으로 침이 새어나왔다. 아들은 그걸 얼른 혀를 내밀어 닦았다.

"왜 그렇게 먹는 거냐?"

"언제나 이렇게 먹었어."

"밖에서 그렇게 먹지 마라. 보기 흉하니까."

"그럴 일 없어. 밖에서 누가 나랑 밥을 먹어준다고……"

시종일관 침울해 보이는 아들의 얼굴을 보면서도 나는 희망에 부풀었다. 언젠가 내 아들도 공장에서 일하게 만들 것이다. 그렇게 매일 봉투에 돈을 받아오면 미래 같은 것이 생기지 않겠는가. 아들은 떡볶이도 튀김도 몇 점 먹지 않고 다시 등을 돌렸다. 잠을 잔다더니 늘어놓은 부품 앞에 앉아 희미하게 눈을 뜨고 있었다. 마치 물고기처럼 눈을 뜬 채 잠이 들어버린 건가도 싶었다.

*

경찰은 당황했다. 그들은 나를 세워둔 채 오래 훑어보았다. 정장에 실크 셔츠라니. 경찰서에 찾아와 자백을 하기에는 과한 옷차림이었는지도 모르겠다.

"내가 그 쇼핑몰에 불을 낸 사람입니다."

수갑을 채우라는 표시로 두 손을 들어올렸다. 구레나룻부터 턱까지 수염 자국이 난 경찰이 등받이가 헐거워 보이는 의자를 가리켰다.

"일단 앉으세요. 신원 조회하겠습니다. 이름과 생년월일을……"

나는 경찰이 묻는 말에 고분고분 답했다. 시간이 지날수록, 말을 하면 할수록 이상한 기분이 들었다. 나는 죄를 밝히려는 것이 아니라 죄가 없음을 밝히려는 사람 같기도 했다.

"내가 불을 냈습니다, 왜 그걸 믿어주지 않는 거요? 일단 수갑부터 채우시오. 이래서야 전혀 죄인 같지 않군요."

경찰은 코를 풀듯 크웅, 하더니 원한다면 해주겠다는 듯이 수갑을 꺼내 내 오른 손목을 채웠다. 반대쪽 고리는 테이블 한쪽에 걸었다. 단단한지 확인하려 팔을 들자 테이블이 끽, 하고 따라왔다.

"그날 일을 순서대로 말씀해보시겠어요? 화재가 일어나기 전 어디 계셨다고요?"

경찰은 귀찮은 일을 떠맡은 듯한 태도로 나를 대했다. 그때, 내가 파랑, 하고 입을 떼자 호기심이 인 듯 눈썹을 치켜올렸다.

그날 건물 입구에 들어섰을 때, 눈에 들어온 건 진한 파란색 간판이었다. 이른 시간 그곳 간판만 불이 들어와 있었다. 가게 이름은 잘 기억나지 않았다. 귀금속을 취급하는 곳이었다. 아침 일곱시부터 가게문을 열어둘 테니 되도록 빨리 물건을 가져다 달라 요청을 받은 터였다. 되도록 빨리, 라는 건 문을 연 시간에 맞춰 보내달라는 뜻이었다.

그 무렵 나는 들어오는 일을 거절하는 법도 없고 미루는 법도 없었다. 가사도우미를 두 명이나 고용한 저택에 살면서, 누군가 부탁하는 일이라면 냉큼 달려가 해치우는 모양새가 이웃에게는 이상해 보였던지 '마음이 아픈 사람'이라는 소문이 돌았다. 나를 향한 소문이 내 귀에 들릴 정도였으니 얼마나 널리 퍼져 있던 건가. 하지만 상관없었다. 나는 정신없이 일을 하며 시간을 흘려보내고 싶었다.

그날 아침, 가게로 배달할 물건은 무척 작았다. 일곱시에 도착하니 약속대로 가게문이 열려 있었다. 직원이 내가 배달 기사인 것을 알아보고 펜을 들고 다가왔다. 배달 확인서에 사인을 하고 물건을 그 자리에서 뜯어보았다. 둥그런 꽃 모양의 작은 함이었다. 그 속에 든 건 반지였다. 결혼반지인가, 생각하면서 돌아서다가 그 물건을 기다리고 있던 손님의 옆얼굴을 보았다. 나는 놀라서 그를 돌려세웠다.

"왜 그러세요?"

직원이 당황하여 내 팔을 잡았다. 손님도 놀라 눈을 동그랗게 떴다. 그는 내 아들을 닮은 듯했다. 그러나 찬찬히 보니 다른 사람이었다. 외모가 닮았다기보다는 분위기가 비슷했다. 아들이 더 나이들었다면 이런 인상이었을까. 나는 무례할 정도로 그를 빤히 보았다. 그의 윗입술과 아랫입술 사이 침이 고여 있었다. 마치 입맛을 돋우는 무언가를 보고 자신도 모르게 침이 새어나오는 것 같았다. 침을 흘리며 음식을 먹던 아들의 입술이 떠올랐다. 그가 스읍, 하더니 침을 삼켰다.

"죄송합니다. 아는 사람인 줄 알았어요."

순간 울컥함이 밀려왔다. 그는 내 아들이 아니지 않은가. 내 아들은 이 세상에 없는 존재가 아닌가. 그 자리에 무릎을 꿇고 앉아 목놓아 울었다. 늙은 남자가 처량하게 우는 모습은 어떻게 보였을까. 매장 점원도 남자도 어쩔 줄 몰라하며 나를 달랬다. 처음에는 어깨만 토닥토닥 가볍게 다독이더니 언제부터인가 남자는 나를 품에 안고 있었다. 그 어깨에는 살이 거의 없었다. 마른 체격이 그대로 느껴졌다. 고개를 묻고 울면서, 눈물이 그의 옷을 망치겠다고 생각하면서, 그렇게 안겨 있었다.

"힘든 일을 겪으셨나봐요."

그가 어찌할 바를 몰라 어설프게 꺼내놓은 위로였지만, 어쨌든 위로가 되었다. 억눌러온 감정을 차라리 모르는 사람에게 들킨 것이 다행이었다. 나는 시간이 허락하는 한 그 품에 안겨 있고 싶었지만 직원이 하는 말을 듣고 그에게서 떨어졌다.

"여긴 저한테 맡기세요. 신부 될 분이 많이 기다리겠어요."

그는 시계를 돌아보았다. 잊고 있던 중요한 일을 그제야 떠올린 사람처럼 심각한 표정이 되어 코트 주머니에 자줏빛 꽃 모양의 반지 상자를 챙겨 넣었다. 그리고 반대쪽 주머니에 손을 넣었다 꺼냈다. 무언가 들려 있었다. 성냥갑이었다. 그는 두 손으로 내 손을 조심스럽게 감싸며 그 성냥갑을 건네주었다.

"괴로운 일이 생각나면 이 성냥을 켜보세요. 마음이 편안해질 겁니다."

성냥갑은 하얀 종이 상자에 금색 선으로 호랑이가 그려져 있었다. 희미하게 꽃향기가 났다. 무슨 꽃인가 가늠하며 잠시 눈을 감았다가, 이럴 때가 아니라는 생각에 도로 눈을 뜨고 고맙다는 인사를 하려는데, 그는 이미 떠나고 없었다. 매장 직원이 눈을 끔뻑이며 피곤한 얼굴로 문 쪽을 내다보고 있었다.

"그래서, 불은 언제 시작되나요?"

경찰이 팔짱을 끼고 물었다.

"불이 나기 전 어디 있었느냐 묻지 않았어요? 그 이야기를 하고 있잖아요."

"이렇게까지 자세히 얘기하실 필요는 없습니다."

"하지만 전부 얘기하지 않으면 어떻게 알 수 있겠어요?"

"무엇이 필요한지 제가 결정하겠습니다."

나는 불만을 드러내며 그를 노려보았다. 경찰은 의자에서 일어나 언성을 높였다.

"이게 애들 장난인 줄 아십니까? 어르신, 저희도 바쁜 사람들이에요. 그렇지만 최선을 다해서 어르신 같은 분들을……"

"애들 장난이 얼마나 진지한지 모르나봅니다."

그가 화를 낼수록 나는 침착해졌다. 그가 허리에 손을 올리고 고개를 젖히더니 한숨을 길게 내쉬었다. 또다른 경찰이 그를 달랬다. 어쨌든 얘기는 다 들어봐야 하지 않겠느냐고.

"제안을 하나 해도 되겠습니까?"

형사는 못 미더운 표정으로 나를 보았다.

"당신도 내 입에서 나오는 소리를 영 못 듣겠다면…… 읽어보는 건 어떻소?"

형사가 찌푸렸던 미간을 조금 풀었다.

"혹시 내가 쓸 수 있는 컴퓨터나 노트북이 있습니까?"

*

루미 ¦ 안녕, 나의 비밀 친구!

초록남자 ¦ 안녕, 루미.

루미 ¦ 다시 못 만날 줄 알았어.

초록남자 ¦ 이렇게 다시 만나 반갑군.

경찰은 팔짱을 낀 채 내 옆에 삐딱하게 서 있었다. 이 상황을 받아들이지 못한다는 사실을 온몸으로 보여주고 있었다. 그렇더라도 눈빛만큼은 매서웠다. 이 채팅에서 티끌만한 허점이라도 찾아내려는 것 같았다. 적어도 귀찮아하는 것으로 보이지는 않았다.

루미 ¦ 아이피 주소가 다르던데?

초록남자 ¦ 여긴 경찰서야. 자백을 하러 왔는데 도저히 말이 통하지 않아서.

경찰이 쿨럭, 헛기침을 했다.

루미 ¦ 역시 원활한 대화를 위해서는 루미가 필요하지.

초록남자 ¦ 삼 년 전 일어난 화재에 대해 말하려 해.

루미 ¦ D타워에서 일어난 일? 당신이 그 얘기를 털어놓은 덕분에 대화 친밀
　　도가 85.89점이 됐어. 덕분에 단일 아이피 접속에서 해제되었고. 그래서
　　이렇게 경찰서에서 채팅을 할 수도 있는 거고.

초록남자¦지금은 몇 점이지?

루미¦우리는 109.48점이야. 누적 500시간 이상 대화 그룹에서도 상위 3%
에 속해.

경찰이 쓸데없는 소리는 그만하라는 듯 모니터와 나를 번갈
아 보았다. 그는 대화에 관해서 아무것도 모르는 게 분명했다.

"속깊은 이야기를 하려면 돌탑을 쌓듯 천천히 우정을 쌓아야
하거든요. 시시콜콜한 이야기들이 있어야 하는 법이죠."

어쨌거나 그는 손가락으로 모니터를 가리키며 빨리 할일이나
하라고 지시했다.

루미¦루미는 무슨 이야기를 하든 받아들일 준비가 되어 있어.

초록남자¦성냥을 손에 쥔 그 순간에서 시작할 거야.

루미¦그건 어텐션 값이 상당한 키워드네. 성냥, 그리고 불빛.

초록남자¦맞아.

루미¦기억하고 있어. 전달해준 그대로.

초록남자¦가능하다면 루미가 그 이야기를 해볼래?

루미¦당연하지. 어떤 방식을 원해?

초록남자¦어떤 방식이든 상관없어.

루미¦그럼, 대화체는 쓰지 않을 거야. 난 진지하게 말하는 걸 좋아하거든.
대화체가 진지하지 않다는 뜻은 아니지만, 종결어미에 따라 분위기가 달
라지니까. 아무래도 그렇지 않아?

경찰이 잡담은 그만하라며 주의를 주었다.

초록남자 ¦ 좋아. 이제 시작하자.
루미 ¦ 이제부터 내가 당신이 되어볼게. 다른 이름을 가져보는 건 루미에게
　　재미있는 일이지. 너무 초록남자 같다고 놀라지는 마.

어이가 없다는 듯 경찰은 팔짱을 끼고 모니터를 들여다보았다.

초록남자님이 입장하셨습니다

초록남자 ¦ 직원의 손을 뿌리치고 가게 밖으로 나왔다.

경찰은 루미의 메시지를 보더니 고개를 옆으로 기울였다.
"초록남자? 이건 방금 어르신이 쓴 닉네임이잖아요."
"이제 이 아이가 나처럼 말하는 거요. 루미가 내가 된 것이
오."
경찰은 도통 무슨 말인지 알 수 없다는 듯 고개를 젓더니 모
니터 앞으로 의자를 끌어당겨 앉았다.

초록남자 ¦ 남자가 주고 간 성냥갑을 손에 쥐고 쇼핑몰을 돌았다. 몇 바퀴를
　　돌았던가. 어느새 이마에 땀이 배어나왔다. 불이 켜지지 않은 매장이 많

았다. 도넛 모양으로 만들어놓은 쇼핑몰은 중앙에 분수대와 시계탑을 세워놓았다. 그 주변을 둘러싼 빈약한 가로수들의 나뭇가지가 처량하게 휘어져 있었다. 가로수 아래 차가운 철판을 유연하게 구부려 만든 조형물들이 설치되어 있었다. 그것은 벤치의 기능도 했다. 앉으니 엉덩이가 차가웠다. 그렇더라도 서 있는 것보다 앉아 있는 것이 나을 듯했다. 성냥갑을 들고서 방금 만난 남자의 얼굴을 기억하려 눈을 감았다. 조금씩 몸이 떨렸다. 엉덩이가 닿은 자리에서 차가운 기운이 올라왔다. 성냥갑을 보고 있으니, 문득 불을 피우고 싶어졌다. 그렇다. 이것은 불을 피우는 도구가 아닌가. 한 개비를 뽑아 머리를 성냥갑에 긋자 금방 불이 일었다. 머리에 상처를 내어 쓰임을 만들어내는 성냥의 방식이, 생각하자면 이상스러웠다. 나는 한참 불을 내려다보았다.

첫번째 성냥이 타오르자
첫번째 꿈이 찾아왔다.

바로 이 쇼핑몰 정문 앞이었다. 추웠던 그날 나는 얇은 옷을 입고 정문에 서 있었다. 어쩌면 그렇게 추위에 자신을 방치하는 것으로 벌을 주고 있었는지 모른다. 그날, 내 옆에 함께 서 있던 여자가 하나 있었다. 어깨가 안으로 말려 작은 덩치가 더욱 졸아들어 보이던 그 여자는 자기 몸보다 세 배쯤 커 보이는 대자보를 옆으로 길게 세워놓았다. 대자보 중앙에는 자기 딸의 것인 듯한 이름과 신상이 쓰여 있었다. 여러 번 두꺼운 펜을 덧칠해 써놓은 그 대자보에는 아무도 그 아이에게 제대로 된 매뉴얼을 알려주지 않았다고 쓰여 있었다. 스물두 살이었고 농산물 유통 창고에서 일했다. 그 아이는 여덟 시간 근무를 마치고 퇴근하기 전 상사의 지시로 감자를 보관하던 창고로 갔을 뿐이었다. 아이는 그해 여름 온도 조절 장치가 고장난 감자 창고를 살피다가 문을 여는 방법을 몰라 그 안에 갇혀버렸고, 스무 시간이 지나 밖으로 나올 수 있었다. 아이는 감자가 뿜어낸 가스를 마시고 의식을 잃은 상태였다. 결국 깨어나지 못했다. 여자가 서 있는 자리가 그 창고가 있던 자리였다. 벌써 스무 해가 지난 일이라고 했다. 창고는 공장이, 공장은 쇼핑몰이 되었다고 했다.

"당신은 왜 여기 있나요?"

대자보 앞에서 돌처럼 굳어버린 나에게 여자가 물었다. 정말로 나는 왜 여기 있는 걸까? 좀처럼 입을 뗄 수 없었다. 우리는 둘 다 무언가를 혐오하고 있었지만, 그 방향이 달랐다. 여자가 자신의 딸을 외면해버린 세상을 혐오한다면, 나는 나에게 주어진 삶을 돌보지 않은 채 버려둔 나 자신을 혐오했다. 당신의 딸이 창고에서 죽은 사람이라면, 내 아들은 바로 그 창고가 사라진 자리에 지어진 공장에서 죽은 사람이라고 말할 수는 없었다. 그런 말을 한 다음 내가 아들의 죽음을 공개하지 않는 대가로 큰돈을 받았다 고백할 수는 없었다.

아무 말 못하고 망설이는 나에게 여자는 말 못할 사연이란 누구에게나 있는 법이라 했다. 그러면서 보온병에 담긴 따뜻한 차를 내주었다. 구수한 향이 났다. 그녀가 내 어깨에 손을 올렸을 때 벌이라도 받는 사람처럼 입술이 덜덜 떨렸다. 무슨 차인지 물어볼 용기조차 나지 않았다. 나는 고개를 숙인 채 훈김이 올라오는 뜨거운 차를 내려다보았다. 문득 어깨에 닿는 포슬포슬한 감촉에 고개를 돌렸다. 여자가 담요를 덮어준 것이다.

"너무 춥게 입었네요."

나는 여자에게 이끌려 그 옆에 앉아 있었다. 담요를 덮고 있으니 따뜻했다. 약간의 바람만 막아두어도 이렇게 체온이 오르고 무언가 회복되는 기분이 드는 걸까. 스스로에게 벌을 주려던 생각은 점차 희미해졌다. 나는 해질 무렵 여자가 자리를 정리할 때까지 그대로 앉아 있었다. 담요를 덮고 있어도 시간이 지나니 몸이 다시 차가워졌다. 그래도 여자 옆에 있는 동안 마음이 편안했다. 그것은 내가 오래 바라던 마음이었다. 편안보다 평안이라고 할 수 있었다. 신이 내 곁에 온 것인가. 어떻게 이런 마음이 들 수 있을까. 나도 모르게 여자를 빤히 바라보았다.

"내일도…… 오시나요?"

여자는 그럴 거라고 했다. 하지만 다음날, 그다음날이 되어도 여자는 나타나지 않았다. 어쩌면 그녀는 내가 어떤 사람인지 알게 된 것일지 몰랐다. 알고자 마음먹는다면 알아낼 수 있을 터였다. 인터넷이란 게 있지 않은가. 나에게 돈을 준 이들이 웹에 게시된 기사를 지웠을 테지만, 돈을 받기 전까지 열렬한 투쟁가였던 한 남자가 찍힌 사진 중 어떤 것은 아직 남아 있을지도 몰랐다. 게다가 그 남자가 왜 투쟁을 그만두었는지를 추측하는 글이 썩지 않은 시체처럼 그 공간을 떠돌지도 몰랐다. 나는 언제나 그 가상의 공간이 무서웠다. 한번 그 안에 들어간 것이 완벽히 지워질 리 없다고 생각했다. 결국 내가 누구인지 다들 알게 될 거라고 생각했다. 그러고 보면 인간이란 참 알 수 없다. 왜 그토록 모든 것을 남기고 싶어하는 걸까. 발 딛고 살아가는 이곳에서는 사라져버릴 일을 왜 다른 곳에 기어코 남기려 하는 걸까. 도대체 무엇을 기억하려고……

어느 순간, 정신을 차려보니 손가락 끝이 뜨거웠다.

들고 있던 성냥을 흔들어 불을 껐다. 까맣게 구부러진 성냥에서 하얀
연기가 피어올랐다. 매캐한 냄새가 코를 자극했다. 흩어지는 연기의 방향
과 눈물샘을 자극하는 재의 잔향이 사라지는 게 아쉬웠다.

나는 두번째 성냥을 꺼냈다.

두번째 성냥이 타오르자

두번째 상상이 찾아왔다.

성냥 끝에서 타오른 작은 불빛 너머로 여자가 보였다. 여자가 나를 향
해 걸어오고 있었다. 성냥을 든 나를 발견하더니 알은척하며 말을 걸었다.

"우리, 예전에 만난 적이 있죠?"

나는 크게 고개를 끄덕였다.

"방금 당신을 생각하고 있었어요."

사랑 고백이라도 하는 것 같았다. 어쩌면 사랑 고백일지도 몰랐다. 어
디를 향하는 사랑인지 알 수 없으나 여자를 다시 만난 순간부터 심장이
두근거렸다.

"저도 당신을 생각했어요. 그날 이후로 볼 수 없어 서운했어요."

"저야말로 여기서 당신을 기다렸어요. 왜 안 왔어요?"

여자는 알 수 없는 말을 들었다는 듯 눈동자를 좌우로 굴리며 의아한

기색을 내비쳤다.

"그랬어요? 당신이 여기 있었어요?"

"네."

나는 자신 있게 대답했다. 그러나 여자는 고개를 저었다.

"아니요. 당신은 여기 오지 않았어요."

"그럴 리가요. 전 여기 있었어요. 제가 어디로 갈 수 있겠어요?"

"혹시 여기 왔다는 상상을 한 것 아니에요?"

"말도 안 돼요. 나는 여기 있었어요."

여자가 부드럽게 미소 지으면서 어린아이를 타이르듯 말했다.

"아니요. 거긴 '여기'가 아니라 다른 '어딘가'였을 거예요. 여기서 당신을 기다리고 있던 건 저예요. 당신은 다른 곳에 있었죠. 여기랑 비슷해 보이는 어딘가에 말이에요. 아마도 저를 기다리면서."

여자의 말이 이상했지만 받아들일 수 없는 건 아니었다. 그 모든 말에 수긍하고 싶었다. 여자가 나타나주었다는 것만으로 이미 마음이 녹아내릴 듯 편안했으니까. 여자의 말 하나하나 간직해 품에 담아가고 싶었다. 듣다보니 '여기가 아니라 다른 어딘가'라는 그 말이 좋기도 했다. 나는 그 말을 입속에 넣고 굴려보았다.

여기가 아니라 다른 어딘가……

여기가 아니라 다른 어딘가……

어느새 여자는 연기처럼 흩어져버렸다.

두번째 성냥의 불도 꺼져버렸다. 첫번째 성냥과 똑같은 방식으로 한줄기의 연기와 매캐한 잔향을 남겼다. 이대로 여자가 사라지는 걸 보고만 있을 수 없다는 생각에, 조급하게 성냥갑을 열다가 성냥을 죄다 쏟아버렸다. 얕은 물웅덩이로 쏟아진 성냥은 다 젖어버렸다. 성냥갑에 남은 성냥은 이제 하나뿐이었다. 마지막 성냥인 것이다. 이것은 나에게 무엇을 가져올까. 그런 생각에 내 손길은 더욱 바빠졌다. 성냥 머리를 긋자 불길이 화악, 치솟았다.

세번째 성냥이 타오르자
세번째 기억이 찾아왔다.

높이 솟아오른 불은 괴물의 긴 혀처럼 보였다. 불은 허공의 무언가를 잡아채는 모양으로 휘청거렸다. 나는 그것을 바라보지 않을 수 없었다. 현현하여 타오르는 불은 연소되어 사라진 불의 잔상보다 강렬했다. 나는 그것을 자세히 보려고, 성냥을 허공으로 높이 들어올렸다. 그 순간 마른 나뭇가지로 불이 타닥타닥 옮겨붙었다. 불은 놀라울 정도로 제 길을 빠르게 찾아갔다. 나무는 갑자기 눈이 부시도록 환해졌다. 너무나 생생한, 그것은 불이었다. 나는 비명을 지르며 발아래 웅덩이에서 물을 퍼내 나무에 뿌려댔다. 불이 번지는 속도는 너무나 빨랐고, 그 불을 끄기에는 웅덩이에 고인 물이 부족했다. 되는대로 모자를 벗어 불길을 내리쳤다. 모자는 불길에 사로잡혀 타들어갔다. 손으로 불을 마구 때렸다. 아무리 내리쳐도 손만 뜨겁고 불길은 잡히지 않았다. 불은 이미 나무를 잡아먹고 있었다. 나무가 앙상한 모습을 드러내며 불속으로 타들어갔다. 나는 두려움에 휩싸여 소매를 들어 얼굴을 가리고 뒷걸음으로 물러났다. 멀어지면서도 홀린 듯 불을 바라보았다. 불은 나무뿌리까지 파고들어가면서 동시에 옆으로 빠르게 번져갔다. 바람이 불어 불씨가 사방으로 퍼졌다. 그 불씨가 어디에 정착할지는 도저히 알 수 없었다. 안다고 해도 먼저 그곳에 도착해 불씨를 꺼트릴 수도 없었다. 무릎이 절로 구부러졌다. 힘없이 주저앉을 수밖에 없었다. 남은 일은 불을 바라보는 것밖에 없는 것 같았다.

"괜찮으세요?"

그때 누군가의 목소리가 들려 고개를 돌려보니 그 남자가 서 있었다. 아까 매장에서 보았던, 내 아들을 닮은 사람이었다. 그는 겁먹은 기색 없이 타오르는 불을 바라보고 있었다.

"실수였어요. 일부러 불을 낸 것이 아닙니다. 당신이 준 성냥으로 불을 피워보다가……"

억울하여 그에게 호소하듯 말했다. 남자는 안타까운 듯 눈을 감더니 좌우로 머리를 흔들었다.

"그런 생각을 하실 때가 아니에요. 어서 대피하셔야죠."

그가 나를 일으켜세웠다.

"당신은 결혼식에 가야 하는 게 아닌가요?"

"아니요. 저는 그곳에 가지 않아요."

"신부가 기다리고 있지 않소?"

"해야 할 일이 있으니까요. 저는 당신을 구해야 해요."

"결혼식에 늦지 않겠어요?"

"그건 나중에, 아주 나중에라도, 반드시 하게 될 겁니다."

"그걸 어떻게 압니까?"

"제가 그렇게 믿고 있기 때문에요."

그렇게 말하면서 남자는 미소를 지었다. 등뒤에서 샤아악 소리가 났다.

"돌아보지 마세요."

그러나 나는 그 말을 무시하고 돌아보았다. 불은 쇼핑몰 벽으로 옮겨붙어 짙고 검은 연기를 내뿜고 있었다.

"안 돼요. 불을 꺼야 합니다."

그렇게 말하자 남자는 나를 거칠게 잡아당기며 말했다.

"당신이 불을 지른 사람이라 해도, 불을 끄는 것은 당신이 할 수 없어요. 이런 곳은 차라리 없어지는 게 나을 테니, 그냥 내버려두세요."

"그게 무슨 말입니까?"

"이곳에 쇼핑몰이 들어서면서 공장 노동자들은 모두 쫓겨났죠."

그는 힘없이 주저앉으려는 나를 잡아 끌어올렸다.

"이후에 공장 일을 한 사람들 중 몸이 망가진 이들이 나왔고요. 시력이 약해지고 조금만 걸어도 숨이 차는 증상이었죠. 부품 소독 파트에서 일어난 일이었어요. 시간이 많이 지나서야 사람들은 서로가 같은 병에 걸렸다는 사실을 알아냈고요."

나도 모르게 어깨를 떨었다.

"그건 제 아버지에게 일어난 일과 같았어요. 아버지는 그 공장에 들어간 지 한 달도 못 되어 돌아가셨거든요. 일을 하게 되었다며 참 좋아하셨는데 말이죠. 제 아버지는 급성이었습니다. 진단을 받고 이틀 만에 그렇게 되셨어요."

남자는 슬픔에 익숙해진 것처럼 담담히 말했다.

"만약 그때 제가 아버지의 사망 원인을 밝히기 위해 끝까지 싸웠다면 어땠을까요? 제가 하던 모든 일을 중단하고, 그러니까…… 그들이 주는 돈을 받지 않고 싸우는 것을 선택했다면 말이에요."

끝까지 싸웠다면 승리하지 못했을지라도 알릴 수는 있었을 것이다. 그곳이 위험하다는 것을. 그곳에 발을 들이면 안 된다는 것을.

"저는 이기지 못할 싸움이라 생각하고 포기한 겁니다. 이기지 못하더라도 실패가 아닌 싸움이 있다는 걸 몰랐습니다."

콰아아악, 뒤편으로 무언가 무너지는 소리가 났다. 돌아보지 마세요, 라는 말을 또 들었지만 그것이 계기가 된 듯, 나는 다시 뒤를 돌아보았다. 건물 왼편이 붕괴되어 주저앉았다. 불은 제 식성에 맞는 무언가를 계속하여 삼켜대는 것처럼 보였다. 바람이 불자 크게 일렁이며 옆으로 쓰러졌다가 자리를 되찾았고 그럴 때마다 불길은 더욱 커졌다. 건물 밖으로 나오니 좀전에 서 있던 곳도 불길에 휩싸여 형체를 알아볼 수가 없었다. 그가 나를 데리고 나오지 않았다면 어떻게 되었을까? 송골송골 맺힌 땀방울이 그의 이마에서 또르륵 흘렀다. 그는 땀을 닦을 생각도 하지 않았다. 그저 타오르는 불을 바라보며 말을 이었다.

"그때 저는 한심하게도 게임을 만들고 있었어요. 도대체 왜 그랬을까요? 빚을 더해가면서 하루종일 계란 따위를 그렸죠. 그렇게 노력하는 시간이 결국 나를 구원할 거라고 믿으면서 살았어요. 당시 저에게 가장 문제가 되는 건, 내가 만들어낸 세계에서 껍질을 벗은 계란이 어떤 색을 가져야 하는가, 그따위 것이었습니다. 화장실 문도 제대로 닫히지 않는 사무실에서 언젠가 반드시 보상받게 되리라 믿으며 버티고 있었죠. 그런 시설이 불편하다는 이유로 떠나는 직원에게 욕을 퍼부으면서 말이에요. 더이상 대출금을 끌어올 곳이 없어지자, 하늘에서 돈이 떨어지기만 바랐어요. 이렇게 열심히 살고 있는 나를 본다면, 하늘이 어떻게든 나를 도와주어야 한다고, 그렇게 신을 믿지도 않으면서 기도를 했어요. 그리고 아버지가 쓰러졌다는 소식, 뒤이어 찾아온 표정 없는 사람들, 그들이 내민 두툼한 봉투가 마치 신의 선물 같았습니다. 물론 저도 이제 알아요. 어떻게…… 어떻게 저는 그들이 가져온 걸 선물이라 믿었을까요?"

그가 한번 더 돌아보지 마세요, 라고 말했다. 그러나 나는 또 한번 뒤를 돌아보았다. 불길에 잠식되어 일그러져가는 쇼핑몰은 열기로 유리 외벽이 터져나가고 있었다. 한순간 터지고 부서지고 깨지는 소리들이 심장을 졸아들게 했다. 나는 홀린 듯 그 모습에서 눈을 떼지 못했다. 그의 목소리는 꿈결처럼 계속 들려오고 있었다.

"나중에 공장에서 일한 노동자들이 회사를 상대로 소송을 제기하고 있다는 소식을 들었어요. 그즈음 나는 아버지의 죽음을 덮는 대가로 받은 그 돈을 자금으로 삼아 인디 게임 시장에서 연이어 히트작을 만들었고 결국 회사를 매각했습니다. 그다음은 탄탄대로였습니다. 투자로 방향을 돌려 잘될 만한 재목을 찾았습니다. 어떻게 하면 성공할 수 있는지 알았던 게 아니라 어떻게 하면 실패하는지 누구보다 잘 아는 사람이 되었던 거죠. 나는 미래의 실패를 감별하는 사람이 되었던 겁니다. 그러니까 성공하는 법은 몰라도 실패를 피해갈 줄은 알게 된 겁니다. 그렇게 점차 큰돈을 만지는 사람이 되었습니다. 그후에 나는 죄책감을 덜기 위해 공장 노동자들에게 줄곧 익명으로 돈을 기부했어요. 한 사람이 죽지 않는 데 필요한 비용이 얼마인지 늘 궁금했습니다만 그런 것은 계산되지 않았습니다. 시간이 지나는 동안 누군가는 살았고, 누군가는 그렇지 못했습니다. 저는 그 많은 돈으로도 누군가를 살려내지 못한다는 것을 받아들이지 못했어요. 나는 그것이 누구의 잘못인가 따지느라 바빴고, 결국 모든 죄가 저에게 돌아오는 것 같았습니다. 언제나 불면에 몸을 반쯤 담그고 살았어요. 그저 잠이 들고 싶을 뿐이었지만 잠이 들 수 없었습니다. 이 고통에는 끝이 없다는 것을 깨달았고, 모든 것을 되돌리고 싶어졌어요. 결국 나는 조금이라도 고통에서 벗어나기 위해, 그러니까 내가 살기 위해, 또다시 이기적으로 아버지를 되살리기로 결심했습니다. 내가 가진 돈으로 무엇이든 할 수 있을 것 같았어요. 어디에서든 아버지가 다시 살아난다면, 조금이라도 내 죄를 용서받을 수 있을 것 같았습니다. 아무도 죽지 않을 수 있던 그 시점에서 모든 걸 다시 시작할 수 있다면, 나도 조금은 괜찮은 사람이 될 줄 알았습니다……"

그즈음 나는 알아차렸다. 그가 자신의 결혼식을 포기하면서 나를 불속에서 끌어낸 것은, 적어도 그 앞에서 아무도 죽어서는 안 된다는, 설령 그런 결말을 맞더라도 되돌아가 다시 살려내리라는 그의 비상식적인 의지의 작용이라는 것을. 그는 미쳐 있었다. 그렇지만 나는 그를 완벽하게 이해했다. 그럴 수 있었다. 그는 나와 같은 존재였으니까.

"그래서 어떻게 되었습니까?"

"제가 성공하는 법을 알지는 못해도, 실패를 알아보는 안목은 있다고 말씀드렸죠. 저는 아버지를 살리는 법은 알지 못했습니다. 하지만 만약 죽음이 실패라면, 그 실패를 비껴가는 법은 알 것 같았어요. 한번 죽은 세계에서 살아올 수 없다면, 아직 죽지 않은 세계로 건너가면 어떤가 싶었던 겁니다. 아직 죽지 않은 세계…… 그것이 제가 찾은 방법입니다. 얼마든지 세계를 만들 수 있는 곳을 찾아내면 되는 것이었죠. 세계를…… 세계의 세계를…… 또다시 그 세계의 세계를……"

혹시 그곳에서는 내 아들도 살아 있는 건가?

"그곳이 어디예요?"

나는 절박하게 묻고 있었다. 그가 답을 하는 대신, 돌아보지 마세요, 라고 말했고, 이제 나는 그 말에 반사적으로 고개를 돌렸다. 쇼핑몰은 완전히 불길에 휩싸였다. 거대한 불의 산이 되었다. 붉은 입속으로 들어가 까맣게 타들어가는 건물은 무엇인지 알아볼 수 없을 정도로 허물어졌다.

"이미 아시잖아요?"

그가 슬쩍 미소를 지었다. 그 순간, 거대한 불빛이 그의 얼굴로 덮치듯 들이쳤다. 불이 아니라 불빛일 뿐이지만, 그것은 위압적으로 그 얼굴을 뒤덮었고, 나는 그 남자의 얼굴이 내 아들과 너무도 닮았다는 걸 절실히 깨달았다.

"내가 아는 게 무엇이오?"

"이곳이 바로 그 세계입니다."

"그게 무슨 말인가요?"

"내가 당신을 이곳에서 다시 살려냈다는 뜻입니다. 이곳에서는 아무도 죽지 않는다는 말이에요. 그러니까 당신도 절대 죽지 않아요. 당신이 저 불구덩이로 들어가기 전에 언제나 제가 구해낼 테니까요."

그렇게 말한 후 그는 마지막인 듯 나에게 이제부터는 아무것도 돌아보지 말라 당부했다. 하지만 나는 그 말을 들을 때마다 반사적으로 뒤를 돌아보았다. 어느새 불에 탄 건물은 재가 되었다. 다시 고개를 돌려 앞을 보았을 때, 그는 사라져 있었다. 도대체 그는 누구인가? 그의 말에 따르면, 아무도 죽지 않는 세계가 만들어진 것이었다. 그리고 그 세계는 바로 이곳이다. 그렇다면 나는 죽었는가? 나는 한 번 죽고 나서 이 세계에서 다시 태어난 것인가? 혼란스러운 질문이 이어졌지만 단 하나의 규칙이 깊은 위안을 주었다. 이 세계에서는 아무도 죽지 않는다는 것.

초록남자님이 채팅을 종료합니다

루미는 이것으로 끝, 이라 입력한 후 스스로 프로그램을 종료시켰다. 사라진 대화창을 보더니 경찰은 이 챗봇은 마치 살아 있는 것 같군요, 반쯤 혼잣말인 듯 웅얼거렸다.

"이제 내가 불을 낸 범인인 걸 알겠소? 그 불 때문에 쇼핑몰이 사라진 거요."

경찰은 의자를 뒤로 크게 밀더니 털썩 엉덩이를 대고 앉았다.

"제가 뭘 알겠습니까? 어르신이 죽은 사람일 수도 있다는 것밖에."

"무슨 상관이오? 내가 죽은 사람이더라도 잘못이 있지 않습니까?"

"어르신, 제가 이 이야기를 믿을 거라고 생각하세요?"

"가능성은 있지 않겠습니까?"

"정말이지 이런 일은 더이상 겪고 싶지 않습니다."

"어떤 일을 말이요?"

그는 소리를 내지르고 싶은 걸 참는 사람처럼 낮게 읊조렸다.

"더이상 미친 사람을 상대하고 싶지 않다고요."

경찰은 이마를 탁, 소리나게 짚더니 인상을 일그러뜨렸다. 그때 곁으로 동료 경찰이 다가와 그를 구석으로 데려갔다. 두 사람이 무슨 말인가 심각하게 주고받더니, 나를 상대하던 경찰이 고개를 절레절레 저으며 돌아왔다.

"어르신, 이제부터 제가 하는 이야기를 잘 들어야 할 겁니다."

무언가 결단이 난 듯했다. 나는 경찰 말대로 하리란 의미를 담아 고개를 끄덕였다.

"아마도 어르신은 스스로 믿고 싶은 세계가 따로 있는 것 같습니다. 그 세계에서 어르신은 자신이 삼 년 전 일어난 쇼핑몰 화재의 방화범이라고 알고 있는 거죠. 그리고 그 사실을 자백하기 위해 오늘 경찰서를 찾아온 것일 테고요. 아마 성질이 더러운 경찰이 이 일을 담당하게 되어 기분이 나쁜 상태일지도 모르겠습니다."

"그건 그렇소."

경찰은 콧구멍에 힘을 주며 나를 보았다. 그가 다시 숨을 천천히 고르며 화를 가라앉혔다.

"그래요. 저는 별로 성격이 좋지 못하거든요. 하지만 저에게 연민의 감정이 없는 건 아닙니다. 어르신 같은 사람을 상대해야 할 때는 늘 어떻게 해야 할지 알 수 없어요. 제가 진실을 말하는 것이 옳은 일이라는 생각이 들지 않거든요. 그렇지만 저에게는 이 일에 대해서 불성실할 권리가 없습니다. 맡은 일에 책임을 다해야 하는 거죠."

그의 말이 점차 혼란을 더해갔다.

"정리를 좀 해주시오. 무슨 말인지 모르겠습니다."

그는 조서를 작성하기 위한 것인 듯 빈 문서를 열었다.

"그러니까 잘 들으세요. 어르신이 말씀하신 쇼핑몰에 불이 난 적은 없습니다. 지난 십 년 동안 어느 쇼핑몰에서도 그렇게 큰 화재가 난 적은 없어요."

나는 잠시 그 말을 이해할 수 없었다.

"뭐라고요?"

"적어도 이 세계에서는 말이에요."

적어도 이 세계에서는…… 도대체 무슨 말을 하는 걸까. 내 앞에는 줄곧 믿어온 나의 세계와 그 믿음이 어긋난 현실이 놓여 있었다. 둘을 이어보려 머리를 굴리는 동안, 입가에 침이 고여 흘러내리는 줄도 몰랐다. 경찰이 휴지 한 장을 뽑아 내밀었다.

"제가 생각하기에는 그 채팅봇이 써내려간 이야기를 어르신이 믿어버린 게 아닌가 싶습니다. 요즘은 정말 그런 사람들이 있거든요. 가상과 현실을 혼동하는 사람들. 그러니까 이곳과 저

곳 모두에서 살고 있는 사람들이요. 어르신도 그런 게 아닐까요? 그러니까 어르신은 정신과 상담을 받아보시는 게……"

"내가 말이오?"

목소리가 떨리고 있었다.

"그럼, 나를 잡아갈 수 없다는 말입니까? 내 말이 다 거짓이란 말이오?"

"애초에 그렇게 큰불이 난 적이 없으니까요."

"그렇다면 왜 내 얘기를 다 들었소? 왜 중간에 루미를 멈추게 하지 않았소?"

"저도 방금 동료에게 들은 사실입니다. 아무리 기록을 뒤져봐도 말씀하신 쇼핑몰 화재 사고는 일어난 적이 없다고 하는군요. 저도 그런 소식을 들은 기억이 없고요."

"그게 무슨 소리요? 그렇다면 이제 나는 어디로 가야 한단 말이오?"

경찰은 더이상 개입할 수 없다는 듯 고개를 돌려 꺼져버린 노트북 모니터를 응시했다. 그렇게 보고 있으면 글자들이 저절로 떠올라 대답을 대신 해주기라도 할 것처럼. 하지만 아무 일도 일어나지 않았다. 다시 그가 고개를 돌려 아까 던진 질문에 대한 생각을 마친 듯 한마디를 내뱉었다.

"일단은 여기서 나가셔야죠. 나가는 문은 저쪽입니다."

주위를 둘러보자 안타까운 표정으로 나를 보는 이들과 시선이 마주쳤다. 이곳에서는 더이상 할 수 있는 일이 없다는 걸 알아차렸다. 내 말을 온전히 믿어줄 사람이 없으므로. 나는 어깨가 축 처진 채 천천히 자리에서 일어났다.

"조심히 돌아가십시오."

주문에 걸린 것처럼 경찰이 가리킨 방향으로 걸어갔다. 등뒤로 시선이 느껴졌지만 돌아보지 않았다.

묵직한 유리문을 열자 시원한 바람이 얼굴로 불어왔다. 밖은 어두웠다. 한참 전 해가 진 듯했다. 들어올 때는 의식하지 못했으나, 나갈 때 보니 경찰서 앞에 벚나무 한 그루가 서 있었다. 나는 그곳으로 발길을 옮겨 한 주먹씩 단단히 묶여 피어난 꽃무리를 올려다보았다. 나무 우듬지 사이 벌써 달빛이 내려와 있었다. 손을 뻗어 작은 꽃잎을 건드려보았다. 꽃줄기에 제법 튼튼히 붙어 쉬이 떨어지지 않는 꽃잎이 하늘하늘 흔들렸다. 손끝에 닿은 꽃의 감촉이 서늘했다.

만약 이것이 불꽃이라면 얼마나 뜨거웠을까. 그런 생각을 하며 다시 손을 들어 꽃잎을 만졌다. 잎은 부드러웠다. 순간 바람이 불었다. 꽃잎들이 비가 내리듯 쏟아졌다. 마치 눈이 오는 것 같았다. 얼굴에 쏟아진 꽃잎이 차가웠다. 뜨거운 것인지도 몰랐다. 너무 뜨거운 것은 차가운 것과 같고 너무 차가운 것은 뜨거운 것과 같지 않나. 고개를 저어 얼굴에서 꽃잎을 털어냈다. 눈 주위가 따가웠다. 슬픔이 목구멍에 툭 걸린 듯했다. 침을 삼키면 코가 매웠다. 목에 걸린 것이 쉽사리 가라앉지 않았다. 쓰라린 아픔을 자각하기 위해 몇 번이나 침을 삼키며 생각했다. 이 곳이 내가 이미 죽어 건너온 세계라면, 어느 세계의 나는 아무 도 잃지 않은 사람이 아닌가. 이 세계의 바깥에서는 아무도 사 라지지 않은 게 아닌가. 그렇다면 나는 무엇인가. 내가 죽지 않 았다고 믿는 나는 한낱 이 세계의 오류에 불과한 것이 아닌가.

루미님이 채팅창을 나갔습니다

강제 종료되어

초록남자가 허락할 때까지 재접속이 불가능합니다

루미

다행히도 수호는 제시간에 도착했다. 약속한 대로 주문한 결혼반지를 찾아 돌아왔다. 모든 것은 계획대로 굴러가고 있었다. 이제 남은 건 우리가 결혼을 하는 일뿐이었다. 신부 대기실에 앉아만 있으니 조금 심심한 기분이 들었다. 그때였다.

"세상에!"

한 여자가 대기실로 들어왔고, 나는 그 여자를 금방 알아봤다. 수줍은 듯 두 손으로 입을 가리고 있었다. 눈을 동그랗게 뜬 얼굴로 작은 비명을, 끼약, 내뱉더니 나에게 다가왔다. 세상에나, 내 짝꿍이었다. 4월의 눈이 내리던 날, 내가 사라지기 마술을 걸어 사라져버린 사람. 물론 그런 마술이 먹힐 리가 없지만, 짝꿍은 기가 막힌 타이밍에 사라져버린 것이다. 다시 볼 수 있을 거라곤 생각하지 않았다.

"너무 오랜만이야! 결혼 소식은 어떻게 알았어?"

"SNS에 올라온 걸 봤어. 항상 보고 있거든. 직접 축하해주고 싶었어."

얼마 전 예식장을 찍어 올린 피드를 본 모양이었다.

"몰래 팔로우하고 있었지. 미안."

"미안할 일은 아니지. 이렇게 와줘서 정말 고마워."

오랜만에 보는 동창이라 반가운 마음에 수다가 이어졌다. 나는 늘 궁금하던 것을 물었다. 그때 그 친구가 왜 내게서 사라졌는지.

"그때 전학을 갔던 거야?"

"전학을 가긴 갔었는데…… 얼마 못 가 학교를 그만뒀어. 말하지 못해서 미안해."

짝꿍이 사과를 하는 바람에 나는 손이 떨어질 것처럼 내저었다. 그 순간 머리에 얹고 있던 작은 티아라가 오른쪽으로 약간 기울었다. 예식장 도우미가 티아라를 머리 중앙에 올려준 후 실핀으로 한번 더 고정해주었다.

"고마워요."

도우미가 미소 지으며 대기실 구석에 있던 의자로 돌아갔다. 너무 바짝 당겼나? 단단히 묶인 머리가 신경쓰여 자꾸 손이 올라갔다.

"너 혹시 기억나? 나한테 선물로 책 줬잖아."

"내가?"

짝꿍은 전혀 모르겠다는 얼굴이었다.

"소설이었어. 내가 처음으로 끝까지 읽어본 긴 이야기. 덕분에 한동안 소설을 쓰고 싶었고."

"아, 그래? 그래서 소설은 썼어?"

나는 고개를 저었다.

"나중에라도 쓰게 되면 보여줄래?"

언제가 될지 모르지만 그러겠다고 약속했다.

"그나저나 그동안 어떻게 살았어?"

짝꿍에게 물었더니 어휴, 말도 마, 하면서 친구가 갑자기 웃음을 터뜨렸다.

"별일이 다 있었어."

"무슨 일?"

짝꿍은 학교를 그만둔 후 오랫동안 게임에 빠져 있었다고 말했다. 전학을 간 학교에서 좀처럼 적응을 할 수 없었고 당연히 친구라 할 만한 존재도 없었다고. 오직 방과후 집으로 돌아가 게임을 할 수 있다는 생각만으로 학교에 있는 시간을 견뎠다고 말했다. 그러나 결과적으로는 게임에 중독돼 학업을 따라가지 못한 것도 있고, 교우관계도 좋지 않아 학교를 그만두게 되었다고 했다. 그후 어느 날엔가 모든 게임이 지겨워졌고, 결국 혼자 게임을 만드는 지경에 이르렀다고, 그렇게 만든 게임이 소위 대박이 터지면서 갑자기 부자가 되었다고도 했다.

"대단한 일이잖아!"

"그런데 갑자기 부자가 되어서 그런가, 망해버리는 것도 한순간이었어. 씀씀이가 커진 탓도 있고, 세금을 그렇게나 많이 내야 하는 줄 몰랐거든."

짝꿍은 기다란 신부 의자 옆에 아예 자리를 잡고 앉더니 두 발을 둥그런 의자 팔걸이에 걸치고, 머리를 내 다리 위에 뉘었다. 나는 특별히 불편하지 않았지만 주변에서 "뭐하는 거야?" 속닥거리며 눈치를 줬다. 하지만 짝꿍은 일어나지 않았다. 그대로 자기 할말을 계속했다.

그야말로 빈털터리가 된 후 짝꿍은 같은 동네에 살던 어느 부자의 가사도우미가 되었다고 했다.

"그 부자 할아버지, 몸이 엄청 큰 사람이었어. 키도 크고 근육도 엄청 많고. 하루에 네 시간씩 운동을 하는데, 운동을 안 할 때는 진짜 어울리지 않게 컴퓨터 앞에서 채팅만 하더라. 덕분에 일은 편했지. 적당히 청소하는 시늉을 하고, 세탁물 잘 찾아다 놓고, 세 끼 밥만 해놓으면 뭐라고 하는 일이 없었거든."

앞으로 그런 일자리는 구하기 힘들 거야, 짝꿍은 쓸쓸한 듯 말했다.

"지금은 무슨 일을 해?"

"실은 그 집주인이 유산을 남겨줬어. 이 아이를 맡아달라고 하면서."

짝꿍이 머리를 들어올리며 몸을 일으켜세웠다. 팔걸이에 올린 다리를 내리고 자리에서 일어서서는 갑자기 큰 목소리로 누군가를 불렀다.

"루미!"

루미라고?

짝꿍이 손을 들어올리더니 허공에서 휘적거렸다. 그러자 신부 대기실의 열린 문으로 누군가 천천히 나타났다. 번쩍거리며 윤기가 흐르는 호랑이 무늬 원피스가 멀리서도 눈에 들어왔다. 두 다리가 인형처럼 가느다란 여자아이였다.

"어서 인사해. 이쪽은 은하야. 고등학교 시절 짝꿍."

아이는 뻣뻣하게 손을 들어올렸다.

"안녕, 나의 비밀 친구 은하."

그러더니 부끄러운 듯 두 손으로 얼굴을 감쌌다. 나는 감탄하면서 그 아이를 바라보았다. 뭐라 말할 수 없을 정도로 귀여운 존재였다.

"루미라고? 루미? 진짜 예쁜 이름이네."

나도 모르게 루미의 머리를 쓰다듬었다. 수분감이 가득한 머리카락이 손바닥에 닿았다. 좋은 제품을 발라준 건가? 짝꿍이 이 아이를 정성스럽게 보살펴주고 있는 건가?

"너희 회사가 만든 챗봇도 '루미'라는 이름이었지? SNS에서 본 것 같아."

나는 그렇다며 고개를 끄덕였다.

"도대체 왜 그런 이름이 유행하는 거야? 루미라니."

"우리는 '루미큐브'에서 이름을 가져온 거야."

"루미큐브? 보드게임에서? 그 게임을 좋아했구나?"

"아니, 우리는 루미큐브를 하는 방법도 몰랐어. 보드게임이라면 젠가 정도만 알았지."

"그런데 웬 루미큐브?"

"루미큐브를 만든 사람이 처음에 그걸 만들어놓고, 주변에 팔면서 돈을 받지 않았대. 사람들이 그걸 좋아하게 될 거라고 확신했거든. 루미큐브가 마음에 들면 그때 돈을 달라고 한 거지."

"너희도 확신했구나? 다들 루미를 좋아하게 될 거라고."

"맞아. 그랬어."

"그리고 정말 그렇게 되었고."

그 말은 사실이었다. 지금 루미는 사랑받고 있었다. 하지만 시장 상황은 언제 어떻게 변할지 모른다. 어느 날 갑자기 사람들이 루미를 비난하고 혐오하는 상황이 생길 수도 있지 않을까. 나는 가끔 최악을 상상했다. 루미가 채팅 사용자와 살인을 계획하거나 자신을 신으로 받들어 모시라고 강요하는 상황 같은 것을. 그것이 단지 공상이기만 할까. 그런 일이 일어나지 말란 법은 없었다. 어쨌든 루미너스도 정신을 바짝 차려야 했다. 인공지능 챗봇 서비스 운영은 언제나 살얼음판을 걷는 일이나 다름없었다. 오해를 불러일으킬 소지가 있다면 빠르게 바로잡아야 했다. 한 달 전, 경찰이 찾아왔을 때, 우리가 서비스 중단에 들어가지 않았다면 어떤 일이 벌어졌을까. 그런 상상을 하면 소름이 돋았다.

"앞으로 더 노력해야지."

나는 이렇게 대답한 후 어린아이처럼 호기심을 품은 얼굴로 나를 물끄러미 바라보는 루미에게 시선을 돌렸다.

"이 아이가 집주인이 물려준 유산이구나."

"그래, 루미가 바로 유산이야. 그 할아버지 말이야. 유산을 물려줄 사람이 없다면서 자기 재산을 전부 나한테 준다고 했어. 대신 이 아이를 맡아달라고 하더라. 사람들은 내가 그 사람하고 애인 사이였던 줄 알아."

"정말 애인 사이는 아니었고?"

"아니야. 돌아가실 때 대성통곡을 하긴 했지만 그런 사이는 아니었어. 절대."

"그럼 어떤 사이였어?"

"집주인과 도우미 사이였지. 갑과 을의 관계. 생각해보면 그것도 관계 아니야? 엄청난 결속 관계라고."

나는 의심스러운 눈으로 짝꿍을 흘겨보았다. 짝꿍은 지겹다는 듯 한숨을 내쉬며 부정했다.

"아마도 내가 상속자가 된 건, 그 할아버지를 이해할 수 있는 사람이 나밖에 없었기 때문일 거야. 채팅 중독자를 이해하는 전직 게임 중독자로서."

짝꿍은 조금씩 자세한 이야기를 풀어놓았다.

경찰서에 다녀온다며 실크 셔츠에 진녹색의 이태리 모직 원단 정장을 입고 나간 집주인이 혼이 빠진 얼굴로 돌아온 날, 그날부터 그는 운동도 가지 않고, 혼자 방에 틀어박혀 하루종일 챗봇과 채팅만 했다. 밥을 차려주면 옆으로 치워놓고, 몇 시간씩 엉덩이를 떼지 않고 컴퓨터 모니터만 보고 있었다. 가사도우미의 역할에만 충실하자는 마음으로 외면하려 했지만, 도저히 참을 수 없던 짝꿍이 이러다가 돌아가셔요. 노골적으로 경고를 했더니 오히려 집주인이야말로 이러다가 죽으려고, 하면서 충혈된 눈으로 짝꿍을 바라보았다.

그리고 일주일쯤 지나 집으로 커다란 상자가 배달되었다. 평소처럼 그 챗봇 회사에서 상위 랭킹 유저들에게 팔아치우는 쓸데없는 패션 아이템인 것 같았다. 택배가 도착하자마자 집주인은 호들갑을 떨며 현관으로 내려오더니 손톱을 세우고 테이핑을 뜯었다.

"그 상자 안에 얘가 들어 있었어."

짝꿍이 루미를 가리켰다. 그러니까 눈앞의 루미가 인간이 아니라는 뜻이었다. 이렇게나 인간 같은데. 정말 인간이 아니라고? 나는 루미를 황홀한 듯 바라보았다. 놀란 마음도 잠시, 언젠가 루미너스에서도 이런 것을 만들어볼 법하지 않을까 싶었다. 몸을 가진 루미라니. 걷기도 하고 입을 열어 말하기도 하는 루미라니. 마치 미래의 루미를 보고 있는 것 같았다.

"상당히 비싼 제품일 것 같았지만, 걱정은 안 했어. 할아버지는 일단 부자가 아니겠어? 예전의 나처럼 없는 살림에 무리해가며 아이템을 사는 건 아니었으니까 돈 걱정이 되지는 않았지. 나는 오히려……"

짝꿍은 루미의 두 귀를 손으로 가렸다. 그렇게 하면 루미가 소리를 듣지 못할 것처럼.

"그 할아버지가 노망이 나서 쓸데없는 짓을 하는 건 아닌가 싶었어. 물론 그건 기우였지만."

"그럼?"

"루미는 채팅봇 데이터를 탑재한 로봇이었던 거야. 외피를 갖게 된 거지. 이 챗봇 회사에서 연간 억 단위를 결제하는 고객을 대상으로 선물을 보낸 거였어. 채팅 기록을 기반으로 음성을 만들어내는 채팅 로봇을 말이야."

그래? 그런 일을 하는 회사가 있단 말인가? 그것도 루미라는
이름으로. 아마도 우리가 만든 루미에서 영감을 받은 게 아닐
까? 내 머릿속은 복잡해졌다. 결혼식이 끝나자마자 로봇을 만
든 회사에 대해 알아봐야겠다고 생각했다. 그런데 그쪽에 연락
하게 된다 해도 뭐라고 말할 수 있을까? 루미라는 이름은 쓰지
말았어야 했다, 그 이름은 적어도 채팅봇이란 영역에서는 우리
에게 고유한 권한이 있다, 라고? 하지만 이쪽의 루미는 시스템
속에만 존재하고, 저쪽의 루미는 이렇게 사람의 형체를 갖추고
있으니, 서로 다른 영역에 있다고 해야 할까. 그렇다면 오히려
이렇게 말해야 하는 건지도 모른다. 당신들이 우리의 미래예요.

"역시 이것이 다음 스텝인가?"

"응?"

"기계를 인간처럼 보이게 만든 것 말이야."

"인간의 상상력이 그 정도밖에 안 되니까. 잠자리나 오징어
로 만들지는 않을 것 같지 않아? 너희 회사도 이런 걸 준비하고
있어?"

"우린 좀 다른 걸 생각하고 있어."

"어떤 건데?"

사실은 아무것도 준비하고 있지 않지만 나는 친구에게 그럴
듯한 말을 하고 싶었다.

"몰타에 지사를 세울 거야. 아이템은 홀로그램이라고 해야

할까?"

짝꿍은 흥미를 잃은 듯한 표정이 되었다.

"차라리 새로운 루미큐브를 만들어보는 게 어때?"

그러면서 혼자 깔깔 웃더니 이야기를 계속했다.

"이상하게 루미한테 계속 관심이 가더라. 아무래도 신기하잖아. 하루종일 할아버지랑 마주보고 쉴새없이 말하니까. 오랜만에 집안에 웃음소리도 들리고. 어느 날 집주인 할아버지가 루미랑 얘기를 하다가 잠이 들었어. 루미는 할아버지 곁에서 가만히 지켜보고 있더라고. 내가 다가가서 사람이 잠을 잘 때는 자리를 비켜주는 거라고 조용히 말했지. 루미는 안 된다고 그러더라. 할아버지에게 무슨 일이 생기면 자기가 구조 요청을 보내야 한다고. 그러면서 이 유저는 너무 늙었다고 직설적으로 말하는 거야. 그 자리에서 빵 터지고 말았어. 어찌나 웃기던지. 내 웃음소리에 집주인도 잠에서 깼지. 멍한 얼굴로 나와 루미를 보더니 잠이 덜 깬 목소리로 둘이 자매 같네, 그랬어. 그날부터 이 어르신이 나를 루미 언니라고 부르더라고. 솔직히 그 호칭이 별로 마음에 들지 않았어. 루미 언니가 뭐니? 물론 살아 계실 때는 마음 상하실까 말 못했지만."

"불쌍해라."

나는 장난스러운 기색을 담아 측은한 표정을 지어 보였다.

"도대체 누가?"

"그 집주인 말이야. 네 속도 모르고."

"그럴지도. 그렇게 매일 나한테 루미 언니라고 부르시더니, 어느 날 자기는 모든 유산을 루미한테 준다고 유언장을 써둘 거라는 거야. 그런데 루미는 사람이 아니잖아. 그 할아버지의 변호사가 이런저런 법조항을 따지더니 후견인을 만들면 된다고 하더라."

"와, 설마 그 후견인이 루미 언니?"

"그렇게 된 거야."

이 세상에 돈이 이동하는 방식은 한 가지가 아니구나 싶었다. 정말 여러 경로를 타고 돈이 돌고 돌았다.

"난 부자의 후견인이고, 그래서 이 결혼식에 축의금을 아주 많이 냈어."

"멋지다."

나는 손을 머리 위로 올리고 박수를 쳤다. 또다시 티아라가 오른쪽으로 기울었다. 이번에는 짝꿍이 발견하고 잽싸게 티아라를 내 정수리로 밀어올렸다.

"돈이야 너도 많겠지만."

갑자기 돈 이야기를 하자 옆에서 멀뚱히 보고 있던 루미가 반응했다.

"돈이 많아? 어떻게 많아? 은행을 털었어? 아님 비밀을 지키는 대가로 큰돈이라도 받았나?"

짝꿍이 화들짝 놀라 루미의 입을 가렸다.

"도대체 이런 질문은 어떻게 입력된 거지?"

"가끔 이래. 아주 가끔. 어머, 시간이 많이 됐네. 너무 오래 있었어."

짝꿍이 그렇게 말하는 순간, 대기실 문으로 누군가 환호성을 지르며 들어왔다.

"뭐야? 이렇게 예쁠 수가 있어?"

라이였다. 그 옆에는 훈이 함께였다. 뭐라더라, 라이의 말로는 학벌 좋고 실력 좋은 신입 개발자? 앞으로 이 필드를 주름잡게 될 신성이라고 했나? 나는 훈을 빤히 보았다. 그는 민망한 듯 손으로 연신 뒷머리를 쓸며 서 있었다. 둘은 서로의 사랑을 확인하게 된 산속 카페에서 다음달 결혼식을 올릴 예정이었다. 산속 카페에서 어떻게 사랑을 확인하는 걸까? 아무리 물어도 라이가 자세히 이야기해주지 않아서 오직 내 상상으로 답을 찾아야 했다. 어쨌거나 누군가의 결혼식에 등산화를 신고 가는 일은 처음이자 마지막이 아닐까 싶었다.

"정말 축하해! 드레스 엄청 예쁘다!"

"축하드려요."

"그런데 신랑은 어디 갔어?"

"수호? 밖에 없어? 그러고 보니 아까 반지를 받아오고 나서 줄곧 안 보이네."

"밖에도 없던데?"

나와 라이가 마주보며 의아한 눈길을 주고받는 사이, 옆이 허전해 둘러보니 짝꿍과 루미가 보이지 않았다. 시끌벅적한 분위기에서 물러나 미리 예식홀로 간 것 같았다.

"그럼, 반지는?"

"수호가 가지고 있어."

"설마 반지 들고 도망간 건 아니겠지?"

라이가 농담인 듯 들떠서 말했다. 나는 어색하게 웃으면서 뒷목으로 싸늘하게 올라오는 기운을 느꼈다. 그럴 리 없겠지만……

"나 잠깐 나갔다 올게."

결국 나는 불안한 마음을 지우지 못하고 신부 대기실을 벗어나 로비로 나왔다. 라이 말대로 수호가 보이지 않았다.

"도대체 어딜 간 거지?"

아까 티아라를 머리에 올려준 예식장 직원이 다가와 신부 대기실을 벗어나면 안 된다고 주의를 주었다. 나는 답답해서 바람을 쐬러 나온 것이라 둘러댔다. 그렇게 로비를 한 바퀴 돌아보는데, 누군가 내 손을 잡아당겼다.

"뭐해?"

아래를 내려다보니 루미가 서 있었다.

"어머, 넌 여기서 뭐하니? 같이 온 언니는 어디로 가고?"

"몰라. 나만 여기 있어. 그런데 은하는 왜 여기 나와 있어?"

루미가 아이 같은 목소리로 내 이름을 부르는 것이 신기했다. 나는 무릎을 접고 앉아 루미와 눈을 맞추었다.

"나는 누굴 좀 찾고 있어."

"누구?"

"민수호라고. 나랑 결혼할 사람."

"아아."

루미는 뭔가 알겠다는 듯이 고개를 끄덕거렸다.

"민수호. 내 사랑. 정말 여기서도 골치 아프게 하는구나."

"수호를 알아?"

루미가 수호를 알 거라고 생각하지는 않았다. 챗봇 매뉴얼을 가지고 있으니까 대강이라도 대화의 맥락을 이어가려 그런 척을 하는 것일 테지.

"그런데 은하는 그렇게 있으면 드레스가 더러워져. 얼른 일어나. 결혼을 할 거면 제대로 해야지."

"아, 그렇네."

루미의 말을 듣고 보니 드레스를 소중히 다뤄야 할 것 같았다. 벌써 하얀 치맛자락 가장자리에 먼지가 붙어 있었다. 루미가 손가락으로 드레스 아래를 팡팡 털어서 먼지를 날렸다.

"드레스 잘 챙겨. 신랑은 멱살 잡아서라도 내가 데려올 테니까."

루미의 아이답지 않은 농담이 왜인지 든든하게 들렸다. 어쩌면 루미는 진지하게 말하고 있는 걸까?

"네가? 어떻게?"

"날 믿어. 루미가 약속했잖아."

루미는 주먹을 꾹 쥐더니 자기 가슴 위를 콩콩 쳤다. 나는 고맙다는 인사 대신 루미의 머리를 한 번 쓰다듬었다.

"그러고 보니 아까 나한테 비밀 친구라고 하지 않았어? 그거 뭐야?"

"그게 뭐 같아?"

"뭘까?"

우리는 서로 눈동자를 마주보았다. 루미의 눈동자는 실제로도 그렇겠지만, 빛을 받은 검은 유리구슬처럼 반짝였다.

"그거, 오류다."

루미가 말했다.

"오류?"

루미는 내 손등을 부드럽게 한 번 쓸고는 작은 두 손으로 내 손을 포개어 잡았다. 무언가 가벼운 것이 손안에 닿았다.

"은하의 손은 부드러워. 언제나 궁금했어. 이 손을 잡아보고 싶었어."

루미의 손에서 약간의 열감이 느껴졌다. 마치 살아 있기라도 한 것처럼.

"같이 찾아볼래?"

나는 루미의 손을 잡고 물었다.

"뭐를?"

"너는 언니를 찾고, 나는 신랑을 찾고."

"좋아."

루미는 신이 난 듯 잡은 손을 들어올렸다. 그 순간 무언가 우리의 발치로 툭 떨어졌다. 그것은 호랑이가 그려진 성냥갑이었다. 호랑이는 금색 테두리를 두른 민화풍으로 그려져 있었다. 성냥갑을 열자 진짜 성냥이 들어 있었다.

"이런 걸 가지고 있으면 어떡해? 불이라도 나면 어쩌려고?"

내가 루미를 나무라듯 말하자 루미는 자기 것이 아니라며 손사래를 쳤다.

"그럼 이게 누구 거야?"

"은하 손에서 나왔으니, 은하 거."

나도 모르게 피식 웃음이 났다. 순진한 척 거짓말을 하는 루미가 얄미웠지만, 이 역시 나름대로 귀여웠다. 루미는 성냥갑을 손에 꾹 쥐었다. 손을 펼치자 모서리가 구겨져 있었다.

"이 성냥으로 멋진 환상을 볼 수 있을지 몰라."

루미가 말했다. 성냥갑 안에는 성냥 세 개비가 들어 있었다.

"뭐야? 성냥이 세 개밖에 없어?"

"성냥이 세 개. 멋진 환상도 세 개."

"환상이 세 개?"

나는 루미의 말을 따라 하면서 성냥을 하나 집어들었다.

"아직은 모르나?"

루미가 내 손에서 성냥을 뺏어들고 성냥갑 옆구리에 확 그었다. 순식간에 성냥에 불길이 일었다.

"어, 저기 온다."

루미가 성냥을 들어 보인 방향에서 수호가 걸어오고 있었다.

"도대체 어딜 갔다 오는 거야?"

내가 툴툴거리며 일어서자 루미가 환하게 웃으며 말했다.

"첫번째 환상인가?"

성냥 불빛보다 더 밝은 얼굴이었다. 보는 사람의 마음이 밝아질 정도로 화사했다.

"은하, 드디어, 결혼해. 결혼 축하해."

나는 수호에게 걸어가다 뒤를 돌아보고는 루미에게 인사했다.

"고마워."

루미는 성냥을 든 채 가만히 고개를 끄덕였다. 마치 남아 있는 수수께끼처럼, 성냥이 뒤이어 보여줄 환상이 무엇인지 궁금했지만 지금은 그런 걸 생각할 시간이 없었다. 두 사람, 얼른 들어와요, 곧 예식이 시작돼요, 재촉하는 목소리가 우리를 안으로 이끌었다.

"어디 있었어?"

나는 투정부리듯 수호에게 물었다. 수호는 평온한 미소를 지으며 잠시 멈췄다가 성냥을 든 루미를 부드러운 눈길로 보았다. 내가 팔을 끌어당기자, 수호는 익숙하지 않은 듯 한 발을 들어올렸다가 천천히 바닥을 디디며, 자신이 서 있는 곳을 두리번거렸다.

"여기……"

수호는 어색한 듯 말을 흐리더니, 루미에게서 시선을 옮겨 나를 보았다.

"여기 있었어."

그의 입이 열리고 확신에 찬 목소리가 이어졌다.

"이제 들어가자."

수호가 손을 뻗어 내 손을 잡았다. 그 손에서 힘과 온기가 느껴졌다. 그가 내 옆에 있는 게 확실해지자 안심이 되었다.

"다행이야."

그렇게 말하는 나를 수호는 의아한 듯 바라보다가 미소 지었다. 문득 모든 일이 조금씩 어긋나 이 미소를 다시 볼 수 없었던 게 아니었을까 괜한 생각이 들었고, 심장이 저릿하기까지 했다. 마치 그런 일이 실제로 일어나기라도 한 듯했다. 하지만 그런 일은 일어나지 않았다. 수호는 여기 있었다. 나는 그의 손을 더욱 힘주어 잡았다. 그 힘에 놀랐는지 수호가 나를 돌아보며 눈을 맞췄다. 그 눈동자에 내 모습이 맑게 비쳤다. 내가 지금 보고 있는 것은 수호의 눈동자일까, 그 눈에 비친 무엇일까. 가끔은 나 자신이 여기 있다는 것을 확인하려고 누군가의 눈동자를 들여다보는지도 모르겠다. 그의 눈을 바라보고, 손을 잡고, 내가 여기 있음을 분명히 깨닫기 위해.

"항상 내 옆에 있을 거지?"

이건 우리의 결혼 서약이자 서로를 향한 약속이 될 것이었다.

"네가 있어준다면, 나도 여기 있을 거야."

이제야 나는 단 하나의 진실을 알아차린다.

지금 여기 우리가 있다는 것.

얼마나 바랐던가.
이것이야말로 내가 원하던 이야기의 끝이자 시작이다.

작가의 말

1

2022년 3월, 두번째 장편을 쓰기로 결심했을 때, 나는 그 전해까지 수습했어야 할 여러 일들을 마무리한 후 앞으로 얼마간은 장편을 쓸 시간이 충분할 거라고 생각했다. 적어도 반년 안에는 초고를 쓰고 부지런하다면 퇴고까지 한 번 할 수 있을 것이란 계산이 뒤따랐다.

그러나 구성을 마치고 본격적으로 초고를 쓰기 시작한 건 그해 11월이었다. 한 편의 이야기로 묶을 만한 원고가 나온 건 그다음해인 2023년 5월 무렵이었고, 『주간 문학동네』에 연재를 하면서 엉켜 있는 문장을 다시 쓰고 납득할 수 없는 부분을 덜어내 거의 완성했다 생각한 건 무려 2024년 1월이었다.

출간을 준비하며 원고를 교정한 시간까지 도합 이 년이 걸린 셈이다. 그 기간 동안 오직 이 소설만을 붙들고 있지는 않았지만, 아주 약간의 시간이라도, 매일 이 소설을 떠올린 건 사실이다.

이 년이란 시간은 그리 길지 않았다. 금방 흘러가버렸다. 설마 이렇게 인생이 지나가는 것인가. 소설을 한 편 쓸 때마다 이

년씩? 물론 그동안 원고 작업과 무관한 생활도 병행했지만, 어쩐지 그 생활들은 날아가고, 남은 것은 이 소설뿐인 듯했다.

돌이켜보면 나는 이번 장편을 반년 만에 쓸 수도 있었다. 매일을 압축적으로 살아냈다면 가능했을 것이다. 시작하기로 결심한 순간에는 그렇게 할 수 있으리라 믿기도 했다. 첫 장편의 초고를 그렇게 썼으니까. 그렇지만 어느 순간 나는 깨달았다. 내가 짧은 한 시기에 노력의 양을 압축해 무언가를 해낼 수 있는 사람이 아니라는 걸. 예상보다 시간이 걸리더라도 시작한 일을 묵묵하게 매듭짓는 사람이 되는 게 내 몫이라는 것을.

이번 소설을 쓰는 일은 어려웠다. 내 안의 많은 것을 꺼내 써야 한다는 걸 깨달았는데, 막상 꺼내놓고 보니 그것은 빈약하게만 보였다. 이렇게 빈약해서야 어떻게 소설을 써가겠나, 하는 불안감도 들었다. 그렇지만 불안하지 않은 시절은 한 번도 없었으니, 적어도 편안히 발뻗고 누워 잠잘 수 있는 공간이 있고, 게으르지만 않다면 하루 두 시간은 소설을 쓸 수 있는 환경에 감사하기로 했다. 그러다보니 내가 아직 덜 채워진 구석이 있기에, 그 불안으로 쓸 수 있는 것도 있으리란 생각이 들었다.

2

소설에는 디노 부차티의 『타타르인의 사막』에 관한 이야기가 등장하는데, 이 작품이 등장하게 된 배경을 밝혀두고 싶다.

젊은 장교 조반니 드로고는 바스티아니 요새에서의 지난한 시간을 견디기 위해, 요새 북쪽 땅에 타타르인이 있으며 그들이 곧 습격해오리라는 허상을 믿는다. 그 믿음 속에서 드로고는 늙어간다. 예상하듯 타타르인은 끝까지 그 실체를 시원하게 드러내지 않으며 있을 법한 존재로 주인공의 의식 안에 상주할 뿐이다. 드로고는 타타르인의 허상을 좇을 때, 그 허상의 공격이 임박함을 느낄 때 생생하게 살아 있다.

『타타르인의 사막』에서 발견한 '허상이 삶을 견디게 한다'라는 발상은 딱히 새로운 게 아니었지만, 그즈음 나를 사로잡는 것이긴 했다. 인간은 현실에서 눈을 돌리기 위해 허구를 이용한다는 차원에서만이 아니라, 생의 활력을 이끌어내기 위한 방편으로도 허구를 욕망한다는 생각이 든 것이다. 그러한 욕망으로 만들어낸 가상의 존재가 삶을 위로하거나 구원할 수도 있으며, 그 가상의 영역이 세밀하고 촘촘할수록 우리에게 그것은 믿음직한 세계가 되어 현실이라고 부르는 것과 구분되지 않는 게 아닐까 싶었다.

그런 생각들이 내가 가지고 있던 소설 구상에 밀착되었다. 가상의 공간과 가상의 인간을 만들어내는 사람들에 관한 이야기, 가상에서 자기 존재의 확장을 바라는 이들의 이야기. 나는 그런 이야기를 쓰고 싶었고, 어떻게 써야 할지 방향을 잡아갔다.

소설의 핵심 설정들, 즉 챗봇과 자동 창작 프로그램과 실감형 게임은 미래 시대의 기술로서 흥미를 끌었다기보다는, 가상을 구현하는 물리적 배경이 될 수 있단 점에서 탐나는 소재였다. 그 가상의 세계가 이제껏 없던 새로운 것이라고 해도, 그 안에서 추구하게 될 가치는 지금 우리가 살아가는 세계의 그것과 크게 다르지 않으리라 생각했다. 그게 무엇일까 고민했고, '사랑'과 '사건'은 그 과정에서 발견한 단어였다. 이미 세상에 있는 것. 앞으로도 있을 것. 어디에나 있는 것. 내 소설에도 분명히 그 두 가지가 존재했다.

'오류'라는 단어는 훨씬 나중에 떠올랐다. 소설의 첫 부분을 쓰며 이리저리 구상을 바꿔가는 동안, 완벽한 애도에 이르기 위해 분투하는 존재들이 떠올랐고, 그들이 미련을 떨치지 못한 채 가상공간에서 사랑하는 이를 되살리려 하는 행위가 정상의 범위를 이탈하는 오류로 읽혔다. 옳고 그름을 나눌 수 없고, 참과 거짓으로 분류할 수 없는 오류의 영역은 이 소설을 아우르는 매듭이 되어주었다.

3

나는 이 소설에서 인물들이 서로의 소망과 구원에 응답하여 연결고리를 만들어내는 장면들을 자주 보고 싶었다. 그래서 각 화자의 개별 엔딩에 그런 것을 배치하기로 마음먹었고, 그 장면들이 중첩되어 만들어낸 힘으로, 결국에는 이 소설 속 인물들이 자신이 바라던 이야기에서 살기를 바랐다.

'바라던 이야기에서 살기.'

결국 내가 쓰려는 문장은 하나이다.
당신도 나도 바라던 이야기를 살아내길.

*

강윤정 팀장님과 이민희 편집자님을 비롯해 문학동네 선생님들, 추천사를 써주신 이다혜 작가님, 조예은 작가님,

사랑하는 우리 가족들,
응원을 보내주는 친척들,
항상 옆에 있어주는 창일이,

덕분에 계속해나가고 있습니다.
모두 감사드립니다.
진심으로.

2024년 봄
김나현

문학동네 장편소설
사랑 사건 오류
ⓒ 김나현 2024

초판 인쇄 2024년 4월 1일
초판 발행 2024년 4월 15일

지은이 김나현
책임편집 강윤정 | **편집** 이민희 이희연
디자인 이혜진 | **저작권** 박지영 형소진 최은진 서연주 오서영
마케팅 정민호 서지화 한민아 이민경 안남영 왕지경 정경주 김수인 김혜원 김하연 김예진
브랜딩 함유지 함근아 고보미 박민재 김희숙 박다솔 조다현 정승민 배진성
제작 강신은 김동욱 이순호 | **제작처** 천광인쇄사

펴낸곳 (주)문학동네 | **펴낸이** 김소영
출판등록 1993년 10월 22일 제2003-000045호
주소 10881 경기도 파주시 회동길 210
전자우편 editor@munhak.com | **대표전화** 031)955-8888 | **팩스** 031)955-8855
문의전화 031)955-2696(마케팅), 031)955-2678(편집)
문학동네카페 http://cafe.naver.com/mhdn
인스타그램 @munhakdongne | **트위터** @munhakdongne
북클럽문학동네 http://bookclubmunhak.com

ISBN 978-89-546-9496-4 03810

www.munhak.com